Aus Freude am Lesen

Hundert Jahre nach der ersten erfolgreichen Antarktisexpedition zeichnet Guido Knopp den Wettlauf zum Südpol nach: die dramatische Geschichte von Roald Amundsen und Robert Falcon Scott. Während der Norweger am 14. Dezember 1911 triumphierte, wurde der Engländer zum tragischen Verlierer und verstarb auf dem Rückweg. Parallel zum historischen Jubiläum beleuchtet das Buch aus Insider-Perspektive die Ereignisse rund um ein Wettrennen zum Südpol im Winter 2010 – das erste seit 100 Jahren, nunmehr zwischen Teams aus Deutschland und Österreich und mit so prominenten Teilnehmern wie Markus Lanz und Skilegende Hermann Maier.
In der spannenden Verbindung von damals und heute zeigt sich, dass trotz des technischen Fortschritts ein solches Unternehmen nichts an Risiko und Entbehrungen verloren hat. Noch immer ist der Weg zum Südpol eine extreme Herausforderung. Der Leser nimmt hautnah teil an beiden Reisen und erhält zugleich einen einmaligen Blick auf die ebenso faszinierende wie unerbittliche Welt der Arktis.

Prof. Dr. GUIDO KNOPP, Jahrgang 1948, leitet seit 1984 die ZDF-Redaktion Zeitgeschichte und seit 2004 den Programmbereich Zeitgeschichte und Zeitgeschehen. Für seine Fernsehdokumentationen, die auch in Buchform erschienen, hat er zahlreiche Auszeichnungen erhalten.

Guido Knopp

Der Wettlauf zum Südpol

Das größte Abenteuer der Geschichte

*In Zusammenarbeit
mit Mario Sporn und Marten Schnier*

btb

ZDF-Logo lizenziert durch ZDF-Enterprises GmbH © ZDF 2011.
Alle Rechte vorbehalten.

Verlagsgruppe Random House FSC-DEU-0100
Das für dieses Buch verwendete
FSC®-zertifizierte Papier *Profibulk*
liefert Sappi, Alfeld.

1. Auflage
Genehmigte Taschenbuchausgabe April 2012,
btb Verlag in der Verlagsgruppe Random House GmbH, München
Copyright © 2011 by C. Bertelsmann Verlag, München,
in der Verlagsgruppe Random House GmbH, München
Umschlaggestaltung: © semper smile, München,
nach einem Umschlagentwurf von R.M.E. Roland Eschlbeck
Umschlagfoto: Unten Hintergrund: © Christian-Albrechts-Universität
zu Kiel/Institut für Polarökologie/W. Hage; Unten Vordergrund:
© Scott Polar Research Institut, Cambridge/Freeze Frame
Gesamtproduktion: Print Consult, München
KR · Herstellung: BB
Printed in the Czech Republic
ISBN 978-3-442-74450-3

www.btb-verlag.de

Inhalt

Vorwort

Es war das letzte große Abenteuer im Zeitalter der Entdeckungen, das 400 Jahre zuvor mit dem Aufbruch Europas ins Unbekannte begonnen hatte: Die Reise zum – im wahrsten Sinne des Wortes – letzten weißen Fleck, den der unbändige menschliche Forschergeist zu Beginn des 20. Jahrhunderts noch unberührt gelassen hatte. Ein gefährlicher Marsch von mehr als 3000 Kilometern durch Schnee und Eis der Antarktis. Und ein dramatischer Wettlauf zum Ende der Welt. Denn der Engländer Robert Falcon Scott und der Norweger Roald Amundsen hatten beide denselben Traum: Sie wollten für ihr Land den Südpol erobern. Für dieses Ziel waren sie bereit, ihr Leben aufs Spiel zu setzen.

Es waren zwei Männer, wie sie unterschiedlicher kaum sein konnten. Scott, der britische Marineoffizier, mehr durch Zufall zum Polarforscher geworden, der im ewigen Eis auf moderne Technik und menschliche Leidensfähigkeit setzte, und Amundsen, der »letzte Wikinger«, der Pelzkleidung trug und bei kanadischen Inuit den Gebrauch von Schlittenhunden gelernt hatte.

Amundsen hatte eigentlich als erster Mensch zum Nordpol gelangen wollen. Doch als gleich zwei amerikanische Forscher unabhängig voneinander vorgaben, diesen Pol bereits vor ihm erreicht zu haben, nahm der eigenwillige Abenteurer Kurs nach Süden. Erst kurz vor dem Aufbruch teilte er seiner Mannschaft das neue Ziel mit. Seinen Konkurrenten Scott informierte er per Telegramm. Der ließ sich nicht auf den von Amundsen angezettelten Wettlauf ein – und sollte dies bitter bereuen.

Denn der Norweger organisierte seine Expedition strategisch auf das Genaueste. Er wählte einen völlig unerforschten Weg von der Küste zum Pol: rund 120 Kilometer kürzer als Scotts Route. Auf jedem Breitengrad errichtete er Depots mit Nahrungsmitteln und Brennstoff, die gesamte Strecke wurde sorgfältig markiert. Während die Norweger mit ihren Hundeschlitten manchmal Entfernungen von mehr als 50 Kilometern täglich bewältigten, kam Scott mit seinen mitgebrachten Ponys und Motorschlitten nur mühsam voran. Als die Motoren bald ihren Geist aufgaben und die Ponys vor Erschöpfung nicht mehr weiterkonnten, mussten die Männer ihre schweren Schlitten selber hinauf auf das 3000 Meter hoch gelegene Polarplateau ziehen.

Hundert Jahre nach dem historischen Wettlauf haben ZDF und ORF die dramatische Expedition in der Antarktis nachgezeichnet. Zwei Teams aus Deutschland und Österreich traten gegeneinander an – angeführt von TV-Moderator Markus Lanz und Musiker Joey Kelly sowie Skilegende Hermann Maier und Radiomoderator Tom Walek. Wie wurden sie mit den Strapazen einer Antarktisexpedition fertig? Bei minus 40 Grad Kälte und trockener Luft, in der Höhenluft des Polarplateaus und bei Windgeschwindigkeiten von bis zu 200 Stundenkilometern sehen sich auch modern ausgestattete Teams mit einer harten Probe konfrontiert. Nicht nur körperliche, auch mentale Stärke ist gefragt. Man ist der, der man wirklich ist. Und wie vor hundert Jahren kann es auch heute nur einen Gewinner geben.

Damals erreichten nach zahlreichen Entbehrungen sowohl Scott als auch Amundsen mit ihren Männern den Pol. Und während der eine als strahlender Sieger des Wettlaufs das Feld verließ, wurde der andere zum tragischen Helden einer ganzen Generation. Wie es dazu kam – davon erzählt dieses Buch.

Der weiße Kontinent

Als der britische Dreimaster *Terra Nova* am späten Abend des 12. Oktober 1910 vor dem Hafen von Melbourne den Anker setzte, wurde das Schiff mitten im australischen Frühling von kaltem und stürmischem Wetter empfangen – ganz so, als würden die eisigen Weiten der Antarktis schon frostklirrende Grüße nach Norden senden. War es ein gutes oder ein schlechtes Omen? Längst kreisten alle Gedanken der Männer an Bord um den weißen Kontinent. Nichts weniger als die endgültige Eroberung der Antarktis war das Ziel der Reise. »Das Hauptziel der Expedition besteht darin, den Südpol zu erreichen und sicherzustellen, dass die Ehre dieser Leistung dem britischen Empire zufällt«, hatte Robert Falcon Scott, der Kapitän der *Terra Nova* und Leiter der Expedition, bei der Vorstellung seiner Pläne im Herbst 1909 in London öffentlich verkündet. Dass ihm als Briten und Offizier der Royal Navy die Ehre dieser Heldentat gebührte, galt für ihn als ausgemachte Sache: Schließlich waren es seine Landsleute, die seit dem 18. Jahrhundert die Entdeckung des weißen Kontinents vorangetrieben hatten. Auch er selbst hatte schon einmal den beschwerlichen Weg nach Süden gewagt, war jedoch wenige hundert Meilen vor dem ersehnten Ziel gezwungen gewesen aufzugeben. Im Jahr zuvor war der irischstämmige Ernest Shackleton – vormaliger Weggefährte Scotts und nun erbitterter Konkurrent – ebenfalls unverrichteter Dinge aus der Antarktis zurückgekehrt. Und so sah sich Scott im Vorhinein bereits als der sichere Sieger des Wettrennens zum Pol.

Entsprechend selbstbewusst gab er sich vor den australischen Zeitungsreportern, die von einem Zollschiff zur auf Reede liegenden *Terra Nova* gebracht worden waren und nun den Kapitän mit Fragen bestürmten. Scott hatte nichts zu verheimlichen – und so erklärte er noch einmal geduldig, was er Monate zuvor schon vor der Presse in England verkündet hatte: Der Angriff auf den Pol werde am McMurdo-Sund, einer geschützten Meeresbucht am Rand der sogenannten Großen Eisbarriere, beginnen und mit einer Kombination von Transportmitteln aus Motor-, Pony- und Hundeschlitten durchgeführt. Im Februar und März 1911 werde man auf dem Weg nach Süden zunächst Vorratsdepots anlegen und dann den antarktischen Winter abwarten, ehe im Oktober desselben Jahres die eigentliche Polfahrt beginne. »Am Pol selbst möchte ich am Mittsommertag, dem 22. Dezember, ankommen, wenn die Sonne ihre größte Höhe erreicht.« Im Übrigen werde man nicht eher umkehren, bis die Sache erledigt sei.

Noch ahnte Scott nicht, welche Bombe in der Post tickte, die man ihm vom Festland mitgebracht hatte. Früh am nächsten Morgen wurde Tryggve Gran, ein junger norwegischer Abenteurer, den Scott als Skiexperten mit auf die Reise genommen hatte, in die Kajüte des Kapitäns gerufen. »Er überreichte mir ein geöffnetes Telegramm«, erinnerte sich Gran später, »das lautete: ›Erlaube mir mitzuteilen, dass die *Fram* zur Antarktis fährt. Amundsen.‹ – ›Wie verstehen Sie das?‹« Gran war nicht weniger perplex als Scott. Der Name Amundsens war den Männern durchaus nicht unbekannt. Der Norweger hatte sich als unerschrockener Polarforscher einen Namen gemacht und war in seiner Heimat zum Volkshelden aufgestiegen. Zuletzt jedoch, so hatten es auch britische Zeitungen gemeldet, hatte er eine Expedition zum anderen Ende der Welt, der Arktis, vorbereitet. Eingeschlossen vom Packeis, wollte er sich in einer mehrjährigen Reise mit seinem Schiff, der *Fram*, in Richtung Nordpol driften lassen und mit etwas Glück als erster Mensch den entgegengesetzten Extrempunkt des Globus erreichen. Was also hatte jenes Telegramm zu bedeuten? Handelte es sich vielleicht nur um einen Übermittlungsfehler? Oder hatte man unversehens einen Herausforderer beim Kampf um den Pol bekommen? Sollte aus dem geplanten Triumphzug zum Südpol ein erbitterter Wettlauf werden?

Die Faszination des Unbekannten

Die Antarktis, jene *Terra Incognita* des Südens, hat die Menschen seit jeher fasziniert. Schon im antiken Griechenland existierten Vorstellungen eines riesigen Südkontinents. Da sich die damaligen Gelehrten den Aufbau der Erde nur symmetrisch vorstellen konnten, erforderte eine große Landmasse im Norden naturgemäß ein entsprechendes Äquivalent im Süden. Claudius Ptolemäus, wissenschaftliches Multitalent und Verfechter des später nach ihm benannten geozentrischen Weltbilds, ordnete 150 n. Chr. in seinem Standardwerk *Geographia* die *Terra Australis* (»Südliches Land«) entsprechend an. Er gab ihr auch den Namen »Antarktis« – das Land, das der Arktis, dem »Nordland« unter dem Sternbild des Großen Bären, gegenüberliegt. Bis zum Ende des Mittelalters, mehr als 1500 Jahre lang, sollte der sagenumwobene Südkontinent in dieser Form immer wieder in Kartenwerken auftauchen – manchmal sogar ausgeschmückt mit fiktiven Gebirgszügen, Flüssen oder Küstenformationen. Dabei war die Antarktis in den Vorstellungen der Zeit kein eisiger, öder Kontinent, sondern ein üppiges, fruchtbares Land unter der wärmenden Sonne des Südens – eine Art Eldorado und Schlaraffenland, besiedelt von glücklichen und gastfreundlichen Eingeborenen.

Auch die Entdeckung und Erkundung Amerikas und Australiens oder die Weltumsegelungen Ferdinand Magellans und Francis Drakes erschütterten dieses Fabelbild vom irdischen Paradies nur wenig. Noch bis ins 18. Jahrhundert hinein wurden in Europa immer wieder Schiffsexpeditionen losgeschickt, um endlich den rätselhaften Kontinent zu finden – und in Besitz zu nehmen. Einem der Seefahrer, dem Franzosen Jean-Baptiste Charles Bouvet de Lozier, dämmerte als Erstem jedoch eine bittere Erkenntnis. Am Neujahrstag des Jahres 1739 sichtete er südlich des 54. Breitengrads eine nebelverhangene, eisbedeckte Küstenlinie – ein Eiland, das nach seinem Entdecker später Bouvetinsel genannt wurde. Statt tropischem Überfluss gab es dort jedoch nichts als gewaltige tafelförmige Eisberge sowie zahlreiche Pinguine und Robben. Bouvet hatte zwar immer noch nicht die Antarktis entdeckt, doch seine Reise gab eine Ahnung von der eisigen Ödnis, die dahinter nur noch warten konnte.

Eine unwirkliche, menschenfeindliche Welt: Aus dem All wirkt die Eiswüste der Antarktis inmitten ihrer tiefblauen Meeresumgebung wie ein glitzernder, kalt funkelnder Eiskristall. Satellitenaufnahme vom August 2001.

Gut dreißig Jahre später schließlich stach der britische Weltumsegler James Cook in See, um endlich das Geheimnis um den mysteriösen Süd-kontinent zu lüften. Mit 71°10' segelte er weiter nach Süden, als es jemals zuvor einem Menschen gelungen war, ehe ihn undurchdringliches Packeis zur Umkehr zwang. Er wäre wohl nur noch eine Tagesreise von der Ant-arktis entfernt gewesen, doch zu Gesicht bekam auch Cook den weiter im Verborgenen liegenden Kontinent nicht. Immerhin war nach Cooks Ent-deckungen klar, dass die Antarktis kein sonniges Eiland sein konnte, son-dern nur eine menschenfeindliche Eiswüste, »verurteilt zu ewiger Erstar-rung«, wie Cook notierte. »Wer immer den Mut und die Ausdauer besitzt, diese Frage zu klären, weil er weiter vorgestoßen ist als ich, ich werde ihn um die Ehre der Entdeckung nicht beneiden. Doch ich bin kühn ge-

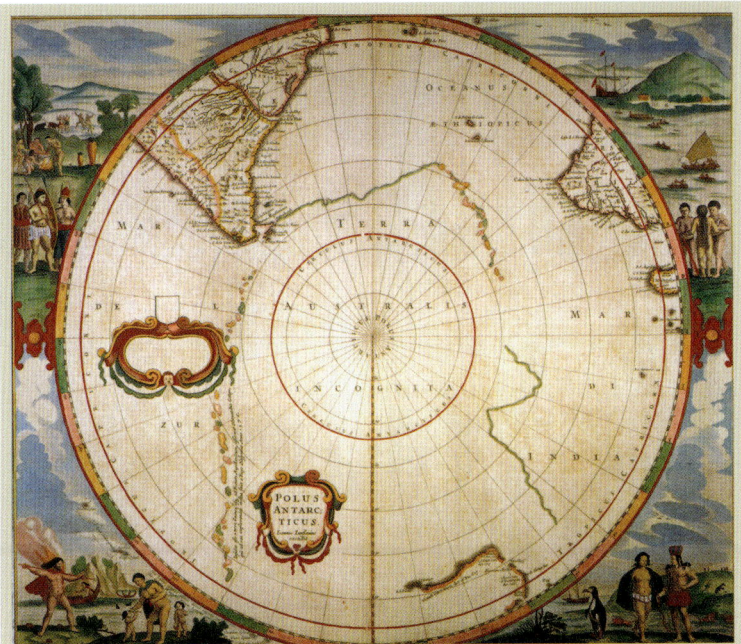

Die »Terra Australis Incognita« mit ihrem »Polus Antarcticus«, umgeben von anderen kontinentalen Landmassen, darunter Südamerika, publiziert Mitte des 17. Jahrhunderts auf einer Karte des niederländischen Kartografen Johannes Jansonius (Jan Janson).

nug zu behaupten, dass die Entdeckung der Welt keinen Gewinn bringen wird.«

Fast ein halbes Jahrhundert lang versank der Südkontinent danach wieder im Nebel des Vergessens, ehe ihn endlich ein Mensch zu Gesicht bekommen sollte. Im Jahr 1819 kam das britische Handelsschiff *Williams* auf der Fahrt um Kap Hoorn vom Kurs ab und wurde nach Süden abgetrieben. Der Kapitän der *Williams*, James Smith, geriet auf diese Weise zu einer Inselgruppe, die er Südliche Shetlandinseln nannte. Ein Jahr später kehrte Smith gemeinsam mit Kapitän Edward Bransfield von der Royal Navy in dieses Seegebiet zurück und drang weiter Richtung Süden vor. Am 30. Januar 1820 sichteten sie eine eisbedeckte Landzunge. »Es war

Statt üppiger tropischer Flora und Fauna nur gewaltige zerklüftete Eisberge, bevölkert von Pinguinen und Robben: Der Anblick dieser Ödnis dürfte den frühen Entdeckern eine Vorstellung von den Strapazen vermittelt haben, die sie bei einem weiteren Vordringen erwarteten. Ölgemälde des englischen Marinemalers Robin Brooks.

der düsterste Anblick, den man sich denken kann«, berichtete ein Besatzungsmitglied später. »Die einzige Aufmunterung war die Hoffnung, dass es sich dabei tatsächlich um den lange gesuchten südlichen Kontinent handeln würde.« In der Tat hatten Bransfield und Smith die Nordspitze der Antarktis, das später so genannte Graham Land, erblickt. Ob sie allerdings wirklich die Ersten waren, die den Südkontinent sichteten, ist umstritten. Denn nur drei Tage zuvor hatte Kapitän Fabian Gottlieb von Bellingshausen, der in Diensten der russischen Marine die Region erkundete, ebenfalls die Entdeckung eines eisbedeckten Stückchens Land in sein Logbuch eingetragen. Er befand sich zu dieser Zeit allerdings mehr als 2500 Kilometer südöstlich vor der Küste des später Königin-Maud-Land genannten Teils der Antarktis.

Die Berichte der Forschungsreisenden über einen großen Reichtum an Seehunden und Walen lockten nun immerhin britische und US-amerikanische Robbenjäger wie Nathaniel Palmer, James Weddell oder John Biscoe nach Süden. Diese ebenso kaltblütigen wie tollkühnen Männer übernahmen jetzt das Kommando im Südpolarmeer und erkundeten neben der Ausübung ihres blutigen Geschäfts weitere Küstenabschnitte des weißen Kontinents – was ihnen zumindest den Ruhm von Namenspatronen für einsame Meeresbuchten, eisbedeckte Landzungen oder von Pinguinen bewohnten Eisinseln eintragen sollte.

Sir James Clark Ross (1800–1862) war der Erste, der 1840/41 die Südpolregion systematisch erkundete.

Erst im Jahr 1839 trat die Royal Navy wieder auf den Plan und beauftragte Kapitän James Clark Ross mit einer systematischen Erkundung der Antarktis. Erstmals spielte bei dieser Forschungsreise auch der Südpol eine Rolle. Als Ross im August 1840 mit seinen beiden Schiffen in Neuseeland eintraf, kamen ihm jedoch beunruhigende Nachrichten über eine US-amerikanische und eine französische Expedition zu Ohren, die vor ihm aufgebrochen waren und offenbar ähnliche Ziele verfolgten wie er selbst. Er entschloss sich deshalb, eine direktere, weiter östlich gelegene Route zur Antarktis zu wählen als seine vermeintlichen Konkurrenten.

Die Entscheidung, entlang des Meridians 170 Grad Ost nach Süden zu segeln, sollte sich für die weitere Erforschung des eisigen Kontinents als außerordentlich bedeutsam erweisen, denn gerade deshalb gelangen Ross zahlreiche wichtige Entdeckungen. So erreichten seine beiden Schiffe, nachdem sie sich mehrere Tage lang durch das antarktische Packeis gekämpft hatten, im Januar 1841 plötzlich weitgehend eisfreie Gewässer, die heute ihrem Entdecker zu Ehren Rossmeer genannt werden. Er setzte seine Fahrt fort und erblickte bald südwärts Land – eine gewaltige Kette schneebedeckter, hoch aufragender Berge. Ross und seine Männer waren tief beeindruckt von dem majestätischen Anblick. In den folgenden Wochen hatten sie alle Hände voll zu tun, die zahlreichen neu entdeckten Landmarken zu benennen – sei es nach Mitgliedern des englischen Königshauses (Victoria Land), nach Freunden und Förderern ihrer Expedition (Kap Adare) oder britischen Staatsmännern und akademischen Zirkeln (Royal-Society-Gebirge, Mount Melbourne). Zwei gewaltigen Vulkanen, die Ross bei seinem Weg nach Süden auf einer dem Festland vorgelagerten Insel bemerkte, gab er die Namen seiner beiden Schiffe: Mount Erebus und Mount Terror.

Noch war Ross der Überzeugung, die Polregion bestehe aus zahlreichen eisbedeckten Inseln, zwischen denen er nur den richtigen Durchschlupf finden müsste, um letztendlich per Schiff zum Pol zu gelangen. Doch spätes-

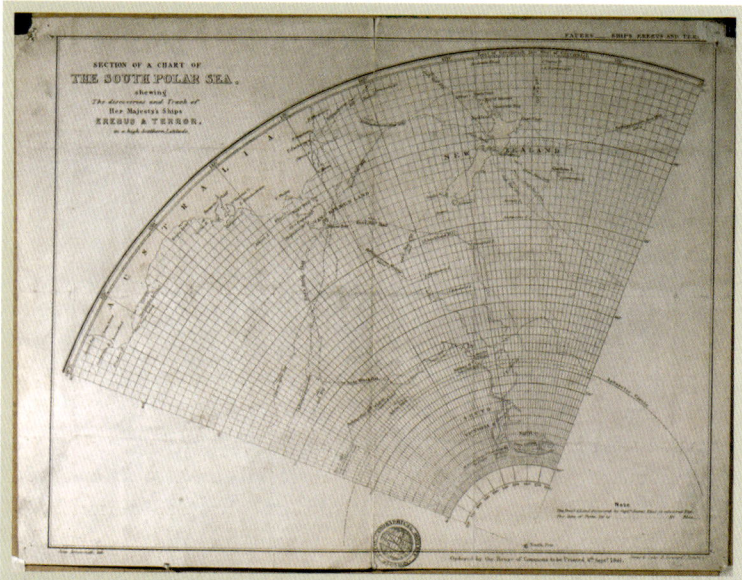

Diese Lithografie des Briten John Arrosmith aus dem Jahr 1841 veranschaulicht Ross' Entdeckungsreise mit den Schiffen *Erebus* und *Terror* durch antarktische Gewässer.

tens, als er ein weiteres, bis dahin völlig unbekanntes Naturphänomen zu Gesicht bekam, musste der Seemann alle derartigen Hoffnungen begraben. »Als wir uns dem Land näherten«, trug er am 15. Januar 1841 in sein Logbuch ein, »bemerkten wir eine niedrige, weiße Linie, die sich, so weit das Auge reichte, nach Süden erstreckte. Es war ein ungewöhnlicher Anblick: Die Linie nahm, als wir näher kamen, langsam an Höhe zu und erwies sich schließlich als eine senkrechte Eisklippe, die 150 bis 250 Fuß [45 bis 75 Meter] über dem Meeresspiegel lag.« Ross nannte dieses Phänomen The Great Ice Barrier – die Große Eisbarriere. Heute wird sie auch als Ross-Schelfeis bezeichnet – es ist eine gewaltige Eisplatte von der Größe Spaniens, die auf dem Rossmeer schwimmt und durch Gletscher mit dem Festland verbunden ist. Mit dem Schiff einen Weg durch diesen Riegel zu finden, schien ein Ding der Unmöglichkeit zu sein. »Wir könnten mit ebenso viel Aussicht auf Erfolg durch die Klippen von Dover hindurchzusegeln versuchen wie durch eine solche Eismasse«, bemerkte Ross mit typisch britischem Humor. Immerhin gelang es ihm, an einer niedrigen Stelle einen Blick auf die Oberfläche der Barriere zu werfen. »Die Fläche schien ganz glatt zu sein und vermittelte den Eindruck einer unendlich weiten Ebene aus gefrorenem Silber.« Als freilich während der weiteren Erkundung immer wieder gewaltige Eisbrocken aus dem Riegel herausbrachen und die dicht an der Eiskante entlangsegelnden Schiffe in Gefahr brachten, hatte Ross genug gesehen. Er ließ wenden und nahm 1843 Kurs Richtung Heimat.

Die ersten Menschen in der Antarktis

Nach der Abreise von Ross war das Südpolarmeer für mehr als ein halbes Jahrhundert wieder die Domäne der Robbenjäger und Walfänger. Seltsamerweise schien auch die Wissenschaft die Erforschung des immer noch weitgehend unbekannten Kontinents im Süden im wahrsten Sinne des Wortes auf Eis gelegt zu haben. Alle Blicke richteten sich jetzt nach Norden. Dort suchten Männer wie der britische Admiral John Franklin nach der sogenannten Nordwestpassage, einem Schifffahrtsweg nördlich des amerikanischen Kontinents. Polarforscher wie der Norweger Fridtjof Nansen durchquerten Grönland auf Skiern und trachteten da-

Carsten Borchgrevink (1864–1934) gilt als Begründer der norwegischen Antarktisforschung.

nach, den Nordpol per Schiff zu erreichen. Andere vermaßen das Nordpolarmeer oder versuchten, den vom geografischen Nordpol abweichenden Magnetpol zu bestimmen.

Dass schließlich in den Jahren um die Jahrhundertwende auch wieder die Antarktis ins Blickfeld der Öffentlichkeit geriet, hatte mit einem begeisterten Laien zu tun. Gleichzeitig betrat mit ihm eine Nation die Bühne der Antarktiserforschung, die sich fortan im dauernden Wettstreit mit den bis dahin maßgeblichen Briten befinden sollte. Nansens norwegischer Landsmann Carsten Borchgrevink hatte in seiner Jugend die Expeditionsberichte von Cook, Bellingshausen oder Ross verschlungen und wünschte sich nichts sehnlicher, als eines Tages selbst als Forscher in die Antarktis zu reisen. Seinen Neigungen zum Trotz führte er zunächst eine ganz normale bürgerliche Existenz und übte, nachdem er nach Australien ausgewandert war, dort zehn Jahre lang den Beruf eines Landvermessers aus.

Als er freilich 1894 hörte, dass im Hafen von Melbourne ein Schiff vor Anker lag, das im Südpolarmeer nach neuen Fanggründen für die Walfangflotte eines norwegischen Reeders suchen sollte, gab es für ihn kein Halten mehr: Er bestürmte den Kapitän, ihn mit an Bord zu nehmen. Mitreisen durfte er freilich erst, als ein Matrose des passenderweise *Antarctic* getauften Seelenverkäufers im alkoholisierten Zustand über Bord gefallen und im Hafenbecken ertrunken war, und Borchgrevink versprach, die Bordpflichten des Mannes zu übernehmen. Nach der Einfahrt in das Rossmeer überredete er Kapitän Leonard Kristensen, an einer eisfreien Bucht unterhalb von Kap Adare ein Beiboot zu Wasser zu lassen und gemeinsam an Land zu rudern. Borchgrevink, von der plötzlichen Furcht getrieben, Kristensen könnte ihm zuvorkommen, sprang kurz vor dem Ufer aus dem Boot und watete durch das eiskalte Wasser an Land. So war er am 24. Januar 1895 der erste Mensch, der antarktisches Festland betrat.

Ein großer Schritt für die Menschheit? Borchgrevink war davon zutiefst überzeugt. Auf eigene Kosten reiste er nach London, wo im Sommer desselben Jahres der 6. Internationale Geografen-Kongress stattfand. Wegen »unstandesgemäßer Kleidung« wurde ihm zunächst der Zutritt zum Sitzungssaal verwehrt. Im geliehenen Frack konnte er schließlich vor den Delegierten auftreten und wirbelte die gediegene akademische Atmosphäre im prächtigen Imperial Institute gehörig durcheinander. Zwar wäre es wohl vermessen zu behaupten, sein Auftritt allein hätte die Antarktisforschung aus ihrem Mauerblümchendasein gerissen, hatten sich wissenschaftliche Arbeitsgruppen doch schon zuvor mit dem Thema beschäftigt. Aber Borchgrevinks begeisterte Schilderungen und der Eindruck seiner mitgebrachten Fundstücke rissen die anwesenden Wissenschaftler aus aller Herren Länder derart mit, dass der Kongress schließlich »die Erforschung der antarktischen Regionen für das bedeutendste der noch zu lösenden geografischen Probleme« bestimmte und empfahl, »in Anbetracht der aus derselben voraussichtlich für alle Zweige der Wissenschaft sich ergebenden Vorteile, dass die verschiedenen gelehrten Gesellschaften auf dem ihnen am wirksamsten erscheinenden Weg danach trachten, diese Aufgabe vor Ablauf des 19. Jahrhunderts gelöst zu sehen«.

Mit dieser Terminvorstellung freilich drohte es eng zu werden. Denn sosehr sich verschiedene Teilnehmer des Londoner Kongresses nach der Rückkehr in ihre Heimatländer auch bemühten, Expeditionen in die Antarktis auf die Beine zu stellen, sowenig waren Politik und Verwaltung in den europäischen Staaten angesichts der horrenden Kosten und des zweifelhaften Nutzens eines solchen Unternehmens bereit, die südwärts gerichteten Aktivitäten zu unterstützen. Auch die traditionell in der Polarforschung engagierte britische Royal Navy zeigte zunächst wenig Interesse an der neuerlich aufgeworfenen Problematik, hatte sie doch angesichts der verstärkten deutschen Flottenrüstung unter Kaiser Wil-

Der Belgier Adrien de Gerlache (1866–1934) überwinterte mit seinem Team als Erster in der Antarktis.

helm II. in erster Linie alle Hände voll mit der Modernisierung und Neuaufstellung der eigenen Verbände zu tun.

So waren die – nicht selten selbst ernannten – Polarforscher darauf angewiesen, bei begüterten Privatleuten Geldquellen zu erschließen. Wie Borchgrevink gehörte auch der belgische Marineoffizier Adrien de Gerlache zu jenem Menschenschlag, dessen Vertretern es nicht reichte, ein Leben lang nur bei der Küstenwache Dienst zu tun. Er hoffte auf Ruhm und Ehre als Polarforscher. Vom Königreich Belgien und dessen Herrscher Leopold II. konnte er keine finanzielle Unterstützung für eine Antarktisexpedition erwarten. Doch ausgerechnet ihm als blutigem Neuling gelang es, genügend Kapital aufzutreiben, um eine Expedition in die Antarktis finanzieren zu können. Mit einer bunt zusammengewürfelten, abenteuerlustigen Mannschaft aus Belgiern, Rumänen, Polen, Norwegern und US-Amerikanern stach er im August 1897 von Antwerpen aus in See. Der Zweite Offizier an Bord hieß – Roald Amundsen.

Der Norweger war wie sein einstiger Spielgefährte Borchgrevink einer jener Enthusiasten, welche als Jugendliche durch Reiseberichte von Polarforschern für das Thema begeistert wurden. »Auf unerklärliche Weise wünschte ich mir sehnlichst, eines Tages auch so etwas zu erleben«, schrieb er später. »Vielleicht handelte es sich um jugendlichen Idealismus – der ja oft die Form eines Martyriums annimmt –, als ich mich selbst als Held im Kampf bei einer Nordpol-Expedition sah. Auch ich wollte für eine Sache leiden, aber nicht in der heißen Wüste auf dem Weg nach Jerusalem, sondern im frostigen Norden.« 1872 in eine Familie von Seeleuten und Schiffseignern hineingeboren, hatte er sich im oft monatelang tief verschneiten Norwegen früh mit dem eisigen Element vertraut gemacht. Schon als Kleinkind wurde er auf Skier gestellt und unternahm später nach dem Vorbild des Grönlandbezwingers Nansen ausgedehnte Skitouren durch das menschenleere norwegische Bergland, wobei er einmal fast erfroren wäre.

Den Schulabschluss schaffte er nur mit Ach und Krach. Seiner Mutter zuliebe – der Vater war früh gestorben – begann Amundsen danach ein Medizinstudium an der Universität der norwegischen Hauptstadt, die damals noch Kristiania hieß. Aber auch an der Uni war er oft nur halb

Bereits früh wurde Roald Amundsens (hier ein Porträt von ca. 1880/81) Begeisterung für die Polarforschung entfacht.

bei der Sache. Höchstens interessierten ihn Vorträge wie der von Eivind Astrup, der an einer US-amerikanischen Grönlandexpedition teilgenommen hatte und über die Vorzüge von Eskimohunden während solcher Reisen referierte. Als schließlich 1893 auch noch Amundsens Mutter starb, war er endlich frei, das zu tun, was er wollte. Er hängte sein Studium umgehend an den Nagel und heuerte auf verschiedenen Robbenfängerschiffen als Matrose an. Zwei Jahre später erwarb er das Steuermannspatent, um als zukünftiger Forscher sein eigenes Schiff führen zu können.

Da kam es im Juli 1896 im Hafen von Sandefjord zu einer schicksalhaften Begegnung. Denn genau dort, wo Amundsens Schiff nach einer Fangfahrt aus arktischen Gewässern zurückkehrte, ließ de Gerlache einen ausgedienten Robbenfänger für seine Antarktisexpedition umbauen. Als Amundsen von de Gerlaches Plänen hörte, war er sofort Feuer und Flamme und bot sich als Expeditionsmitglied an. Der Belgier akzeptierte – nicht nur, weil Amundsen vorschlug, ohne Heuer zu arbeiten, sondern auch, weil Männer mit seemännischem Hintergrund und Polarerfahrung in seinem Team rar gesät waren.

Von Anfang an freilich stand die Reise des *Belgica* getauften Schiffs unter keinem glücklichen Stern. Offiziere und Matrosen konnten sich untereinander kaum verständigen. Schon auf der Hinreise drohte das Schiff mehrfach zu kentern, Stürme und Riffe beschädigten es schwer, zuletzt wurde sogar ein Matrose über Bord gespült. Allen Unbilden zum Trotz traf die *Belgica* im Januar 1898 vor der Küste der Antarktis ein, und die Mannschaft begann mit ozeanografischen Messungen. Mehrfach gingen Expeditionsteilnehmer auch an Land und führten geologische Untersuchungen durch. Auch Amundsen betrat am 26. Januar erstmals den Boden einer dem Festland vorgelagerten antarktischen Insel, probierte seine Skier aus und unternahm ein paar Tage darauf mit dem Kommandanten und drei anderen Gefährten eine mehrtägige Schlittentour auf Brabant Island. Am 31. Januar übernachteten die ersten Menschen in einem Zelt auf antarktischem Boden. »Als die heiße Erbsensuppe vor uns steht, sind Wind und Schnee vergessen«, trug ein zufriedener Amundsen in sein Tagebuch ein. »In einem Königspalast könnte man nicht glücklicher sein.«

Doch de Gerlache wollte mehr: Seine ehrgeizigen Pläne sahen vor, nicht nur irgendwelche Gesteinsproben mit nach Hause zu bringen, sondern als Erster in der unwirtlichen Einöde der Antarktis zu überwintern. Dafür waren eigentlich nur vier Männer vorgesehen, die an einer geeigneten Stelle auf dem Festland in einer wetterfesten Hütte leben und wissenschaftlich arbeiten sollten. Das Schiff mit der restlichen Mannschaft sollte unterdessen nach Australien zurückkehren und die Forscher später wieder abholen. Bevor dieses Vorhaben jedoch in die Tat umgesetzt werden konnte, hatte das Packeis die *Belgica* schon umfasst, und das Schiff saß fest. »Leider zeigen die Wissenschaftler offen ihre Furcht«, notierte der tatendurstige Amundsen verstimmt. »Weshalb, so frage ich, sind wir hierhergekommen? Wollten wir nicht die unbekannten Regionen erforschen? Das kann man nicht, wenn man außerhalb des Eises liegen bleibt.« Nun war die gesamte achtzehnköpfige Besatzung gezwungen, den antarktischen Winter, der wegen der Lage auf der Südhalbkugel in unsere Sommermonate fällt, auf dem eingefrorenen ehemaligen Robbenfänger zu verbringen. Dies bedeutete für die Männer nicht nur, mit völlig unzureichender Ausrüstung Temperaturen weit unterhalb des Gefrierpunkts aushalten zu müssen. Es hieß auch, für mehrere Monate in vollkommener Dunkelheit zu leben, da die Sonne über diesem Teil der Antarktis von

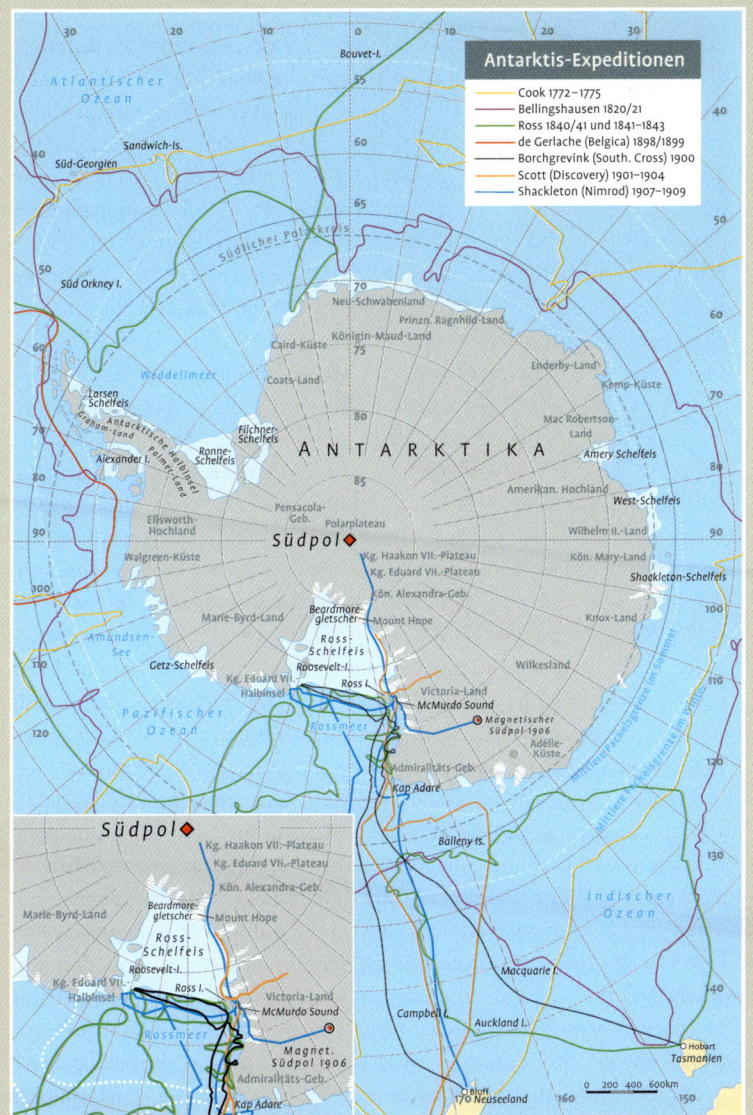

Frühe Forschungsreisen in die Antarktis. Erst ein Dreivierteljahrhundert nach seiner Entdeckung setzte der erste Mensch seinen Fuß auf den Boden des eisigen Kontinents.

In klirrender Kälte: Eigentlich hätte sich die *Belgica* für die Wintermonate nach Australien zurückziehen sollen, doch dann wurden Schiff und Besatzung vom Packeis überrascht.

Mitte Mai bis Ende Juli überhaupt nicht mehr aufging. Zudem zehrte die Ungewissheit an den Nerven: Könnte man dem Eis jemals wieder entrinnen? Würde die altersschwache *Belgica* womöglich von den Eismassen zerdrückt werden wie eine Pappschachtel? Angesichts der widrigen Umstände verloren mehrere Matrosen den Verstand, andere raffte der Skorbut dahin.

Skorbut war seit jeher die Geißel der Seefahrer, die oft längere Zeit von der Zufuhr frischer Lebensmittel abgeschnitten waren und nur von konservierten Nahrungsmitteln leben konnten. Heute weiß man, dass die Krankheit durch akuten Vitamin-C-Mangel verursacht wird, doch damals war das segensreiche Wirken von Vitaminen noch völlig unbekannt. Der Krankheitsverlauf zeigte sich zunächst an geschwollenen Gliedern und Zahnfleischbluten, dann fielen Zähne ganz aus, die körperliche Leistungsfähigkeit nahm rapide ab, es kam zu geistiger Verwirrung und Depressionen, ehe schließlich der Tod eintrat. Zwar war seit Mitte des

18. Jahrhunderts bekannt, dass der Verzehr von Zitrusfrüchten gegen die tückische Krankheit half. Doch weil man nicht wusste, welche Inhaltsstoffe diese positiven Wirkungen hervorriefen, wählte man oftmals die falschen Früchte oder benutzte eine falsche Dosierung. So enthielt auch die auf der *Belgica* mitgeführte Limonade viel zu wenig Vitamin C, um tatsächlich als Antiskorbutmittel wirken zu können. Den schließlich vom Schiffsarzt Dr. Frederick A. Cook vorgeschlagenen Verzehr halbrohen Robben- oder Pinguinfleischs, den er während einer Grönlandexpedition bei den dortigen Ureinwohnern kennengelernt hatte, lehnten die meisten Matrosen und auch Expeditionsleiter de Gerlache selbst ab. Erst als Cook den rettenden Einfall hatte, das Fleisch nicht mehr als Nahrungsmittel, sondern als Medizin zu verabreichen, besserte sich der Zustand seiner Patienten rasch.

Wenn sich nun auch kein Besatzungsmitglied mehr in Lebensgefahr befand, gab der Gesundheitszustand der zumeist vollkommen ausgemergelten Männer weiteren Anlass zur Besorgnis. Viele schienen um Jahre gealtert, auch Amundsen hatte über Nacht graue Haare bekommen. Er hatte ebenfalls an Skorbut gelitten, war durch die Frischfleischkur jedoch rasch wieder auf die Beine gekommen. Dass gerade Cook und Amundsen die schwere Zeit an besten überstanden, lag jedoch auch daran, dass sie im Gegensatz zum Rest der Besatzung keinen trüben Gedanken nachhingen. Stattdessen waren beide ständig damit beschäftigt, ihre vielfach mangelhafte Ausrüstung den polaren Witterungsbedingungen anzupassen. Ihr »Meisterstück« war ein aerodynamisch geformtes Zelt, das sich leicht aufbauen ließ und Wind und Wetter bestmöglich trotzte. Aber auch über Fragen der Ernährung, Bekleidung und übrigen Ausrüstung machten sie sich Gedanken und führten zahlreiche Tests mit Schlafsäcken, Schuhen oder Schlitten durch.

Freilich kam es dennoch eines Tages zum Eklat, als Amundsen feststellte, dass de Gerlache der Belgischen Geographischen Gesellschaft zugesagt hatte, bei einer eventuell notwendigen Übertragung des Kommandos ausschließlich belgische Offiziere zu berücksichtigen. Als Zweiter Offizier wäre er in einem derartigen Fall übergangen worden. Amundsen fühlte sich persönlich beleidigt: »Ich habe mich Ihnen ohne Soldforderung angeschlossen. Es war für mich eine Frage der Ehre, nicht des Geldes.

Der Wettlauf zum Südpol – hundert Jahre danach

Hundert Jahre, nachdem Roald Amundsen und Robert Falcon Scott darum rangen, als Erste am südlichsten Punkt der Erde zu stehen, gibt es erneut einen Wettlauf zum Südpol. Diesmal jedoch soll kein Duell zwischen Norwegern und Briten ausgetragen werden – stattdessen ist die freundschaftliche Rivalität zwischen Deutschland und Österreich die Basis für ein neues Rennen zum Pol. ZDF und ORF spiegeln auf diese Weise das historische Ereignis und würdigen die außergewöhnlichen Leistungen der beiden großen Entdecker.

Für Deutschland stellen sich TV-Moderator Markus Lanz und Extremsportler Joey Kelly der Herausforderung Antarktis. Markus Lanz ist begeisterter Skiläufer und in extremen Expeditionen erfahren. Schon seit Jahren zieht es Lanz immer wieder nach Grönland. Dort lebte er mit den Inuit (Eskimos) im nördlichsten Dorf der Welt, ging mit ihnen auf die Jagd und übernachtete in Biwaks. Der Wettlauf zum Südpol jedoch sei für ihn das Härteste, was er jemals gemacht habe, so Lanz. »Es ist eine extreme Natur dort, und da kann vieles passieren. Es ist eine Eiswüste, wir reden über Gletscherspalten, Schneestürme und extreme Kälte«, erklärt er. »Die Kälte macht mir ehrlich gesagt ein bisschen Angst. Weil ich weiß, dass es am Südpol auch sehr hoch hinausgeht, 3000 Meter über dem Meeresspiegel teilweise, und das ist nicht ganz ohne.« Er freut sich jedoch auf das einzigartige Naturerlebnis.

Markus Lanz (rechts) und Joey Kelly führen das deutsche Team.

Den bekannten Musiker Joey Kelly brachte eine Wette mit seiner Schwester zum Sport. 1996 nahm er an seinem ersten Triathlon teil. Inzwischen genießt er den Ruf eines Ausnahmeathleten. Bereits im Jahr 2000 sammelte er erste Erfahrungen beim Idita-Lauf in Alaska bei minus 20 Grad. Es folgten weitere

Hermann Maier (rechts) und Tom Walek gehen für Österreich ins Rennen.

Wettkämpfe in extremer Kälte. »Ich weiß, was auf mich zukommt«, sagt Kelly. »Genau deswegen habe ich auch so viel Respekt und auch Angst.«

Österreich schickt ein Team um den mehrfachen Skiweltmeister und Doppelolympiasieger Hermann Maier sowie Radiomoderator Tom Walek ins Rennen auf der Antarktis. »Ich sehe das nicht als Wettkampf, sondern als Abenteuer und als Herausforderung«, so »Herminator« Maier. »Das ist eine einzigartige Geschichte, so was wird's nie wieder geben – wie oft hat man schon die Möglichkeit, zum Südpol zu gehen?« Und er fügt hinzu: »Es ist sicher einfacher, den Mount Everest zu besteigen – denn dazu hat man eher die Möglichkeit –, als an den Südpol zu kommen.«

Sein Mitstreiter Tom Walek: »Diese Chance ist einmalig. Mit der Kälte umzugehen, wird für mich die größte Herausforderung sein. Hermann tut sich da berufsbedingt etwas leichter.«

Der Marsch zum Südpol wird für alle zur größten Herausforderung ihres Lebens.

Schiffsarzt Frederick A. Cook aus New York, dessen »Medizin« gegen Skorbut letztlich von Erfolg gekrönt war.

Amundsen mit erlegten Pinguinen: Er nahm den Rat Cooks an, dem Skorbut durch den Verzehr halbrohen Fleischs zu begegnen.

Cook verbesserte gemeinsam mit Amundsen ständig die Expeditionsausrüstung. Unter anderem entwickelten sie ein »aerodynamisch« geformtes Zelt.

Noch immer hat das Packeis die *Belgica* nicht freigegeben: Die Besatzung versucht, eine Fahrrinne zur offenen See aufzuhacken.

Diese Ehre haben Sie beleidigt, indem Sie mir mein Recht verweigerten«, schleuderte er dem konsternierten de Gerlache ins Gesicht. »Eine belgische Antarktisexpedition existiert für mich nicht mehr. Ich sehe in der *Belgica* nur noch ein gewöhnliches Schiff, das im Eis festsitzt. Es ist meine Pflicht, den Männern an Bord beizustehen. Deshalb, Kapitän, setze ich meine Arbeit fort, als sei nichts geschehen.« Fortan war das Tischtuch zwischen den beiden Männern zerschnitten, und Amundsen sollte den Namen des Kapitäns zukünftig nicht mehr erwähnen.

Als die Sonne Ende Juli 1898 endlich wieder am Horizont erschien, richtete sich die Hoffnung der meisten Expeditionsteilnehmer nun darauf, möglichst rasch Richtung Heimat aufbrechen zu können. Doch zu ihrem Entsetzen hielt das Packeis die *Belgica* weiterhin fest im Griff. Sollte der Expedition, deren Vorräte langsam zur Neige gingen, ein weiterer Winter in der Antarktis drohen? Diese Vorstellung schien den Männern zu schrecklich, als dass sie hätte Realität werden dürfen. Als sie in einiger Entfernung eine offene Wasserrinne entdeckten, versuchten sie verzweifelt, einen Kanal in das Eis zu sägen und zu sprengen. »Kein Anarchistenknast hat je eifrigere Bombenbastler gesehen als die *Belgica*«, bemerkte Henryk Arctowski, der polnische Geologe an Bord, dazu später sarkastisch. Erst am 14. März 1899, mehr als ein Jahr nach der Ankunft in der Antarktis, gab das Eis das Schiff endlich wieder frei, und die *Belgica* konnte sich Meter für Meter hinaus ins offene Meer kämpfen. Als de Gerlache mit dem Rest seiner Truppe, Amundsen hatte das Schiff wegen seines Streits mit dem Kapitän bereits bei einem Zwischenstopp in Chile verlassen, im November 1899 wieder in Antwerpen eintraf, wurde er begeistert gefeiert – und ebenso schnell wieder vergessen. Der Belgier konnte zwar durchaus bedeutsame Forschungsergebnisse vorweisen – unter anderem hatte er den ersten vollständigen meteorologischen Jahresbericht der Antarktis aufgezeichnet, eine große Zahl von Pflanzen- und Gesteinsarten katalogisiert und die Westküste der Antarktis erstmals umfassend kartografiert: Wissen, auf das alle zukünftigen Expeditionen aufbauen konnten. Und doch fehlte ein zündendes Moment, ein Rekord, eine Heldengeschichte, die den Weg zur Unsterblichkeit gewiesen hätte.

Carsten Borchgrevinks (hier in »Camp Ridley« bei der Überprüfung von Forschungs-objekten) Bemühungen um britische Sponsorengelder für eine Antarktisexpedition unter britischer Flagge waren der RGS ein Dorn im Auge.

Daran versuchte sich nun der Mann, dessen fulminanter Auftritt in London das neue Interesse am Südkontinent erst eingeleitet hatte: Carsten Borchgrevink. Der Norweger hatte sich danach ebenfalls bemüht, Geldgeber für eine Antarktisexpedition zu gewinnen, konnte außer vagen Absichtserklärungen zunächst jedoch keine Erfolge verzeichnen. Im Frühjahr 1898 aber meldete sich der britische Zeitungsbaron Sir George Newnes bei ihm und bot ihm an, die Expeditionskosten von 35 000 Pfund zu übernehmen, wenn Borchgrevinks Unternehmen unter britischer Flagge segeln würde. Der Norweger nahm an – und schuf sich damit erbitterte Feinde. Denn auf das Markenzeichen »The British Antarctic Expedition«, unter dem Newnes die ganze Sache zu vermarkten plante, glaubten ganz andere Kräfte das Copyright zu besitzen.

Das waren vor allem jene »arktischen« Navy-Admiräle a. D., die sich in der Royal Geographical Society (RGS), der Königlichen Geographischen Gesellschaft, zusammengefunden hatten. An ihrer Spitze stand der Präsident der RGS, Sir Clements Markham, ein damals bereits fast

Er war die treibende Kraft hinter der britischen Polarforschung: Sir Clements Markham (1830–1916).

70 Jahre alter ehemaliger Kolonialbeamter. Markham war einst im Alter von 14 Jahren selbst in die Navy eingetreten und hatte als junger Mann 1850/51 an der Suchaktion nach Sir John Franklin teilgenommen, dessen beide Schiffe während der Erkundung der Nordwestpassage verschollen waren. Aus dieser Zeit rührten Markhams leidenschaftliche Begeisterung für die Polarforschung und seine schwärmerische Verklärung der britischen Marine, obwohl er selbst wenig später auf eigenen Wunsch aus dem aktiven Dienst ausgeschieden war. Seine Lebensaufgabe sah er darin, die britische Polarforschung unter dem Dach der Navy, die er als »die Kinderstube unserer Seeleute, die Schule unserer künftigen Nelsons und für junge Marineoffiziere die beste Gelegenheit, sich in Friedenszeiten auszuzeichnen« pries, wiederzubeleben.

Vor allem jene jungen Marineoffiziere hatten es ihm in durchaus »unangemessener« Art und Weise besonders angetan – auch wenn er offenbar diskret genug war, sich in der Heimat keine Affären zuschulden kommen zu lassen. Er war häufiger Gast der Königlichen Marineschule in Greenwich und liebte es, wenn die jungen Leutnants und Fähnriche in ihrer schmucken Paradeuniform vor ihm Haltung annahmen. In seinen Tagebüchern finden sich Aufzeichnungen zu Hunderten dieser »Jungs«, die er schon lange vor seinem Amtsantritt als Präsident der RGS 1893 auf Tauglichkeit für sein großes Projekt abklopfte: eine britische Antarktisexpedition unter Federführung der Royal Navy. Doch sowohl das Schatzamt als auch die Admiralität gaben sich zunächst zugeknöpft. In einer Zeit zunehmender internationaler Konflikte konnte man etwaige Nebenkriegsschauplätze an den Polen nicht gebrauchen. Also verlegte sich auch Sir Clements darauf, private Geldgeber für seine Expedition zu finden – mit äußerst geringem Erfolg. Ende 1898 hatte er von den kalkulierten 50 000 Pfund erst 12 000 beisammen. Umso mehr erzürnte es ihn, dass es einem Privatmann, einem Außenseiter und Ausländer, scheinbar mühelos gelungen war, das notwendige Geld zu erhalten, und dass dieser zu allem Überfluss dann auch noch als Leiter einer offiziellen britischen Antarktisexpedition in See stach. Aber alles, was er einstweilen tun konnte, war, dass die RGS Borchgrevink nach Kräften ignorierte.

In der Tat war diese Expedition, die offiziell unter dem Union Jack segelte, ein fast rein norwegisches Unternehmen. Als Konzession an seinen Geldgeber Newnes hatte Borchgrevink lediglich drei britische Wissenschaftler mit an Bord der *Southern Cross* genommen. Im Februar 1899, als die Männer der *Belgica* noch gegen das Packeis in der Bellingshausen-See kämpften, traf die *Southern Cross* vor Kap Adare ein, wo Borchgrevink vier Jahre zuvor als Erster seinen Fuß auf antarktischen Boden gesetzt hatte. Auch der Norweger plante, in der Antarktis zu überwintern. Doch er war klug genug, nicht seiner ganzen Mannschaft diese Tortur zuzumuten. Nachdem die *Southern Cross* ihre Ladung gelöscht und die Männer ein »Camp Ridley« genanntes Lager mit Wohn- und Lagerschuppen von jeweils knapp fünf Metern im Quadrat sowie ein Beobachtungszelt errichtet hatten, wurde das Schiff für die Dauer des antarktischen Winters nach Neuseeland verabschiedet.

Diese Expedition war sicherlich gründlicher vorbereitet und besser ausgestattet als die de Gerlaches; die zehn Männer an Land wussten, welche Belastungen sie erwarten würden. Dennoch wurde ihr körperliches und geistiges Durchhaltevermögen auf eine harte Probe gestellt. Auch sie hatten mit der anhaltenden Langeweile und zunehmenden Depressionen während der langen Polarnacht zu kämpfen. »Die Dunkelheit und die Stille lasten schwer auf dem Gemüt. Die Stille dröhnt in den Ohren; es sind Jahrhunderte von aufeinandergehäufter Einsamkeit«, notierte Borchgrevink im Juni 1899 niedergeschlagen in sein Tagebuch. Auch diese Expedition hatte mit Vitaminmangel und daraus resultierenden Krankheiten wie Skorbut zu kämpfen. Ein Forscher, der norwegische Zoologe Nicolai Hansen, erlag im Oktober 1899 den Strapazen und wurde als erster Mensch in der Antarktis beerdigt. Sein Grab musste mit Dynamit in den tiefgefrorenen Boden gesprengt werden.

Das Winterquartier der Gruppe lag gut geschützt vor allen Witterungsunbilden am Fuße einer Bergkette. Das allerdings verhinderte auch wei-

Zum Abschluss seiner Antarktisexpedition wagte sich Borchgrevink gemeinsam mit zwei Gefährten auf Hundeschlitten erstmals 20 Kilometer auf der Eisbarriere nach Süden und war damit zu diesem Zeitpunkt dem Südpol am nächsten gekommen.

tergehende Erkundungen im Landesinneren. So blieb der wissenschaftliche Ertrag der Reise zunächst beschränkt. Einer spontanen Eingebung folgend, segelte Borchgrevink jedoch nach der Rückkehr der *Southern Cross* Ende Januar 1900 nach Süden bis zur Großen Eisbarriere und folgte dann auf Ross' Spuren dem Eisriegel »in ehrerbietigem Abstand« in östlicher Richtung. Am 16. Februar tat sich dann bei ungefähr 164 Grad westlicher Länge plötzlich ein Riss in der Mauer auf. Das Schiff wurde vorsichtig in die kleine Bucht hineinbugsiert und verankert. Wie sich zeigte, fiel das Eis an dieser Stelle ziemlich sanft zum Meer hin ab. Borchgrevink konnte gemeinsam mit zwei Gefährten zur Ebene emporsteigen und auf einem Hundeschlitten gut 20 Kilometer in Richtung Südpol fahren, ehe er umdrehte und zum Schiff zurückkehrte. Es war der südlichste Punkt, den bis dahin ein Mensch erreicht hatte. Damit hatte der Norweger den Weg für alle weiteren Forschungsreisen in die Antarktis bereitet: Als Erster hatte er auf dem antarktischen Festland überwintert, als Erster die große Barriere erklommen und sich auf den Weg zum Pol gemacht. Der Startschuss für den Wettlauf zum südlichsten Punkt der Erde war damit endgültig gefallen.

Ein Held wird gesucht

Dass Borchgrevink nach seiner Rückkehr aus der Antarktis nicht die Ehre zuteil wurde, die ihm eigentlich zustand, hatte einmal mehr mit Sir Clements Markham und seiner Royal Geographical Society zu tun. Als die *Southern Cross* im Juni 1900 wieder in Großbritannien eintraf, fiel der Empfang eher kühl aus. Die öffentliche Aufmerksamkeit hatte sich längst auf ein anderes Unternehmen gerichtet, das mit großem Propagandagetöse aus der Taufe gehoben worden war: die »offizielle« britische Antarktisexpedition unter Federführung Markhams. Sir Clements war im Frühjahr 1899 bei der Suche nach finanzieller Unterstützung unverhofft doch noch erfolgreich gewesen: Ein Londoner Geschäftsmann hatte ihm 25 000 Pfund für das Unternehmen versprochen. Nun gab auch die britische Regierung ihre Zurückhaltung auf und sagte 45 000 Pfund zu. Die plötzliche Freigebigkeit des Schatzamts hatte freilich weniger mit einem unerwarteten Sinneswandel der politisch Verantwortlichen als vielmehr mit Fragen des nationalen Prestiges zu tun. Man hatte in London in Erfahrung gebracht, dass auch das Deutsche Reich eine offizielle Expedition in die Antarktis plante, und wollte den Deutschen keinesfalls das Feld überlassen. Dass die schwarz-weiß-rote Flagge des Kaiserreichs als Erste am Südpol aufgepflanzt würde, sollte unter Aufbietung aller verfügbaren Mittel verhindert werden.

Sir Clements hatte nun die wichtige Frage zu klären, wer die finanziell inzwischen auf Rosen gebettete Expedition leiten sollte. Natürlich kam für ihn nur ein Marineoffizier infrage; Wissenschaftler oder Angehörige der Handelsmarine lehnte er grundsätzlich ab. Jung musste der Kandidat sein, da Markham sicher nicht ganz zu Unrecht glaubte, dass die Aufgabe »physische Kraftreserven und Mut, aber auch die geistige Flexibilität der Jugend erfordere«, wie die Historikerin Diana Preston schreibt. Auch sollte der Leiter der Expedition nach Markhams Vorstellungen aus den besseren Gesellschaftskreisen stammen und dementsprechendes Ansehen genießen. Dem Präsidenten der RGS wurde bald klar, dass die Suche mit diesem Anforderungsprofil zu einer aussichtslosen Jagd nach Mr. Perfect zu werden drohte, denn ein ins Auge gefasster Offizier nach dem anderen fiel aus. Einige Kandidaten wurden von der Admiralität erst gar nicht freigegeben. Andere sagten von sich aus ab, da sie nicht jahrelang bei Dunkelheit und Kälte versauern wollten – in einer Zeit, in der der forcierte Ausbau der Navy glänzende Karrieremöglichkeiten bot. Ein weiterer Favorit Markhams war in Ungnade aus der Marine entlassen worden und somit ebenfalls aus dem Rennen. Somit wurde am 25. Mai 1900 als Kompromisskandidat ein 31 Jahre alter Oberleutnant der Torpedowaffe präsentiert: Robert Falcon Scott.

Wohl kaum ein anderer Offizier der Royal Navy schien für die Aufgabe schlechter geeignet zu sein als Scott. Er entstammte einer Mittelschichtfamilie aus Devonport, einer Marinebasis vor den Toren der südenglischen Hafenstadt Plymouth. Zwar hatte die Familie einen starken Bezug zur Navy – Scotts Großvater Robert hatte es als Zahlmeister der Marine zu einigem Vermögen gebracht und nach seiner Rückkehr ins Zivilleben eine kleine Brauerei in Plymouth erworben. Dessen jüngster Sohn John Edward – Robert Falcon Scotts Vater – hatte den Betrieb jedoch bald wieder verkauft. Von den Erlösen lebte er mit seiner vielköpfigen Familie und einigen Bediensteten auf dem Familiensitz »Outlands« – in einem Haus, das seine besten Tage allerdings schon lange hinter sich hatte und für die vielen Bewohner eigentlich zu klein war. Rosenzucht und Gartenbau, die der Vater im Stil eines Landadligen zudem betrieb, brachten zu wenig ein, als dass die Familie auf allzu großem Fuß hätte leben können.

Robert Falcon war ein feingliedriges und oftmals kränkliches Kind mit einem starken Hang zu Tagträumerei und Einzelgängertum. Nach dem Willen seines Vaters sollte er als ältester Sohn der Familie dennoch Karriere in der Marine machen. Im Sommer 1881 bestand er die Kadettenprüfung und wurde im zarten Alter von 13 Jahren in die Königliche Marineschule in Dartmouth aufgenommen. Mit dem steten Drill und der strikten Disziplin der Marineerziehung hatte der sensible Junge seine Schwierigkeiten; zudem musste er bald feststellen, dass er notorisch an der Seekrankheit litt. Dennoch biss er die Zähne zusammen und bestand alle notwendigen Examen. 1883 wurde er zum Fähnrich ernannt und trat seine erste Dienststellung an. Wie die anderen Offiziersanwärter sollte er praktische Erfahrungen sammeln, die für das Kommando eines Kriegsschiffs notwendig waren. Es fiel ihm schwer, sich im oftmals rauen Klima der Mannschaftsdienstgrade durchzusetzen. Doch wieder überwand er seine inneren Hemmungen und gewann zunehmend an Selbstsicherheit,

Robert Falcon Scott als 14-jähriger Kadett der Königlichen Marineschule Dartmouth (1882, links) und als schmucker Navy-Offizier in Paradeuniform (um 1890).

sodass seine Karriere einen steten, wenn auch nicht glänzenden Verlauf nahm. Nach einem Jahr am Royal Naval College in Greenwich wurde er 1888 zum Leutnant zur See befördert, ein Jahr später zum Oberleutnant.

Eine Möglichkeit zu einem weiteren Karrieresprung schien ihm eine Spezialisierung zu sein. Deshalb bewarb er sich 1891 für einen Ausbildungslehrgang bei der Torpedowaffe, einer damals relativ neuen Waffengattung, die einen erhöhten Bedarf an Führungskräften versprach. Obwohl er während einer Übung ein von ihm kommandiertes Torpedoboot auf Grund gesetzt hatte, konnte er 1893 die Ausbildung mit Auszeichnung abschließen und verrichtete in den darauf folgenden Jahren seinen Dienst als Torpedooffizier auf verschiedenen Schiffen der Kanalflotte. Auf mehr konnte Scott zunächst jedoch nicht hoffen. Zum einen hegten die Kapitäne, unter denen er Dienst tat, andauernde Zweifel an seinem Talent zur Führung von Schiffen und Menschen. Zum anderen zwangen ihn familiäre Angelegenheiten zu Einschränkungen. Zuerst musste er seinem Vater wieder auf die Beine helfen, der Mitte der 1890er-Jahre das Vermögen der Familie endgültig ruiniert hatte. Als der Vater einige Zeit später starb, waren die Mutter und zwei jüngere Schwestern auf die Unterstützung Scotts angewiesen. Der weitere Weg nach oben schien ihm zunächst versperrt – bis Sir Clements Markham auf den Plan trat.

Glaubt man den Memoiren des RGS-Präsidenten, so hatte er Scott schon Jahre zuvor für die Leitung seiner Polarexpedition ausersehen. In Wahrheit dürfte das freilich ein Fall von nachträglicher Legendenbildung sein. Im Frühjahr 1887 war Markham – damals noch nicht Präsident, sondern ehrenamtlicher Sekretär der Geographischen Gesellschaft – während einer seiner Reisen auf der Karibikinsel Saint Kitts Zeuge einer Kleinbootregatta von Vertretern dreier Schlachtschiffe der Royal Navy gewesen. Aus dem Wettrennen war der gerade 18 Jahre alte Robert Falcon Scott als strahlender Sieger hervorgegangen. Vier Tage später wurde dieser Markham dann bei einem Essen vorgestellt – »ein charmanter Junge«, so Markham in seinem Tagebuch. Später schrieb er, er habe schon zu diesem frühen Zeitpunkt gewusst, dass Scott dazu bestimmt sei, die Antarktisexpedition einmal anzuführen. Tatsächlich war Scott noch lange einer unter vielen, die Markham für sein großes Projekt unter die Lupe nahm.

Zehn Jahre später sah er Scott dann im spanischen Vigo erneut. Wieder, so Markham, sei er tief beeindruckt gewesen von dessen »offenkundiger Berufung« für den Platz auf der Kommandobrücke seiner Antarktisexpedition. In Wahrheit spielte bei der Entscheidung der pure Zufall die Hauptrolle. Es war ein Tag Anfang Juni 1899, an dem sich Scott auf Urlaub in London befand. »Als ich die Buckingham Palace Road hinunterging, erspähte ich Sir Clements auf dem Gehsteig gegenüber«, schrieb er später, »natürlich überquerte ich die Straße, und ebenso natürlich kehrte ich um und begleitete ihn zu seinem Haus. An diesem Nachmittag hörte ich zum ersten Mal, dass es so etwas wie eine künftige Antarktisexpedition gab; zwei Tage später bewarb ich mich um ihre Leitung.«

Nichts qualifizierte ihn zu diesem Kommando. Schnee und Eis kannte er nur aus Büchern. An der Erforschung der Polargebiete hatte er keinerlei Interesse; von den wissenschaftlichen Herausforderungen einer Antarktisexpedition keine Ahnung. Noch nicht einmal jenes Maß an irrationalem Abenteurertum, das Männer wie Borchgrevink oder de Gerlache nach Süden trieb, hatte sich bislang bei ihm gezeigt. Warum in drei Teufels Namen drängte er sich dann nach der Führung dieser Expedition? Scotts Marinekarriere war in jener Zeit an einem Scheideweg angekommen. Seit zehn Jahren war er nun schon Oberleutnant. Ihn plagte der Gedanke, dass er das entscheidende Nadelöhr, die Ernennung zum Kapitänleutnant, nicht würde passieren können. Aus der automatischen Beförderung nach Dienstalter war nichts geworden; für den außerplanmäßigen Aufstieg fehlten ihm die notwendige Protektion und gute Beziehungen. Die Polarexpedition war für Scott deshalb eine Art letzte Chance, seine vor ihm beförderten Altersgenossen einzuholen und zu überholen. Gleichzeitig sah er sehr deutlich, dass Sir Clements die Zeit davonlief, zumal inzwischen nicht nur die Deutschen, sondern auch die Schweden eine offizielle Antarktisexpedition planten. Da Scott, wie ein Kamerad später bemerkte, äußerst liebenswürdig sein konnte und es ihm gelang, Menschen im persönlichen Gespräch für sich einzunehmen, hatte er Markham rasch überzeugt: Robert Falcon Scott sollte die offizielle britische Antarktisexpedition leiten.

Sir Clements hatte sich entschieden, doch das hieß noch lange nicht, dass die Sache damit schon ausgestanden war. Bei der Vorbereitung der Expedition hatte sich die RGS mit der Royal Society, der wissenschaftlichen Dachorganisation des Vereinigten Königreichs, zusammengetan. Deren Vertreter waren natürlich alles andere als begeistert, dass ein vollkommen unbekannter junger Marineoffizier an der Spitze eines als äußerst bedeutsam angesehenen Unternehmens stehen sollte. Sie hatten bereits einen in der Polarforschung erfahrenen Wissenschaftler dazu ausersehen. Doch Markham nötigte den gemeinsamen Ausschuss, »einmütig eine vorweggetroffene Entscheidung zu bestätigen«, wie es offiziell hieß. Damit verschoben sich unmerklich auch die Ziele der Expedition: Während die Vertreter der Royal Society den streng wissenschaftlichen Charakter der Reise zu wahren versuchten, ging es Markham vor allem um öffentlichkeitswirksame Entdeckungen und Rekorde.

Nach ähnlich irrationalen Maßstäben wie die Leitungsposition wurde auch das restliche Expeditionsteam besetzt. Die Marine stellte nolens volens einige Offiziere und Mannschaftsdienstgrade zur Verfügung, Sponsoren äußerten ihre Personalwünsche, und auch die wissenschaftliche

Belegschaft wurde mehr oder weniger nach Gutdünken verpflichtet. Zumindest einige in der Truppe waren schon einmal in der Arktis gewesen; Antarktiserfahrung hatte nur der Physiker Louis Bernacchi, der mit Borchgrevink auf dem weißen Kontinent überwintert hatte. Dennoch begannen mit dieser Expedition die Karrieren einiger Männer, die im anbrechenden »Heldenzeitalter« der Antarktisforschung zu Hauptdarstellern werden sollten.

Scott selbst zeigte auch nach seiner offiziellen Ernennung erstaunlich wenig Neigung, sich in sein neues Betätigungsfeld einzuarbeiten. In den meisten Angelegenheiten vertraute er seinem Mentor Markham, der freilich mitunter völlig überholten Vorstellungen anhing. Sir Clements idealisierte die menschliche Leidensfähigkeit und heldenhafte Selbstaufopferung. »Er sah in der Polarforschung eine Übung heroischen Verhaltens als Selbstzweck«, urteilt der Journalist Roland Huntford. Dies brachte Markham dazu, den Einsatz von Hunden als Zugtiere für Schlitten abzulehnen: »In letzter Zeit hat man für Reisen in die Arktis häufig auf Hunde zurückgegriffen. Jedoch nichts, was man damit erreicht hat, ist zu vergleichen mit dem, was Menschen ohne Hunde vollbracht haben«, erklärte er 1899. Auch gegen die Verwendung von Skiern hegte er Vorurteile.

Immerhin ermunterte Markham Scott, ausländische Koryphäen der Polarforschung jener Zeit um Rat zu fragen. So reiste Scott in die norwegische Hauptstadt Kristiania und traf sich mit Fridtjof Nansen. Dieser wiederum legte Scott nahe, doch einige Schlittenhunde und auch Skier mitzunehmen, und der Engländer tat, wie geheißen – vergaß jedoch, für die Hunde einen Führer einzuplanen, und glaubte, das Skifahren vor Ort lernen zu können. »Man gewinnt den Eindruck, dass Scott im Grunde nichts lernen wollte«, so Huntford, »als lebte er nach dem inoffiziellen Motto der Königlichen Marine: Es gibt nichts, was die Marine nicht kann. Wie die meisten seiner Offizierskameraden verschmähte er sorgfältige Vorbereitung, weil er im Grunde nur an gesunden Menschenverstand und zu gegebener Zeit an Improvisation glaubte.«

Immerhin war Scott ehrlich genug, sich die eigenen Defizite und die seines Teams einzugestehen. »Die Expedition verfügt über eine Mannschaft, die wenig Wissen und keine Erfahrung hat, außer in Bezug auf das Meer und seine Launen«, schrieb er in einem Abschiedsbrief an Nansen

Wissenschaftler und Offiziere der *Discovery* vor der Abreise an Deck des Schiffs, unter ihnen Scott (sitzend, 2. von links), Edward Wilson (stehend, 1. von links) und Ernest Shackleton (stehend, 5. von links).

nachdenklich. »Darüber hinaus verspüre ich den starken Wunsch nach einem Plan. Ich habe nur einige vage Gedanken, die um das hauptsächliche Thema kreisen und uns in unerforschte Gebiete führen könnten, doch ich rechne sehr wohl damit, dass solche Ideen möglicherweise nicht durchführbar sind, und Pläne rasch an Ort und Stelle gefasst werden müssen, auch wenn sie dann nicht gut ausgearbeitet sind. Solche Gedanken zeigen mir deutlich, wie weit ich von den berühmten Männern entfernt bin, die bis heute erfolgreiche Polarexpeditionen geleitet haben. Ich habe zwar den Mut nicht verloren, aber angesichts der Arbeit empfinde ich ein starkes Gefühl der Unzulänglichkeit.«

Die Reise der *Discovery*

Zweifelnd und unsicher stürzte sich Robert Falcon Scott in das Abenteuer seines Lebens. Am 18. Januar 1902 erblickte er zum ersten Mal die schneebedeckten Gipfel der Antarktis und kreuzte in den darauf folgenden zwei Wochen auf der Suche nach einem Winterquartier durch das Rossmeer. Dann und wann wurden die Anker geworfen, und Teile der Mannschaft gingen an Land oder aufs Eis. Wie pubertierende Schüler während eines Wandertags schwärmten die Männer dann aus und erkundeten die Gegend. Sie besichtigten Borchgrevinks Hütte am Kap Adare und lachten sich halb krank über einen zurückgelassenen englischsprachigen Brief des Norwegers, der an Schwülstigkeit nicht zu überbieten war und obendrein voller Rechtschreibfehler steckte. Sie probierten die von Nansen empfohlenen Skier aus und veranstalteten Wettrennen, wobei sie aufgrund mangelnder Übung meistens wild durcheinanderpurzelten. Scott selbst ließ einen mitgebrachten Fesselballon auspacken und stieg in den Himmel über der Antarktis auf, wobei er so schnell in die Höhe schoss, dass er abzustürzen drohte. »Wenn einige dieser Experten hier draußen nicht zu Schaden kommen, dann nur, weil Gott sich der Toren erbarmt«, notierte Edward Wilson, das Enfant terrible der Expedition. Wilsons Feststellung stimmte nur zum Teil: Bereits bei der Abfahrt aus Neuseeland hatte sich ein Matrose zu Tode gestürzt; einige Tage nach der Ankunft kam ein weiterer um, als er während eines Erkundungsgangs mit seiner Gruppe an einem steilen, eisigen Hang in einen Schneesturm geriet, den Halt verlor und in die Tiefe rutschte.

Als Winterquartier wählte Scott entgegen den Wünschen von Markham den McMurdo-Sund in der Nähe des westlichen Endes der Großen Eisbarriere aus. Ebenfalls gegen den Rat von Markham schickte Scott die *Discovery* nicht zurück, sondern ließ sie an Ort und Stelle einfrieren, um sie als Basis zu nutzen. Die mitgeführte Hütte, die eigentlich das Landungsteam hätte aufnehmen sollen, wurde an der »Hut Point« getauften Südwestspitze der Rossinsel zwar aufgebaut, aber nie zu Wohnzwecken benutzt. Die in Australien an Bord genommene Holzkonstruktion mochte für das dortige Outback genügen, war als Polarunterkunft jedoch völlig ungeeignet.

»Starkes Gefühl der Unzulänglichkeit«: Expeditionsleiter Scott auf Skiern (links) und vor dem Start zu einer Fahrt mit einem Fesselballon.

Hut Point befand sich mehr als 900 Kilometer weiter südlich als der Platz, an dem Borchgrevink überwintert hatte. Entsprechend länger dauerte hier auch die Phase der vollständigen Dunkelheit. Bevor die Sonne Ende April für mehr als vier Monate verschwand, versuchten die Männer noch, Erkundungsfahrten durchzuführen und Vorratslager für die im antarktischen Sommer geplanten Reisen anzulegen. Doch weil es ihnen aus Mangel an Erfahrung nicht gelang, die Schlittenhunde zum Ziehen von Lasten zu bewegen, gaben sie das bald auf. Insbesondere Scott entwickelte daraufhin einen regelrechten Hass auf die Hunde, der seine gesamte weitere Forscherlaufbahn prägen sollte.

Dunkelheit, Einsamkeit und die bittere Kälte von minus 50 Grad Celsius setzten auch den Männern der *Discovery* zu. Dem ebenfalls auftretenden Skorbut konnte wirksam mit dem Verzehr von Frischfleisch begegnet werden – bezeichnenderweise allerdings erst dann, als Scott gegen Ende des Winters zu einer Erkundungsreise aufgebrochen war und sein Stellvertreter Albert Armitage den Speiseplan radikal umkrempelte. Der un-

Für den Sportsgeist der Briten war die Umgebung kein Hindernis: Wettrennen auf von Fridtjof Nansen empfohlenen, ungewohnten Skiern boten eine willkommene Abwechslung in der antarktischen Monotonie.

weigerlich aufkommenden Langeweile versuchte Scott mit der unbeirrbar beizubehaltenden Alltagsroutine der Marine entgegenzuwirken, was freilich nicht unbedingt dazu beitrug, die Stimmung aufzuhellen. Noch als das Schiff im Rossmeer kreuzte, hatte ein Matrose bitter bemerkt: »Dieses monotone Deckschrubben jeden Morgen in der Antarktis bei Temperaturen, die weit unter dem Gefrierpunkt liegen, ist geradezu schrecklich. Es scheint, als könnte man den Marinebefehl nicht vergessen (du darfst nicht unterlassen, die Decks zu schrubben, ganz gleich, welche Bedingungen herrschen).« Ebenfalls von der Navy übernommen wurde die strikte Trennung von Offizieren und Mannschaften. Um die Moral der Truppe zu heben, wurden auf der *Discovery* immerhin zahlreiche Ablenkungen organisiert. Die Männer beschäftigten sich mit Holzschnitzarbeiten und Gesellschaftsspielen, andere beteiligten sich an Diskussionsrunden, lasen in den Büchern der Bordbibliothek oder spielten Laientheater in der Landhütte und trugen bei Mondschein Fußballmatches auf dem Packeis aus.

Als Ende August 1902 wieder die Sonne über den Horizont kletterte, starteten die Vorbereitungen für die Expeditionen in die weiße Ödnis erneut. Als erste größere Tour, so hatte es Scott im Winter entschieden, wollte er selbst mit zwei Gefährten in Richtung Süden aufbrechen. Als Begleiter bestimmte er Edgar Wilson und Ernest Shackleton – zwei Männer, die in den darauf folgenden Jahren auf durchaus unterschiedliche Weise in die Annalen der Antarktisforschung eingehen sollten. Was Scott mit dieser Reise erreichen wollte, darüber schwieg er sich gegenüber seiner Mannschaft aus. Wilson sprach in seinen Aufzeichnungen Klartext: »Unser Ziel ist es, auf dem Ross-Schelfeis in einer geraden Linie so weit nach Süden zu gelangen, wenn möglich den Pol selbst zu erreichen oder irgendein neues Land zu entdecken.« Der Südpol, jener imaginäre Punkt in der Eiswüste, hatte von Scotts Denken Besitz ergriffen. Doch schon bald sollte sich zeigen, dass er nicht in James-Bond-Manier zu bezwingen war.

Trotz seiner schlechten Meinung über die Hunde hatte sich Scott entschieden, es noch einmal mit den Tieren zu versuchen. Am 2. November brachen die drei Männer auf – mit 19 Hunden, die an ein einziges Zugseil vor fünf Schlitten gespannt waren. Wider Erwarten kam der Trupp zunächst gut voran und hatte die Vorhut, die drei Tage zuvor zu Fuß aufgebrochen war, um Vorräte für das Expeditionsteam anzulegen, schon nach wenigen Stunden eingeholt. Doch dann begannen die Schwierigkeiten, die bis zur Rückkehr nicht mehr aufhören sollten. Häufige Wetterwechsel machten den Männern zu schaffen, und als ungeübte Skiläufer kamen sie mit den verschiedenen Arten von Schnee nicht zurecht – sie rutschten auf eisigen Flächen weg oder klebten im Pappschnee regelrecht fest –, sodass sie die Bretter schließlich auf ihre Schlitten warfen und zu Fuß weiterstapften. An manchen Tagen zwangen sie Schneestürme dazu, untätig im Zelt auszuharren, was sie mit ihrem Schicksal hadern ließ.

Schlimmer noch erging es ihnen jedoch mit den Hunden. Die Tiere waren im Winter mit Zwieback gefüttert worden und erhielten jetzt Stockfisch, der monatelang im Laderaum der *Discovery* gelegen hatte und inzwischen verdorben war. Die Leistungsfähigkeit der Hunde nahm immer mehr ab, einige verendeten kläglich. Scott beschloss, die notwendigen Vorräte nunmehr in Staffeln weiterzutransportieren. Einen ganzen Monat lang wurden die Schlitten nur noch zur Hälfte beladen und ein Stück Wegs gefahren, dann kehrte man um und holte den Rest der Ladung – am

Rivalen unter sich: Obwohl hoffnungslos zerstritten, posieren Ernest Shackleton (links) und Robert Falcon Scott (Mitte) gemeinsam mit Edward Wilson nach der Rückkehr von ihrer Südreise.

Ende hatten die Männer mehr als 300 Meilen zurückgelegt, um 100 Meilen voranzukommen.

Es konnte nicht ausbleiben, dass sie sich angesichts der immensen Schwierigkeiten und der trüben Aussichten bald in die Haare gerieten. Vor allem zwischen Scott und Shackleton kam es immer wieder zu Differenzen, und Wilson musste regelmäßig zwischen den beiden Streithähnen schlichten. Nach anderthalb Monaten zeigte sich bei allen Anzeichen von Skorbut. Zudem hungerten sie entsetzlich, weil Scott unbedingt weiter nach Süden vordringen wollte und deshalb die ohnehin schon knappen Tagesrationen kürzte. Einen Tag vor dem Jahreswechsel erreichten sie bei 82°17′ den südlichsten Punkt ihrer Reise und stellten damit einen neuen Rekord auf. Dann hatte Scott ein Einsehen und gab den Befehl zur Umkehr. Sie waren mehr als 600 Kilometer weit vorgestoßen und hatten sich dem Pol bis auf 850 Kilometer genähert.

Eine einzige Plackerei: Scott und seine Männer brechen im Oktober 1903 nach Westen zur zweiten großen Erkundungsreise während der *Discovery*-Expedition auf, wobei sie ihre Schlitten selbst ziehen müssen.

Der Weg zurück wurde zu einem Kampf auf Leben und Tod, immer in der Sorge, ob sie die meist nur notdürftig gekennzeichneten Vorratslager in der Eiswüste würden wiederfinden können. Vor allem Shackleton ging es gesundheitlich zusehends schlechter. Nachdem auch die letzten Hunde ihr Leben ausgehaucht hatten, zogen Scott und Wilson ihre Schlitten selbst, während Shackleton meist nebenhertaumelte. Später sollte es zu Unstimmigkeiten über die Frage kommen, warum Shackleton manchmal auch auf dem Schlitten saß: Sollte er an Abhängen lediglich als Bremser fungieren – oder war er zu schwach, sich weiter auf den Beinen zu halten? Sein Leben verdankte er schließlich dem letzten Paar Skier, das die Männer noch nicht weggeworfen hatten. Während Scott und Wilson bei jedem Schritt im Schnee einsanken, schleppte sich Shackleton auf den Skiern vorwärts und erholte sich zusehends. Am 3. Februar 1903, drei Monate nach ihrem Aufbruch, trafen die Männer schließlich wieder an der *Discovery* ein. Wie sich Wilson erinnert, waren sie völlig verdreckt, mit langem, schmutzigem Haar. Von den Nasen hing die Haut in Fetzen, die Lippen waren aufgerissen.

Über das Rossmeer war inzwischen ein Versorgungsschiff eingetroffen, das Nachrichten aus London brachte. Danach sollten die Vorräte ergänzt werden und die *Discovery* – wie bereits im Jahr zuvor vorgesehen – in Neuseeland überwintern. Doch Scotts Schiff blieb im Eis stecken, und alle eher halbherzig unternommenen Befreiungsversuche scheiterten. Das war dem Kapitän keinesfalls unrecht, denn er hatte Blut geleckt und sah sich bereit für weitere Heldentaten in der Antarktis. Dazu glaubte er sich freilich einiger Leute entledigen zu müssen, vor allem Ernest Shackletons, dem er die Schuld dafür in die Schuhe schob, nicht näher an den Südpol herangekommen zu sein. Shackleton wurde mit der Begründung nach Hause geschickt, dass »er mit seinem gegenwärtigen Gesundheitszustand keine weiteren Entbehrungen riskieren sollte«. Doch jedem war klar, dass Scott sich damit eines ernsthaften Rivalen entledigte. Shackleton aber sollte sich als zäher erweisen, als Scott glaubte.

Nach der erneuten Überwinterung nahm Scott eine zweite große Erkundungsreise in Angriff. Sie führte nach Westen ins Innere von Victoria Land. Auf Hunde als Zugtiere verzichtete Scott diesmal ganz; neun Männer mussten sich selbst vor ihre schweren Schlitten spannen. Die Reise wurde zu einer einzigen Plackerei, bei der die Männer neun bis zehn Stunden am Tag 240 Pfund Last die Gletscherhänge des Royal-Society-Gebirges hinaufzogen. »Das geht wirklich zu weit«, notierte der Leitende Ingenieur der *Discovery*, Reginald Skelton. »Ich bin dagegen, dass man Menschen zu einer solchen Arbeit zwingt; ununterbrochen steht jeder unter höchster Anspannung, und gerade das mag ich nicht – das kann fatal ausgehen.« Doch Scott war unerbittlich und schickte zuletzt sogar die meisten Leute zurück, weil sie seinen Anforderungen nicht genügten, darunter auch den Kritiker Skelton.

Mit nur noch zwei Gefährten, dem Maschinengefreiten William Lashly und dem Unteroffizier Edgar Evans, kämpfte sich Scott weiter voran, doch es gab nichts mehr zu entdecken: Die Männer hatten die riesige Ebene des Polarplateaus erreicht, auf dem das Auge in der Schneewüste keinen Halt mehr fand. »Eine Szene, so durch und durch grässlich und trist, dass sie einen zwangsläufig auf trübsinnige Gedanken bringen musste«, notierte Scott. »Alles, was wir geschafft haben, ist der Beweis, wie unermesslich diese weite Ebene ist.« Allerdings hatte er auf dieser Reise eine Erfahrung gemacht, die für sein weiteres Leben von Bedeutung sein sollte: Es gebe »keine Sorte von Menschen, die durch ihr Training so hervorragend geeignet sind, mit den Schwierigkeiten und Tücken des Lebens fertig zu werden, als die Männer von der Marine«. Nach sechs Wochen kehrte die Gruppe um. Der Rückweg zum Schiff wurde einmal mehr zum Hasardspiel, weil Scott die einzige Navigationstabelle, mit der er den Standort hätte genau bestimmen können, verloren hatte. So mussten sie sich aufs Geratewohl durch die eintönige Eiswüste kämpfen und fanden nur mit viel Glück am Heiligen Abend des Jahres 1903 wieder zur *Discovery* zurück.

Scott war sich nicht schlüssig, wie es nun weitergehen sollte, denn noch immer war die *Discovery* eingefroren. Da tauchten Anfang Januar 1904 plötzlich zwei Schiffe vor dem McMurdo-Sund auf. Sie brachten unmiss-

Die britische »National Antarctic Expedition« 1901–1904 stand unter keinem günstigen Stern, denn auch Anfang 1904 war die *Discovery* noch immer im Packeis eingefroren und konnte erst am 16. Februar mit viel Glück »freigesprengt« werden.

Shackletons *South Polar Times*, hier die Titelseite der Ausgabe vom 22. August 1903, sorgte während der langen Wintermonate für etwas Zerstreuung.

verständliche Befehle der Admiralität aus London: »Wenn die *Discovery* sich nicht vom Eis befreien kann, werden Sie sie aufgeben und Ihre Leute in den Entsatzschiffen zurückbringen, … denn unter den gegebenen Umständen können meine Lords nicht zulassen, dass Offiziere und Mannschaften der Königlichen Marine weiter in der Antarktis beschäftigt werden.« Die ultimative Aufforderung zur Rückkehr war die Folge eines Kompetenzgerangels zwischen den an der Expedition beteiligten Organisationen, bei dem Sir Clements Markham schließlich hatte nachgeben müssen. Die Regierung nahm die Sache in die Hand und verpflichtete die Navy zu der vielleicht etwas überdimensionierten Rückholaktion. Scott musste sich fügen. Allerdings trennten die *Discovery* mehr als 30 Kilometer von der offenen See, und es sah nicht so aus, als würde es gelingen, sie wieder freizubekommen. Mit viel Sprengstoff und unter einigermaßen glücklichen Begleitumständen erreichte sie im letzten Moment aber doch noch offene Gewässer.

Rivalen im ewigen Eis

Scott war sich nicht sicher, wie er in der Heimat empfangen werden würde. Zwar hatte seine Expedition sicherlich einige bedeutsame wissenschaftliche Erkenntnisse vorzuweisen, doch die unmissverständliche Aufforderung zur Rückkehr hatte ihm deutlich vor Augen geführt, dass er für sein unbotmäßiges Verhalten auch mit handfester Kritik zu rechnen hatte. Als die *Discovery* am 10. September 1904 schließlich in Portsmouth eintraf, war jedoch der Jubel groß. Die Navy beförderte Scott zum Schlachtschiffkommandanten, und auch das wissenschaftliche Establishment erging sich in Lobeshymnen über die Leistungen der *Discovery*-Expedition. Scott wurde nun in die Rolle des Polarhelden geradezu hineingedrängt. Diese Rolle hatte er freilich nicht gesucht und war für sie wohl auch nicht geschaffen. Er tourte mit Vorträgen durch das ganze Land, und sein Reisebericht, den er 1905 veröffentlichte, wurde ein großer Erfolg. *The Voyage of the Discovery* verärgerte jedoch einige seiner Mitreisenden, die sich in Scotts Beschreibungen falsch dargestellt sahen. Insbesondere Ernest Shackleton war erbost darüber, sich als Schwächling beschrieben zu sehen, dessen Wehleidigkeit letztlich den Vorstoß zum Pol vereitelt hätte. Es war dieses Buch, das aus Gefährten endgültig Rivalen im ewigen Eis machte.

Einer anderer schien der Antarktis vorerst den Rücken gekehrt zu haben: Roald Amundsen. Er hatte nach seiner Rückkehr von der *Belgica* das Kapitänspatent erworben und war im Juni 1903 in arktische Gewässer ausgelaufen, um die Nordwestpassage, den Schifffahrtsweg durch die Inselwelt nördlich des amerikanischen Kontinents, zu erkunden. Für sein Schiff, die *Gjøa*, hatte er bei seinen Brüdern das väterliche Erbteil losgeeist, doch für den Rest der Kosten musste er sich wiederum Geldgeber suchen. Da niemand gern in bloße Entdeckerfreude investierte, brauchte Amundsen auch einen wissenschaftlichen Anlass für seine Reise. Er fand ihn in der Suche nach dem magnetischen Nordpol. Der Magnetpol war 1831 von Ross vermessen worden; seitdem stritten sich die Wissenschaftler, ob er am selben Punkt festliege oder vielmehr wandere. Amundsen wollte die Messung wiederholen und auf diese Weise zur Klärung der Frage beitragen.

Der frischgebackene Kapitän bereitete sich akribisch auf die Expedition vor. Sein Schiff testete er mehrere Monate bei der Tätigkeit, für die es gebaut worden war – bei der Robbenjagd –, und ließ danach Mängel beheben. Er heuerte eine kleine, sechsköpfige Mannschaft erfahrener Seeleute an und stellte ihnen gute Bezahlung in Aussicht. Weil er eine Abneigung gegen Wissenschaftler hatte, die seiner Meinung nach an Bord immer eine Sonderbehandlung beanspruchten, musste er sich die not-

Roald Amundsen hatte in den Jahren 1905/06 mit seinem Schiff, der *Gjøa*, die Nordwest-passage erkundet und bei seiner Überwinterung im Norden Kanadas die Bekanntschaft eingeborener Inuit gemacht (nachträglich kolorierte Aufnahme).

Von den Inuit erlernte Amundsen, wie man in grimmiger Kälte überlebt: mittels Jagd, der Anfertigung von Kleidung aus Tierfellen und dem Einsatz von Schlittenhunden.

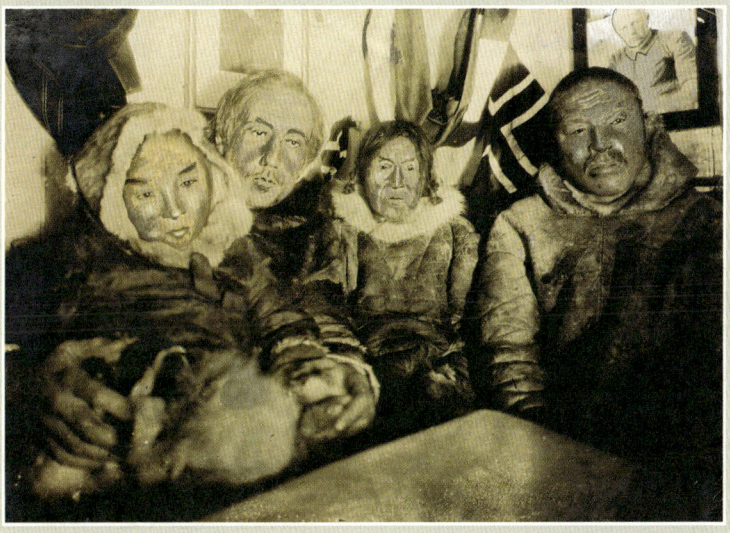

Bei einem Besuch einiger Eingeborener an Bord der *Gjøa* zeigte Amundsen, dass er als europäischer Weißer keinerlei Berührungsängste vor diesen angeblich so primitven Menschen hatte.

»Alles für Norwegen«: Nach der Bewältigung der Nordwestpassage lässt sich ein selbstbewusster Amundsen stolz in seiner mit norwegischen Flaggen drapierten Kajüte ablichten.

wendigen wissenschaftlichen Kenntnisse selbst aneignen. Er tat dies, indem er sich mehrere Wochen lang bei Georg von Neumayer, dem Leiter der Deutschen Seewarte in Hamburg, in Fragen des Erdmagnetismus unterweisen ließ.

Während der Fahrt war Amundsen gezwungen, im arktischen Archipel nördlich des kanadischen Festlands zu überwintern. Dabei machte er die Bekanntschaft eingeborener Inuit. Ohne Scheu ging er auf sie zu und war bereit, von diesen fremdartig wirkenden Menschen zu lernen, obwohl sie für einen damaligen Europäer noch am Rande der Steinzeit lebten. Er studierte vor allem ihre Überlebensstrategien in der grimmigen Kälte der Polarregion – er lernte Iglus zu bauen und Schlittenkufen zu vereisen, schulte sich in der Anfertigung von wetterfester Kleidung aus Tierfellen und im Gebrauch von Schlittenhunden. Es war gewissermaßen der krönende Abschluss von Amundsens Lehrjahren in Schnee und Eis. Er war in den Genuss einer an keiner Universität gelehrten Bildung gekommen, die sich für sein weiteres Leben als äußerst bedeutsam erweisen sollte. Das, wozu er vorgeblich ausgezogen war, nämlich die exakte Vermessung des magnetischen Nordpols, gab er freilich rasch auf, als sich die ersten Schwierigkeiten einstellten. Immerhin gelang es ihm nachzuweisen, dass der Pol tatsächlich nicht festliegt, sondern nach Norden wandert. Nachdem die *Gjøa* fast zwei Jahre vor King William Island geankert hatte, machte sie sich weiter auf den Weg nach Westen und sichtete zwei Wochen später einen amerikanischen Walfänger – die Nordwestpassage war bezwungen.

Als Amundsen im November 1906 schließlich wieder in Norwegen eintraf, hatte das Land, das seit Anfang des 19. Jahrhunderts in Personalunion von der schwedischen Krone regiert worden war, seit einem Jahr die Unabhängigkeit errungen – und auf einen Helden wie ihn nur gewartet. In der Hauptstadt Kristiania empfingen ihn jubelnde Massen, und sein Vorbild Fridtjof Nansen verkündete im Überschwang der patriotischen Gefühle: »Im Namen des ganzen Landes darf ich Ihnen für das, was Sie für Norwegen vollbracht haben, Dank aussprechen. Wir hatten Sie so sehr nötig, und Sie kamen genau zum rechten Zeitpunkt und verkündeten aller Welt, wozu Norweger imstande sind.« Wozu Norweger noch fähig waren, sollte die Welt bald erfahren.

Der Wettlauf zum Südpol blieb zunächst eine rein britische Angelegenheit. Mitten hinein in die Selbstfindungsprozesse, die Robert Scott schließlich zu dem Ergebnis brachten, den letzten »Rest« auf dem Weg zum Pol auch noch erledigen zu wollen, platzte sein einstiger Weggefährte Ernest Shackleton im Februar 1907 mit seiner Ankündigung, den Südpol mit einer eigenen Expedition in Angriff zu nehmen. Scott war entsetzt. Verdankte Shackleton ihm nicht alles? Wie konnte er ihm jetzt derart in den Rücken fallen? Doch Shackleton war nicht bereit, klein beizugeben. Wieder einmal musste der ehemals Dritte im Bunde, Edward Wilson, vermitteln. Er erreichte, dass sich Shackleton schriftlich verpflichtete, seine Reise in den Süden nicht von der Basis im McMurdo-Sund zu starten. Dennoch verfolgte Scott den Aufbruch seines Rivalen Anfang August 1907 mit gemischten Gefühlen: Er konnte nur abwarten, welchen Anteil am Ruhm Shackleton ihm übrig lassen würde.

Robert Falcon Scott (Mitte) und die Liebe seines Lebens: Seit 1908 war der britische Polarheld mit Kathleen Bruce verheiratet, die ihm als verlässliche Partnerin stets vorbehaltlos zur Seite stand.

Einstweilen hatte Scott den Nimbus des britischen Polarhelden noch für sich allein und war auf den Partys, Mittags- und Teegesellschaften der besseren Kreise Londons ein gern gesehener Gast. Er genoss die Ausflüge in die Welt der Schauspieler und Künstler, obwohl er mit seinen Mittelklasseansichten und der strengen Marineerziehung eigentlich überhaupt nicht in diese freisinnigen und mitunter dekadenten Gesellschaftszirkel passte. Dennoch begegnete ihm gerade hier die Liebe seines Lebens: Kathleen Bruce, eine Bildhauerin. Sie hatte mehrere Jahre in Paris gelebt, Künstler wie Picasso und Rodin kennengelernt und war mit der exzentrischen Tänzerin Isadora Duncan kreuz und quer durch Europa gereist; auch sagte man ihr gleichgeschlechtliche Neigungen und feministische Gesinnungen nach. Die auf den ersten Blick so unterschiedlichen Charaktere des noch immer eher schüchtern und verschlossen wirkenden Scott und der selbstsicheren und lebenslustigen Kathleen ergänzten sich jedoch auf geradezu ideale Weise. Im September 1908 heirateten sie und richteten sich danach eine standesgemäße Wohnung in London ein. Kathleen wurde nun zur treibenden Kraft in Scotts Leben: »Du musst zum Südpol. Mein Gott, was nützt dir alle Energie und Tatkraft, wenn du noch nicht einmal das schaffst. Es muss zu schaffen sein. Also, beeil dich und lass nichts unversucht.« Sie pflegte gute Beziehungen zu einflussreichen Mitgliedern der Admiralität und knüpfte Kontakte zu möglichen Geldgebern für Scotts nächste Antarktisexpedition.

Unterdessen war bekannt geworden, dass Shackleton sein Wort gebrochen und doch Kurs zum McMurdo-Sund genommen hatte. Scott schäumte vor Wut: »Mich schockiert diese furchtbare Gemeinheit, die Shackleton in die Arbeit an diesem südlichen Bereich getragen hat; bisher ist es dabei so sauber und anständig zugegangen.« Dabei übersah er freilich, dass sein Rivale immerhin versucht hatte, sich an die Abmachung zu halten, sich aufgrund des Eisgangs jedoch mehr oder minder gezwungen sah, das bekannte Terrain als Ausgangspunkt seiner Expedition zu nutzen. Scott befürchtete, Shackleton könnte dadurch den Sieg im Wettlauf zum Pol davontragen, zumal dieser auch den Mut hatte, Neues auszuprobieren. Er nahm ein speziell konstruiertes Automobil mit in die Antarktis und plante, neben Hunden auch sibirische Ponys als Zugtiere einzusetzen. Das Auto freilich erwies sich bald als ungeeignet für die antarktischen Bodenverhältnisse, und auch die Ponys hielten nicht, was sich »Shackles« von ihrem Einsatz versprochen hatte. Einige verendeten schon während des Winters, die übrigen überlebten die harten Bedingungen auf dem Treck nach Süden nicht. Shackleton hatte zudem die alte britische Abneigung gegen Skier nicht überwinden können. So stapften er und seine drei Begleiter wie sechs Jahre zuvor durch den Schnee und zogen ihre Schlitten dabei großenteils selbst hinter sich her. Trotz der widrigen Begleitumstände gelang den Männern nach mehr als 600 Kilometern auf dem Schelfeis der Aufstieg zum Polarplateau, und sie drangen weiter nach Süden vor. Am 9. Januar 1909 mussten sie jedoch aufgeben. Sie hatten sich dem Südpol bis auf 97 Seemeilen (180 Kilometer) genähert. Später sollte Shackleton zu den Gründen seiner Umkehr so kurz vor dem großen Ziel sagen, er habe gemeint, seiner Frau sei sicherlich »ein lebendiger Esel lieber als ein toter Löwe«.

Für solche Sätze liebte ihn die britische Öffentlichkeit, und er wurde nach seiner Rückkehr nach Großbritannien im Juni 1909 begeistert gefeiert. Anders als Scott erhob ihn König Edward VII. umgehend in den Adelsstand, und Shackleton reiste als viel umjubelter »Hero of the day« durch das ganze Land. Mit den Ergebnissen seiner Expedition musste er sich wahrlich nicht verstecken: Er hatte es nicht nur am weitesten nach Süden geschafft, sondern auch endgültig bewiesen, dass der Südpol hoch oben auf einem Eisschild lag. Mitglieder seines Teams waren zudem zum magnetischen Südpol vorgedrungen und hatten den Mount Erebus auf der Rossinsel bestiegen. Auch Scott machte notgedrungen gute Miene zum bösen Spiel und übernahm sogar den Ehrenvorsitz anlässlich eines Essens zu Ehren von Shackleton in London. In einer Rede pries er zunächst die »großartige Arbeit« seines Rivalen in den höchsten Tönen, erklärte dann jedoch, worauf es seiner Meinung nach nun ankam: Man sollte die Erkenntnisse Shackletons nutzen und eine neue britische Expedition losschicken, ehe andere Länder davon profitieren könnten. Der Pol dürfe nur von einem Engländer erobert werden. Er selbst, erklärte er

Bis hierher und nicht weiter: Shackleton posiert mit zwei seiner drei Begleiter am südlichsten Punkt, den bis dahin Menschen erreicht hatten (180 Kilometer vor dem Südpol, Januar 1909).

unter dem Raunen des Publikums, sei dazu bereit, und schloss seine Rede mit den Worten: »Was mir jetzt zu tun bleibt, ist, Mr. Shackleton dafür zu danken, dass er so nobel den Weg gewiesen hat.« Es war eine erneute Kampfansage.

Die Zeiten, in denen die Royal Geographical Society ihren einstigen Protegé vorbehaltlos unterstützte, waren freilich vorbei. »Wenn Scott unbedingt eine weitere Antarktisexpedition leiten will, soll er das tun, aber diese Expedition sollte wissenschaftlichen Charakter haben«, schrieb Admiral Sir Lewis Beaumont, Mitglied des Rats der RGS, im Juni 1909 an Leonard Darwin, Markhams Nachfolger als Präsident der Gesellschaft. Man müsse Scott vor dem Fehler bewahren, »mit Shackleton zu konkurrieren und eine Expedition zu organisieren, die wieder den alten Weg geht, bloß um jene 97 Meilen zu schaffen«. Genau das hatte Scott allerdings vor. Als er im September 1909 offiziell seine Absicht bekannt gab, erneut in die Antarktis zu reisen, war das ein echter Paukenschlag. Scott erklärte, zwei Stützpunkte anlegen zu wollen: einen auf King Edward VII.-Land westlich der Großen Eisbarriere, den anderen wie gehabt am McMurdo-Sund. Das Hauptziel der Expedition bestehe darin, entweder von dem einen oder dem anderen Punkt aus »den Südpol zu erreichen und sicherzustellen, dass die Ehre dieser Leistung dem britischen Empire zufällt«. Eingeweihten war jedoch längst klar, welchen Weg Scott zu nehmen gedachte. Er würde in den Fußstapfen Shackletons zum Polarplateau emporsteigen und eben »jene 97 Meilen« erledigen, die dieser nicht geschafft hatte.

Vom Nordpol zum Südpol

Wieder einmal war von möglichen Konkurrenzunternehmen die Rede. Nicht nur, dass Shackleton postwendend andeutete, abermals nach Süden aufbrechen zu wollen; auch von den Deutschen, den Amerikanern und sogar den Japanern wusste man, dass sie Expeditionen zum Südkontinent vorbereiteten. Nur aus Norwegen war nichts zu vernehmen. Vor allem der Name Fridtjof Nansens stand in diesem Zusammenhang im Raum. Nansen hatte durch seine Expeditionen in der Arktis der Po-

Fridtjof Nansen (1861–1930) war der große Neuerer in der Polarforschung und Amundsens Vorbild.

larforschung ganz neue Wege aufgezeigt und war damals weltweit als wichtigste Kapazität auf diesem Gebiet anerkannt. Seine Bedeutung reichte jedoch weit über die Wissenschaft hinaus. Er war zu jener Zeit neben dem Dramatiker Ibsen, dem Maler Munch oder dem Komponisten Grieg einer der bekanntesten Norweger überhaupt und Symbolfigur für die Unabhängigkeitsbestrebungen des Landes. Nachdem sich Norwegen 1905 von Schweden losgesagt hatte, war Nansen in die Politik gegangen und norwegischer Botschafter in London geworden. Später, in den Jahren nach dem Ersten Weltkrieg, sollte er sich als Völkerbund-Hochkommissar für Flüchtlingsfragen einen Namen machen und erhielt für seine Leistungen den Friedensnobelpreis.

Es war ein offenes Geheimnis, dass Nansen den Habitus des Diplomaten liebend gerne wieder mit der Fellkleidung des Polarforschers getauscht hätte und selbst auf große Fahrt gegangen wäre. Zudem hatte er sich, seit er 1889 von seiner Grönlanddurchquerung zurückgekehrt war, immer wieder mit einer eigenen Antarktisexpedition beschäftigt – vermutete er doch ganz richtig, dass der Kontinent einem riesigen Eisschild gleichen und insofern Grönland nicht unähnlich sein würde. »Der Südpol lag da wie ein unbeschriebenes Blatt in der Chronik der Menschheit und wartete nur darauf, dass er sich dort eintrug«, konstatiert der norwegische Autor Tor Bomann-Larsen. Jedoch sei Nansen immer wieder vor der Reise zurückgeschreckt, da er wie kein anderer Polarforscher »die tiefe Kluft zwischen persönlicher Eitelkeit als Triebfeder und seriöser Forschung« gesehen habe. Eine wirklich vernünftige, wissenschaftlich haltbare Begründung für den Marsch zum Pol habe er nicht ins Feld führen können.

Von Juni 1893 bis August 1896 war Nansen mit seinem speziell hierzu konstruierten Schiff, der *Fram* (im Hintergrund), durch das nordpolare Packeis gedriftet und dabei weiter nach Norden vorgedrungen als je ein Mensch vor ihm.

Und was war mit Roald Amundsen? Hatte er nicht nach der Rückkehr von der Nordwestpassage erklärt, das Ziel seiner nächsten Expedition sei nicht das nördliche Polarmeer, »sondern die unerforschte Eiswüste des antarktischen Kontinents«? Doch Amundsen kannte die wunden Punkte in Nansens Forscherbiografie und wusste, dass er seinen Ruf aufs Spiel setzen würde, wenn er gegen dessen Willen in den Wettlauf eintrat. Also brachte er nach seiner Rückkehr von der Nordwestpassage im Februar 1907 zunächst ein altes Projekt des Meisters wieder aufs Tableau: eine Driftreise über das Polarmeer. Von 1893 bis 1896 hatte sich Nansen mit einem speziell konstruierten Schiff, der *Fram*, durch das Packeis des Nordpolarmeers treiben lassen und dabei auf abenteuerliche Weise versucht, zu Fuß über das Eis den Nordpol zu erreichen. Er gelangte zwar weiter in den Norden als je ein Mensch vor ihm, verfehlte jedoch den äußersten Punkt. Es schmeichelte dem Meister, dass der elf Jahre jüngere Amundsen nun in seine Fußstapfen treten wollte; und noch mehr freute es Nansen, wenn Amundsen zunächst von den zahlreichen ozeanografischen und meteorologischen Aufgaben sprach, die im Polarmeer der Erledigung harrten – und dann erst davon, auch dem Nordpol möglichst nahe kommen zu wollen.

Dreh- und Angelpunkt in Amundsens Plänen war die *Fram*. Seine *Gjøa* hatte wohl dazu getaugt, durch die Meerengen des arktischen Archipels zu schlüpfen, für eine Tour ins ewige Eis des Nordpolarmeers war sie jedoch völlig ungeeignet. Das konnte nur die *Fram*, der ganze Stolz Norwegens. Das 1890 auf Kiel gelegte Schiff, dessen Name auf Deutsch »Vorwärts« bedeutet, versinnbildlichte den Anspruch des damals noch unselbstständigen Landes, zu den großen Entdeckernationen zu gehören. Die *Fram* stellte einen revolutionären Schiffstyp dar. Ihr runder Kielraum widerstand dem stärksten Packeis und hob sie, wenn sie vom Eis eingeschlossen wurde, nach oben. Alle Bauteile und Einrichtungsgegenstände waren dem Arbeiten in extremer Kälte angepasst. Der Dreimaster war zwar Eigentum des norwegischen Staats, doch Nansen, der die *Fram* in Auftrag gegeben hatte, hatte sich ein Vorgriffrecht auf das Schiff auserbeten.

Jetzt wollte Amundsen die *Fram* nutzen. Unmittelbar, nachdem er von der Nordwestpassage zurückgekehrt war, hatte er den Nestor der Polarforschung um die Freigabe des Schiffs gebeten. Doch erst ein Besuch bei Nansen im September 1907 brachte die Entscheidung: »Sie sollen die *Fram* haben.« Wie sehr ihn das schmerzte, geht aus einem Brief hervor, den Nansen später an Amundsen richtete: »Wenn ich zunächst meine Expedition durchgeführt hätte und Ihnen danach die *Fram* überlassen hätte, wäre, wie ich Ihnen damals sagte, Ihre Fahrt zu lange hinausgeschoben worden. Und dann, dachte ich letzten Endes, würde Ihre Fahrt über das Nördliche Polarmeer von größerer wissenschaftlicher Bedeutung sein als meine Entdeckung des Südpols und als die Vermessungen, die ich dort hätte durchführen können und die genauso gut jemand anders würde machen können. Und so gab ich blutenden Herzens den Plan auf, den ich so lange gehegt hatte und der mein Lebenswerk gekrönt hätte. Ich tat das zugunsten Ihrer Fahrt, das schien mir wichtiger zu sein und Norwegen größeren Gewinn zu bringen. Sie waren jünger und hatten ein großes Lebenswerk noch vor sich. doch was es mich kostete, mich von meinen lang gehegten Plänen, die in mir Wurzeln geschlagen hatten, loszureißen, habe ich erst später gemerkt.« Wie sich zeigen sollte, hegte Amundsen im entscheidenden Moment weniger Skrupel als sein großes Vorbild.

Öffentlich mimte er zunächst weiter den selbstlosen Forscher. »Es gibt viele Menschen, welche glauben, dass eine Polarexpedition nur unnützer Verlust an Geld und Leben ist. Mit dem Begriff Polarexpedition verbinden sie in der Regel einen Gedanken an einen Rekord, zum Polpunkt oder am weitesten gegen Norden zu kommen, und in diesem Falle muss ich mich mit ihnen einig erklären«, beteuerte er bei der offiziellen Vorstellung seines Projekts im November 1908. »Aber ich will auf das bestimmteste erklären, dass dieses – der Sturmlauf gegen den Pol – nicht das Ziel dieser Expedition sein wird. Der Hauptzweck ist ein wissenschaftliches Studium des Polarmeers.« Bei solch hehren Zielen war dem Forscher die Unterstützung seiner Landsleute gewiss – Norwegens neuer Monarch Haakon spendete schon tags darauf 30 000 Kronen. Das Parlament bewilligte 75 000 Kronen für die Überholung der *Fram*, die unter anderem einen modernen Dieselmotor erhielt. Amundsen machte sich gemeinsam mit seinem Bruder Leon daran, den Rest zusammenzukratzen.

Doch Anfang September 1909 trat zunächst Amundsens alter Weggefährte von der *Belgica*, Dr. Frederick Cook, an die Öffentlichkeit und erklärte, dass er den Nordpol erreicht habe. Wenig später behauptete auch dessen amerikanischer Landsmann Robert Peary, am nördlichsten Punkt der Erde das Sternenbanner aufgepflanzt zu haben. Wie wir heute wissen, hatte in Wahrheit wohl keiner von beiden wirklich den Pol bezwungen. Damals freilich schlu-

Handfeste »Diskussion« der US-Amerikaner Frederick Cook und Robert Peary darüber, wer zuerst am Nordpol war – vor Pinguinen, die sich wohl in die nördliche Hemisphäre »verirrt« haben dürfen. Titelblatt von *Le Petit Journal*, Paris 1909.

gen diese Nachrichten ein wie eine Bombe. Nun hätte es Amundsen, dem offenbar so sehr an Ozeanografie, Meteorologie und Geomorphologie gelegen war, eigentlich ziemlich gleichgültig sein können, wenn die Eroberung des Nordpols, dieser kleine »Nebenaspekt« seiner Expedition, jetzt wegfallen würde. Dass es ihm ganz und gar nicht egal war, offenbarte seine eigentlichen Ziele: »Jetzt musste rasch und ohne Zögern gehandelt werden, wenn unser Unternehmen gerettet werden sollte«, schrieb er später. »Wenn ich meinen Ruf als Forscher nicht verlieren wollte, musste ich auf die eine oder andere Weise einen spektakulären Sieg erringen. Ich habe mich für ein neues Unternehmen entschieden.«

In London machte Robert Scott das amerikanische Tauziehen um den Nordpol weniger Sorgen – galt sein ganzes Trachten doch dem entgegengesetzten Ende des Erdballs. Dennoch lief ihm jetzt die Zeit davon: Im Sommer des folgenden Jahres wollte er in See stechen, und noch mangelte es an fast allem: dem nötigen Kleingeld, einem passenden Schiff, einer fähigen Mannschaft. Wie das Kaninchen auf die Schlange hatte er die vorangegangenen zwei Jahre auf Shackleton gestarrt und abgewartet, mit welchen Ergebnissen sein Konkurrent nach Hause kommen würde. Nun mussten plötzlich alle Angelegenheiten in großer Hast und Eile erledigt werden.

Für die Finanzierung konnte er sich diesmal nicht auf offizielle Sponsoren verlassen, sondern musste private Geldgeber auftreiben. Die Lage hellte sich auf, als die Regierung Anfang 1910, als Scott etwa 10 000 Pfund zusammenhatte, einen Zuschuss in der doppelten Höhe in Aussicht stellte. Den Rest versuchte er, durch kleinere Spenden zusammenzubekommen – er schrieb reiche Gönner an, bat Schulen, Geld zu sammeln oder überredete Firmen zu Sachspenden. Dann stellte sich die Frage nach einem Schiff. Die vertraute *Discovery* war inzwischen verkauft worden und stand nicht mehr zur Verfügung. Scott entschied sich für die *Terra Nova*, jenes Schiff, das ihm im Januar 1904 den nur widerwillig befolgten Befehl zur Rückkehr aus der Antarktis überbracht hatte. Der Dreimaster, ein ehemaliger schottischer Walfänger, hatte freilich schon einige Jahre auf dem Buckel und war technisch längst nicht mehr auf dem neuesten Stand.

Bei der Auswahl seiner Mannschaft griff Scott einmal mehr auf die von ihm so geschätzten Marineleute zurück. Den harten Kern bildeten die

Motorschlitten mit Kettenantrieb sollten Scott den Weg zum Südpol ebnen. Allerdings verzichtete er darauf, die Gefährte ausgiebig in Norwegens Hochgebirgsregionen zu testen – mit fatalen Folgen.

einstigen Weggefährten von der *Discovery*: Edward Wilson, der mit Scott zum Pol aufgebrochen war, sowie William Lashly und Edgar Evans, mit denen er den Vorstoß nach Westen gewagt hatte. Auch andere Schlüsselpositionen blieben wieder in der Hand von Navy-Leuten: So wurde Edward »Teddy« Evans, der 1904 Zweiter Offizier auf dem zweiten Entsatzschiff neben der *Terra Nova* gewesen war, zu Scotts Stellvertreter ernannt. Der Rest der Truppe rekrutierte sich aus den über 8000 hoffnungsfrohen Freiwilligen, die sich auf einen entsprechenden Zeitungsaufruf gemeldet hatten. Wie schon bei der *Discovery*-Expedition setzte Scott eher auf Masse denn auf Klasse und lehnte auch zahlungskräftige Freiwillige nicht ab, deren Teilnahme jeweils 1000 Pfund in die Kasse spülte. Keiner dieser Männer hatte Polarerfahrung, dafür entsprachen sie dem Ideal des britischen Offiziers und Gentleman, des »begabten Amateurs«, der sich überall auf der Welt zurechtzufinden glaubte.

Auch die Pläne, die Scott für den erneuten Vorstoß zum Pol machte, bewegten sich meist in eingefahrenen Gleisen: Gegen Hunde und Skier hegte er weiterhin starke Vorurteile, wollte diesmal aber sibirische Ponys einsetzen, so wie es Shackleton ihm vorgemacht hatte. Seine einzige wirklich neue Idee war ein Motorschlitten mit Kettenantrieb, dessen Entwicklung er persönlich angeregt hatte. Zu letzten Tests kam er im Frühjahr 1910 nach Norwegen und beschloss, drei der abenteuerlichen Gefährte mit in die Antarktis zu nehmen. Einmal mehr suchte Scott bei dieser Gelegenheit auch den Rat von Nansen, der den Botschafterposten in London an den Nagel gehängt hatte und nach Norwegen zurückgekehrt war: »Diesmal nehmen Sie ja Skier mit«, versuchte Nansen den verdutzten Scott bei der Ehre zu packen. »Shackleton war ja ohne Skier unterwegs und erzählte mir, als er kürzlich beim Lunch bei mir war, wenn er gewusst hätte, wie man Skier richtig einsetzt, hätte er den Pol erreicht. Und das glaube ich auch.« Nansen warnte Scott jedoch davor, die Skier einfach nur einzupacken, ohne mit ihnen umgehen zu können, und empfahl ihm einen Experten – den jungen Abenteurer Tryggve Gran. So kam es, dass mit ihm ausgerechnet ein Norweger als einziger Ausländer an Scotts Antarktisexpedition teilnahm.

Ein anderer Norweger freilich war für Scott nicht zu sprechen. Mehrmals versuchte der Engländer während seines Aufenthalts in Norwegen, Kontakt zu Roald Amundsen aufzunehmen. Scotts Plan war eine enge Zusammenarbeit der norwegischen Nordpol- und der britischen Südpolexpedition; unter anderem wollte er vergleichende Messungen in Nord und Süd anregen. Zuletzt bemühte sich sogar Gran darum, ein Treffen der beiden Polarforscher zustande zu bringen, doch Amundsen blieb unauffindbar. Niemandem kam der Gedanke, dass er etwas zu verheimlichen hatte.

Doch Roald Amundsen hatte gute Gründe, Scott aus dem Weg zu gehen, wollte er nicht gezwungen sein, ihm ins Gesicht lügen zu müssen. In der Tat hatte er noch in der ersten Septemberwoche 1909, als die ersten Meldungen über die Bezwingung des Nordpols über die Ticker gelaufen waren, seine Pläne radikal geändert. Statt zum Nordpol würde er mit der *Fram* zum Südpol aufbrechen! Doch dass er das tat, sollte bis auf Weiteres niemand erfahren. Es war ein umfassendes Täuschungsmanöver – er täuschte Norweger und Briten, König und Regierung, Freunde und Konkurrenten und auch sein großes Vorbild Nansen. Es war ein moralisches Dilemma. Durfte er den Mann hinters Licht führen, der seine eigenen Pläne hintangestellt und ihm die *Fram* überlassen hatte, um mit ihr in die

Den Nordpol vor Augen, den Südpol im Sinn: Roald Amundsen (hier in seinem Arbeitszimmer, Aufnahme vom 7. März 1909) ging Scott, dem eine Zusammenarbeit mit dem Norweger vorschwebte, geflissentlich aus dem Weg.

entgegengesetzte Richtung zu fahren? Amundsen drückte sich um eine ehrliche Antwort, und er hoffte, dass ihm später der Erfolg recht geben würde. Dass er erfolgreich sein würde, wenn es ihm gelänge, rechtzeitig in der Antarktis zu sein, war für ihn eine ausgemachte Sache. In den Plänen von Scott sah er die phantasielose Wiederholung von ausgetretenen Pfaden. Die einzige Unsicherheit stellten die Motorschlitten des Engländers dar. Dass sie unter polaren Bedingungen nicht funktionieren würden, konnte er nur hoffen, wissen konnte er es nicht.

Amundsen fürchtete die Zurückweisung durch Nansen, wie er sich um die politische Unterstützung und die ohnehin auf wackligen Füßen stehende Finanzierung des Unternehmens in seinem Heimatland Sorgen machte, sollte die Kursänderung zu früh bekannt werden. Also tat er weiter so, als plante er eine Expedition nach Norden, während er in Wahrheit die Fahrt nach Süden vorbereitete. Auch seiner Mannschaft schenkte er zunächst keinen reinen Wein ein. Wieder einmal hatte er sie nach dem Prinzip »klein, aber fein« ausgesucht. Sein Landungsteam würde nicht mehr als zehn Leute umfassen, Wissenschaftler blieben erneut außen vor. Seine Männer waren zumeist erfahrene Polarforscher oder Seeleute mit Eismeererfahrung, manchmal beides in einer Person. Der Hundeführer Helmer Hansen und der Koch Adolf Lindstrøm hatten ihn schon auf der *Gjøa* begleitet, Hjalmar Johansen hatte die berühmte Driftreise von Nansen mitgemacht, und Sverre Hassel war unter Otto Sverdrup vier Jahre lang auf der *Fram* durch die Gewässer um Grönland und den arktischen Archipel gekreuzt. Eine für Amundsen ungewöhnliche Verpflichtung war Olav Bjaaland, einer der besten norwegischen Skiläufer, der 1902 die Nordische Kombination (Skispringen und Skilanglauf) am Holmenkollen gewonnen hatte. Mit ihm kam Amundsen zufällig im Wartesaal eines Bahnhofs ins Gespräch, und weil er wie Nansen davon ausging, dass der Pol nur darauf harrte, von norwegischen Skiern erobert zu werden, lud er ihn auf die Reise ein.

Hätte jemand genauer hingesehen, so wären ihm einige Ungereimtheiten aufgefallen: Warum ließ sich Amundsen eine komfortable hölzerne Hütte zimmern, diese in seinem Garten zur Probe aufbauen und dann

Olav Bjaaland (1873–1961), seinerzeit einer der besten norwegischen Skisportler, sollte Amundsen in die Antarktis begleiten.

Probeaufbau der norwegischen Überwinterungshütte, des späteren Zentrums von »Framheim«, im Garten Amundsens.

Die Auswahl der Teammitglieder

Hundert Jahre später startet der Wettlauf mitten im Sommer 2010 mit einem Aufruf im deutschen und österreichischen Fernsehen. ORF und ZDF suchen für die Neuauflage des Südpolrennens als TV-Event »abenteuerlustige und sportliche Frauen und Männer mit guter körperlicher Fitness und stabiler Psyche«. Mehr als 4000 Österreicher und Deutsche bewerben sich für das eisige Abenteuer auf den Spuren von Amundsen und Scott. Allein von den deutschen Bewerbern kommen etwa 1000 Frauen und Männer in die engere Auswahl, doch nur jeweils 60 Topathleten schaffen es schließlich in die beiden Auswahlcamps dies- und jenseits der Alpen.

30-stündige Belastungstests sollen die Kandidaten an ihre Grenzen bringen, denn nur so zeigt sich, wer wirklich ins Team passt. »Das müssen Leute sein, die einerseits nicht zu still sind, sich nicht zu sehr zurückhalten, die aber dennoch in der Lage sind, sich zurückzunehmen, wenn es darauf ankommt, sprich: sich ins Team zu integrieren«, erläutert der deutsche Teamleiter Markus Lanz das Anforderungsprofil für seine Begleiter auf der Südpolreise. Deshalb werden nicht nur Geschicklichkeit, Kraft und Ausdauer getestet, sondern auch Teamfähigkeit, Ideenreichtum und Kommunikation – und das Verhalten in Extremsituationen.

Gegen elf Uhr abends, als die Kandidaten glauben, das Schlimmste schon hinter sich zu haben, müssen sie hinaus in die Dunkelheit und stundenlang einen schweren LKW-Reifen hinter sich herziehen. Eine scheinbar sinnlose Übung, aber genau so ein Szenario wird die Kandidaten in der Antarktis erwarten: stundenlanges Ziehen eines Schlittens ohne jegliche Form von Abwechslung, jeder allein mit sich, seinen Gedanken und hoffnungslos übermüdet. Hatte der eine oder andere Bewerber bis dahin vielleicht noch »schauspielern« können, so zeigt sich jetzt rasch, wer die Belastungen des Laufs zum Pol schon körperlich nicht durchhalten würde. Als die völlig erschöpften Kandidaten nach kaum zwei Stunden Schlaf im Freien schon wieder zum Frühsport geweckt werden, trennt sich endgültig die Spreu vom Weizen. Zuletzt bleiben nur noch zehn Deutsche und zehn Österreicher für die entscheidende Auswahlrunde übrig.

Jetzt geht es zum ersten Mal in die Berge. Finale in Kaprun – auf dem Gletscher am Kitzsteinhorn in 3000 Meter Höhe soll die Eistauglichkeit der Polaspiranten aus beiden Ländern getestet werden. Die erste Prüfung: Aufstieg zum Gletscher mit schwerem Gepäck – 1500 Höhenmeter in vier Stun-

Der Sprung ins eiskalte Wasser ist Teil des Ausbildungscamps in Norwegen.

den, danach wieder Reifenziehen, schließlich Überlebenstraining: Wie rettet man sich aus einer Gletscherspalte? Eine echte Herausforderung, auch für die Teamleiter. Die beobachten ihre zehn Finalisten genau: Wer verhält sich geschickt in Eis und Schnee? Kaum einem scheint die Kälte etwas auszumachen. »Sie sind sportlich alle großartig drauf, sie sind in der Lage, große Kälte zu ertragen, sich zu quälen und auch in der Gruppe füreinander aufzugehen«, so Markus Lanz. Dennoch muss eine Entscheidung fallen. Nach 30 Stunden Belastungsprobe in Eis, Schnee und Wasser rückt die Stunde näher, in der die endgültigen Teilnehmer am Südpolrennen gekürt werden. Schließlich steht fest: Für Deutschland werden der 30-jährige Bundeswehrhauptmann Dennis Lehnert und die ebenfalls 30 Jahre alte Bioingenieurin Claudia Beitsch zum Südpol gehen. Die Österreicher setzen auf die 27-jährige Soldatin Sabrina Grillitsch und den 38 Jahre alten Huskytrainer Alexander Serdjukov.

Drei Monate bleiben für ein hartes Trainingsprogramm inklusive medizinische Belastungstests in Europas größter Kältekammer: ein Fleckchen Antarktis mitten in Wien. Den Abschluss bildet schließlich ein Ausbildungscamp im Norden Norwegens. Ganz oben auf der Agenda steht Teambuilding. Anders als die Österreicher müssen die vier Deutschen erst zueinanderfinden, da der prall gefüllte Terminkalender des TV-Moderators Markus Lanz nur wenig Zeit

Gletscherspaltentraining während des Auswahlcamps am Kitzsteinhorn.

für das gemeinsame Training lässt. Noch einmal werden Theorie und Praxis für das Rennen gepaukt: Erkennen von Erfrierungen, Verhalten bei Schneesturm, Gletscherspaltentraining, Zeltaufbau, Skifahren. Auf einer Miniexpedition verbringen die Teams zum ersten Mal zwei Nächte miteinander im Zelt im Schnee. Langsam passen sich die vier unterschiedlichen Charaktere einander an. »Es hat sich alles super entwickelt, wir passen gut zusammen, und ich habe jetzt ein gutes Gefühl, dass wir alle heil, glücklich und zufrieden am Südpol ankommen«, bilanziert Claudia Beitsch schließlich die Vorbereitung auf das große Abenteuer. Und Markus Lanz ergänzt: »Natürlich ist es ein Wettlauf, und es ist ein Wettlauf, den wir gewinnen wollen. Wir werden alles daransetzen, am Ende als Erste am Südpol zu sein.«

auf der *Fram* verstauen? Sollte sie etwa auf einer Eisscholle im Nordpolarmeer errichtet werden? Weshalb besorgte er über Mittelsmänner in London Seekarten des Südpolarmeers? Hatte er die Himmelsrichtungen verwechselt? Und warum um Gottes willen nahm er die 100 grönländischen Schlittenhunde schon in Kristiansand an Bord und mutete den armen Tieren auf der Reise um Kap Hoorn zweimal den Weg durch den Äquator zu, statt sie von Grönland direkt nach Alaska bringen und dort erst verladen zu lassen? Doch Amundsen hatte Glück: Niemand schöpfte Verdacht.

Aufbruch ans Ende der Welt

Am 1. Juni 1910 drängten sich an den Kaimauern der West India Docks im Londoner East End die Menschenmassen. Würdenträger in Frack und Zylinder, Admiräle mit Dreispitz und blitzenden Goldtressen sowie Schaulustige ohne Zahl waren gekommen, um die *Terra Nova* in der Hauptstadt des britischen Empire auf ihre große Fahrt zu verabschieden. Sir Clements Markham, Scotts einstiger Förderer, sah mit Genugtuung die weiße Flagge der Navy am Hauptmast der *Terra Nova* aufsteigen – ein Privileg, das man der *Discovery* noch verwehrt hatte. Sein lang gehegter Traum war endlich Wirklichkeit geworden: Eine britische Antarktisexpedition segelte unter dem weißen Marineemblem nach Süden. Langsam glitt die bunt geschmückte *Terra Nova* aus dem Hafenbecken und wurde von einem Kreuzer der Navy themseabwärts geschleppt. Auch viele Schiffe auf dem Fluss waren zur Feier des Tages mit Fahnen und Girlanden dekoriert und ließen, wo immer die *Terra Nova* vorüberkam, ihre Dampfsirenen ertönen. Überall, wo sie in den folgenden Tagen Station machte, wiederholte sich das ganze Brimborium – in Portsmouth und Portland Harbour, dem Sitz der britischen Heimatflotte, wo die *Terra Nova* durch ein mächtiges Spalier von Schlachtschiffen und Schlachtkreuzern dampfte. »Auf Deck der Panzerkolosse stand die Mannschaft in langen Linien. Ein Hurra aus vielen Tausenden Kehlen ließ die Luft des strahlenden Sommerabends förmlich erzittern«, erinnerte sich Tryggve Gran. Der Höhepunkt der Begeisterung nahte am 15. Juni in Cardiff, wo die *Terra Nova* noch einmal Kohle bunkerte und dann unter dem Jubel einer vieltausendköpfigen begeisterten Menschenmenge, dem Lärm von zahllosen Feuerwerkskörpern und dem Pfeifen Hunderter Schiffe die britische Küste verließ.

»Still und gelassen fuhren wir aus dem Kristianiafjord«: Nahezu unbemerkt verließ am 6. Juni 1910 die *Fram* mit dem norwegischen Expeditionsteam an Bord die heimischen Gewässer.

Ganz anders begann die große Fahrt der *Fram*. In den späten Abend-stunden des 6. Juni 1910 trat Roald Amundsen aus seinem Haus am Bunnefjord südlich von Kristiania, schloss die Tür, lief durch den Gar-ten zum Ufer und ging an Bord seines Schiffs. Es gab keine Abschieds-zeremonie, keine Reden und kein Feuerwerk. Allein einige Familienan-gehörige Amundsens waren informiert und schwenkten zum Abschied ihre Taschentücher. Die *Fram* glitt nahezu unbemerkt hinaus in den Fjord. Gerade brach der fünfte Jahrestag der norwegischen Unabhän-gigkeit an. Einige Kilometer weiter nördlich blickte als einsamer Beob-achter Fridtjof Nansen aus dem Turm seines schlossartigen Anwesens »Polhøgda« und sah sein altes Schiff den Fjord heraufkommen. Dann wandte sich die *Fram* an der Landspitze, wo der Bunnefjord in den grö-ßeren Kristianiafjord überging, südlich Richtung Skagerrak und ver-schwand im Zwielicht der skandinavischen Sommernacht. Später würde Nansen sagen, dass dies der »bitterste Moment« in seinem Leben war. Amundsen dagegen war guter Dinge. »Still und gelassen fahren wir aus dem Kristianiafjord. Bald wird das Land außer Sicht sein und die *Fram* ihre dritte Reise angetreten haben. Gott gebe, dass sie uns zur Ehre gereicht!«

Die Stimmung an Bord war schlecht. Die Mitglieder der Mannschaft hatten das Gefühl, dass ihnen etwas verheimlicht wurde. Doch es sollte noch zwei ganze Monate dauern, ehe sie in das Geheimnis eingeweiht wurden. Während dieser Zeit kreuzte die *Fram* zu Testzwecken durch den Nordatlantik und lief im Juli noch einmal Bergen an, um den Dieselmotor überholen zu lassen. Anfang August wurden in Kristiansand die gut 100 Schlittenhunde und letzter Proviant an Bord genommen; dann begann die Fahrt nach Süden.

Am 6. September 1910 ging die *Fram* vor Funchal auf Madeira vor Anker. Leon Amundsen, der Bruder des Expeditionsleiters, kam vom Hafen herüber, wo er Obst, Gemüse und Wasser sowie frisches Fleisch für die Hunde geordert hatte. Drei Tage später war das Schiff bereit zum Auslaufen. Im letzten Moment, als die meisten Männer an Bord gerade noch die Abschiedsbriefe an ihre Angehörigen verfassten, rief Amundsen die Mannschaft an Deck. Sein Stellvertreter Thorvald Nilsen, den er bereits eingeweiht hatte, befestigte eine Karte der Antarktis am Hauptmast. Dann begann Amundsen zu reden: »Es gibt viele Dinge, die ihr misstrauisch oder erstaunt beobachtet habt, die Observationshütte oder die Hunde; doch darüber will ich jetzt nicht sprechen. Was ich sagen will, ist dies: Ich habe die Absicht, nach Süden zu fahren, eine Landungsgruppe auf dem südlichen Kontinent abzusetzen und zu versuchen, den Südpol zu erreichen.« Auf der *Fram* war es totenstill. Dann fuhr Amundsen fort. Natürlich werde man am ursprünglichen Plan festhalten; es handle sich lediglich um eine »Ergänzung« der eigentlichen Reise. Wenn man ohnehin schon einmal um Kap Hoorn herumsegle, könnte man diese Angelegenheit doch gleich mit erledigen. Im Übrigen ginge es jetzt darum, die Engländer zu schlagen. Die Männer waren überrumpelt und schrien Hurra. Keiner nahm das Angebot Amundsens an, von Bord zu gehen. Erst später, als sie wieder zum Nachdenken kamen, habe man überall an Bord gehört: »Warum hast du bloß Ja gesagt? Wenn du Nein gesagt hättest, hätte ich es auch getan«, erinnerte sich einer der Männer im Nachhinein. Doch dafür war es jetzt zu spät. Eine Stunde nach der denkwürdigen Rede war Amundsens Bruder Leon von Bord gegangen und hatte die letzten Briefe in die Heimat mitgenommen. Wenig später lichtete die *Fram* die Anker

Fram-Expeditionen

————— ❦ —————

"Fram" 22 august 1910

Herr Professor Fridtjof Nansen.

Det er ikke med let hjerte, jeg senner Dem disse linjer, men der finnes
ingen vei utenom, og derfor faar jeg likesaa gott gaa like paa.
Da efterretningen fra Cook og senere fra Peary innlöp ifjor höst om
deres færder til nordpolen, forstod jeg med engang, at dette var döds=
stötet for mit foretagenne. Jeg innsaa straks, at jeg efter dette ikke
ville kunne paaregne den ökonomiske stötte, jeg tiltænkte. At jeg hadde
ret herri viser stortingets beslutning av mars - april 1910, hvorved det
avslog mit andragenne om en merbevilgning av kr. 25000.
At opgi mit foretagenne faltt mig ikke et öieblik inn. Spörsmaalet blev da
for mig, hvad jeg skulle gjöre for at skaffe de nödvendige midler.
At tilveiebringe disse uten at gjöre noe var ikke at tænke paa. Noe, som
kunne vække det store publikums interesse maatte gjöres. Paa den maate
alene ville det bli mig mulig at realisere min plan. Kun et problem staar
igjen at löse innen polaregnene, som kan gjöre regning paa at vække den
store masses interesse, det at naa sydpolen. Kunne jeg utföre dette viss=
te jeg, at midlerne for min planlakte færd ville være sikret.

Halvorsen & Larsen Ld., Kristiania

»Ich bin kein Schwindler«: In Funchal auf Madeira, wo die *Fram* vor ihrer langen Reise
nach Süden noch einmal den Proviant ergänzte, übergab Amundsen seinem Bruder Leon
ein Schreiben an den norwegischen König und Fridtjof Nansen, in denen er sein Abwei-
chen vom ursprünglichen Plan, der Expedition ins Nordpolarmeer, zu rechtfertigen
suchte. In dem Brief an Nansen (oben) versprach er, nach Beendigung der »Extratour«
die Forschungsreise nach Norden umgehend wieder aufzunehmen.

und machte sich auf die weite Reise nach Süden, 14 000 Seemeilen – mehr als 25 000 Kilometer – ohne Halt bis zur Antarktis.

Leon Amundsen hatte von seinem Bruder auch Schreiben an den norwegischen König und an Fridtjof Nansen erhalten, die Roald zuvor verfasst hatte. Beide sollten erst Anfang Oktober die Adressaten erreichen, wenn sichergestellt war, dass sich die *Fram* so weit auf dem Ozean befand, dass sie niemand mehr zurückrufen konnte; dann sollte auch die Presse informiert werden. Den Brief an Nansen begann Amundsen mit einem Verweis auf den Fall des Nordpols, der seinen eigentlichen Plänen den Todesstoß versetzt hätte. Weil er nun um die finanzielle Unterstützung seines Projekts habe bangen müssen, habe etwas Besonderes das Interesse der Öffentlichkeit wecken müssen – das Erreichen des Südpols. Wenn dies gelänge, so die auf ziemlich wackligen Füßen stehende Argumentation Amundsens, dann würden sicherlich genug Mittel bereitgestellt werden für die ursprünglich geplante Expedition ins Nordpolarmeer. Amundsen bat Nansen um Verzeihung, dass er ihn und die ganze Welt hinters Licht geführt habe. Er, Amundsen, sei gezwungen gewesen, so zu handeln, weil er gefürchtet habe, dass man ihn sonst aufhalten werde. Deshalb sei auch Scott nicht über seine Pläne in Kenntnis gesetzt worden. Wo man an Land gehen werde, wisse man noch nicht genau – was freilich wiederum gelogen war –, den Engländern, die das Vortrittsrecht hätten, werde man aber nicht in die Quere kommen. Sobald die »Extratour« beendet sei, werde man Kurs nach Norden nehmen und die ursprünglich geplante Forschungsreise wieder aufnehmen. »Noch einmal bitte ich, behandeln Sie mich nicht zu streng«, schloss Amundsen sein Schreiben. »Ich bin kein Schwindler, ich handelte notgedrungen. Und so erbitte ich Ihre Verzeihung für das, was ich getan habe. Möge meine bevorstehende Arbeit Sühne sein für das, was ich verbrochen habe.«

Die Reise der *Terra Nova*

Die *Terra Nova* hatte unterdessen bereits die erste Etappe ihrer Fahrt hinter sich gebracht und befand sich nach einem Zwischenstopp in Südafrika auf dem Weg nach Australien. Kapitän Scott hatte das Schiff in Cardiff verlassen, um noch ein paar Tage im Kreise der Familie zu verbringen, ehe er mit einem Linienschiff hinterherreiste. Er hatte sich viel Zeit lassen können, denn die *Terra Nova* kannte, wie ein Besatzungsmitglied bitter bemerkte, nur zwei Geschwindigkeiten – langsam und noch langsamer. So brauchte sie fast vier Monate bis nach Australien, wo Scott jenes Telegramm Amundsens erreichte, das ihn, so Tryggve Gran, »wie ein Blitz aus heiterem Himmel« traf. Der Gedanke, dass er einen Rivalen auf dem Weg zum Südpol haben könnte, kam Scott nicht sofort – oder er versuchte, ihn zu verdrängen. Die Antarktis war groß, es gab genug zu erforschen – warum also sollte es Amundsen ausgerechnet auf den »britischen« Pol abgesehen haben? Seiner Mannschaft gegenüber, die ihn bald den »Owner«, Eigentümer, nannte, schwieg er sich jedenfalls eisern über die Sache aus.

Immerhin bat er, wie von Gran vorgeschlagen, Fridtjof Nansen telegrafisch um Aufklärung. Dessen postwendende Antwort schien ebenso kurz wie unaufrichtig: »Unknown« – »unbekannt«. Offenbar hatte sich Nansen, obwohl er von Amundsen so schmählich hintergangen worden war, zum uneingeschränkten Verbündeten seines Landsmanns gemacht und hütete sich nun, den Briten genauere Informationen über dessen Pläne zu liefern. Jedoch ist das Telegramm von Scott an Nansen verloren gegangen und dessen Inhalt somit unklar. Hätte Scott gefragt, ob Amundsens Ziel der Südpol sei, wäre Nansens Antwort natürlich eine glatte Lüge gewesen. Sollte sich Scott dagegen nach dem geplanten Landungsort Amundsens erkundigt haben, wäre die Antwort »unbekannt« aber durchaus vertretbar gewesen. Zwar war in Amundsens Brief an Nansen von »Victorialand« die Rede gewesen, doch das hatte sich nur auf die grobe Richtung bezogen, welche die *Fram* von Madeira aus nehmen würde. »Wo wir da unten an Land gehen werden, kann ich noch nicht sagen«, hatte Amundsen weiter geschrieben. Insofern hatte Nansens Antwort durchaus ihre Berechtigung, zumal die Angabe »Victorialand« Scott wohl nur noch mehr

Verabschiedung der *Terra Nova* mit Scott und seinem Team an Bord im kleinen neuseeländischen Hafen Port Chalmers, 29. November 1910.

Ebenfalls in Neuseeland, in Lyttelton, hatten einige Tage zuvor Expeditionsteam und
Schiffscrew um Robert Falcon Scott noch einmal für ein Gruppenfoto posiert.

verwirrt hätte. Schließlich lag der McMurdo-Sund – sein eigenes Zielge-
biet – im Osten dieser antarktischen Region.

Als die *Terra Nova* Ende Oktober Neuseeland erreichte, war sich Scott
noch immer über das Ausmaß der Bedrohung unklar. Nun jedoch wurde
er durch Presseberichte aufgeschreckt, dass Amundsens Ziel tatsächlich
der Pol war. Anfang November wurde dann auch noch aus London gemeldet, dass Amundsen den McMurdo-Sund ansteuere – die Sache wurde
immer verworrener. »Es gibt keinen Grund, warum er nicht versuchen
sollte, den Pol zu erreichen – außer natürlich von dem bekannten Punkt
aus, zu dem wir unterwegs sind«, erklärte ein zusehends verunsicherter
Scott gegenüber neuseeländischen Journalisten. »Ich persönlich begrüße
den freundschaftlichen Wettbewerb, der das Wissen über den antarktischen Kontinent erweitert. Allerdings ist es bedauerlich, dass Amundsen
die Details seiner Pläne geheim hält.«
Persönlich war er der Meinung, dass der Norweger an der Küste von
Graham Land oder im Bereich des Weddellmeers an Land gehen werde,
doch wie er selbst zugeben musste, waren das nur Spekulationen. Für sich
selbst traf er jetzt eine grundlegende Entscheidung: Er würde seine Expedition so weiterführen, als existierte Amundsen nicht. Diese Haltung war
einerseits verständlich, war es doch nahezu unmöglich, aus all den zahlreichen widersprüchlichen Nachrichten über die norwegische Expedition
ein einigermaßen verlässliches Bild zu bekommen. Scott verfiel damit jedoch auch in eine Art Duldungsstarre – und dass er die Herausforderung
nur passiv hinnahm, sollte ihm letztendlich zum Verhängnis werden.
Scott konnte nicht verhindern, dass seine Mannschaft über Amundsen diskutierte. Es war immerhin in seinem Sinne, dass sich die Männer
hauptsächlich über das »unfaire« Vorgehen des »hinterhältigen« Norwegers aufregten, ihn aber kaum als eine echte Bedrohung des eigenen Unternehmens ansahen. Nur Rittmeister Lawrence Oates, ein Kavallerie-
offizier aus der britischen Oberschicht, der in Eton erzogen wurde, sich
im Burenkrieg militärische Meriten erworben hatte und aus Abenteuer-
lust als zahlender Freiwilliger zu Scotts Antarktisunternehmen gestoßen
war, sah die Sache anders. An seine Mutter schrieb er: »Was hältst Du
von Amundsens Expedition? Wenn er als Erster am Pol anlangt, werden
wir mit eingekniffenem Schwanz nach Hause kommen, das ist sicher. Ich

glaube, wir haben doch zu viel Theater gemacht, die ganze Fotografiere-rei, das Jubelgeschrei und die Fahrt durch das Flottenspalier waren Blöd-sinn. Dadurch machen wir uns, wenn wir scheitern, nur noch lächerlicher. Es heißt, Amundsen sei hinterhältig vorgegangen; ich sehe keine Hinter-hältigkeit darin, wenn einer den Mund hält. Ich selbst halte die Norwe-ger für sehr zähe Burschen. ... Sie sind auch gute Skiläufer, während wir nur Geher sind. Wenn Scott irgendeine Dummheit begeht, z. B. die Ponys nicht ausreichend füttert, wird er todsicher geschlagen.«

Die *Terra Nova* war bis zum Bersten vollgestopft, jeder freie Winkel mit Ausrüstungsgegenständen und Verpflegung, mit Brennstoff und Zug-tieren ausgefüllt. Auf dem Mannschaftsdeck mussten sich die Matrosen ihre Hängematten teilen – wenn der eine schlief, hatte der andere Wach-dienst. In der Offiziersmesse quetschten sich 24 Offiziere an den Kajü-

»Es scheint eine schreckliche Tortur für diese Kreaturen ...«: Unter der drangvollen Enge an Bord der *Terra Nova* litten die 33 Schlittenhunde und 19 Ponys, die beim Marsch zum Südpol die Hauptlast ziehen sollten, am meisten.

Die Reise zur Antarktis heute

Für die heutigen Polfahrer ist ein Besuch der Antarktis nicht mit einer monatelangen Schifffahrt verbunden – sie reisen bequem per Flugzeug. Die Teams fliegen zunächst ins südafrikanische Kapstadt, von wo aus es mit einer russischen Transportmaschine weiter zum weißen Kontinent gehen soll. Aus dem winterlichen Deutschland landen die Wettläufer bei 30 Grad und Sonnenschein am Kap der guten Hoffnung. Für vier Tage heißt es: letzte Vorbereitungen treffen. Gemeinsam unternehmen die Rennteams noch einen Ausflug auf den Tafelberg: Dort steht eine Wegmarke: »6245 km zum Südpol« – kaum zu glauben, dass es fast 10 000 Kilometer von Deutschland entfernt immer noch so weit bis zum Ziel der Reise sein soll!

Einer fehlt allerdings noch: Markus Lanz, der Teamleiter der deutschen Mannschaft. Er dreht noch bis zur letzten Minute in Hamburg. Nun vereitelt ausgerechnet das in Deutschland ausgebrochene Schneechaos die Reise nach Kapstadt. Dramatik, bevor das Rennen überhaupt begonnen hat: In Amsterdam gelingt es ihm schließlich, einen Platz in der letztmöglichen Maschine nach Kapstadt zu bekommen.

Hier begibt sich der Rest der Mannschaft derweil schon einmal zum Flughafen. Beim Blick auf die Abflugtafel läuft allen unwillkürlich ein Schauer über den Rücken: Dort steht: »Antarctica«. Ein Bus bringt die sieben Wettläufer und die Filmcrew über das Rollfeld zur hell beleuchteten russischen Iljuschin IL-76TD, einem Monstrum von vierstrahligem Düsenflugzeug, das sich unter anderem durch seine einzigartige Fähigkeit auszeichnet, auch in un-

Warten auf Lanz: Joey Kelly, Claudia Beitsch und Dennis Lehnert in Kapstadt.

Er traf erst in letzter Minute in Kapstadt ein: Der deutsche Teamleiter Markus Lanz.

wegsamem Gelände zu landen. Das Innere der Maschine erinnert an ein Flugzeugmuseum – Fenster gibt es keine, dafür sind am Boden des Frachtraums Sitzbänke verankert, die mutmaßlich zum Interieur eines vor zig Jahren außer Betrieb genommenen Linienflugzeug der Aeroflot gehören. Flaggen der Länder mit Stationen in der Antarktis verbergen die unverkleideten Stahlwände. Über den Köpfen verlaufen frei sichtbar die Stahlseile, mit denen das Seiten-

Antarktis in Sicht: Packeis kündigt den eisigen Kontinent an.

ruder gesteuert wird. Auf einem Tisch stehen Thermoskannen mit Kaffee und Keksdosen bereit – Self-Service Catering während des Flugs. Hinter den Sitzen befinden sich zwei mit Stahlketten befestigte Dixi-Toiletten, dahinter ist ein riesiges Gepäcknetz befestigt, in dem Taschen und Koffer ziemlich chaotisch um eine Pistenraupe herum aufgestapelt sind.

Unter den Wissenschaftlern auf dem Weg in die deutsche, norwegische, indische und natürlich russische Station geben die Rennteams und die Filmcrew mit Kamera im Anschlag ein ungewöhnliches Bild ab. Ein Platz jedoch ist noch immer leer: der von Markus Lanz. Alle fragen sich: Wird er es rechtzeitig schaffen? Wenige Minuten später jedoch erleichtertes Aufatmen: Durch verschlungene Flughafenflure und mit einem Spezialshuttle wird Markus Lanz direkt von seinem Flieger zur Iljuschin befördert, und um 0:11 Uhr Ortszeit schließt sich hinter ihm die Tür. Die vier Triebwerke werden nacheinander gestartet – und die Passagiere im Frachtraum wissen nun, warum zuvor Ohrstöpsel an sie verteilt worden waren.

Allen ist jetzt schon allen klar: Dies ist ein Trip, den sie nie vergessen werden. Auf Reiseflughöhe dürfen alle Passagiere nacheinander einen Blick in das Cockpit werfen, dort sitzen an den ebenfalls museumsreifen Instrumenten Pilot, Kopilot und zwei Funker. Highlight ist die komplett verglaste Nase des Flugzeugs, von wo aus man direkt unter sich von einer dichten Wolkendecke verborgen die ersten Eisberge vermuten kann. Nach etwa fünf Stunden Flug bei ohrenbetäubender Lautstärke erscheint per Powerpoint-Präsentation auf einer mobilen Leinwand die Ankündigung: »In Kürze landen wir in der Antarktis, bitte wechseln Sie in Ihre Kleidung« – und ein Tohuwabohu bricht aus. Die Passagiere sind in Kapstadt in Sommerkleidung in das Flugzeug gestiegen und suchen nun die Taschen mit ihren Wintersachen im Gepäcknetz.

Die russische Iljuschin IL-76TD wird in Novo entladen.

Das deutsche Team nach der Ankunft in der Antarktis.

Haben endlich alle ihre Siebensachen endlich zusammen, so besteht die Herausforderung nun darin, auf dem Flugzeugsitz eine komplette Montur für minus 10 Grad anzuziehen – gar nicht so einfach!

Dann springt eine vorn an der Flugzeugnase befestigte Live-Cam an. Alle nehmen ihre Plätze ein, und eine weiße Landschaft nähert sich unaufhaltsam, bis das Flugzeug nicht ganz so unsanft wie befürchtet auf der Landepiste aus blauem Eis aufsetzt und sogleich der Umkehrschub einsetzt. Die Tür geht auf, strahlender Sonnenschein strömt in den dunklen Flugzeugrumpf, zusammen mit klarer, kalter Winterluft und dick vermummten Menschen, die die Neuankömmlinge in der Antarktis willkommen heißen.

tentisch – es herrschte ein heilloses Gedränge. Am schlimmsten erging es den 33 Schlittenhunden, die Scott auf Anraten Nansens doch noch geordert hatte: Sie waren auf dem offenen Deck an Pfosten und Riegeln angekettet worden. »Ihre Lage ist nicht eben beneidenswert«, notierte Scott in sein Tagebuch. »Die Wellen brechen sich unaufhörlich an der Wetterseite des Schiffes, und das Spritzwasser regnet aufs Mitteldeck in dichtesten Wolken herunter. Die Schwänze diesem Regen zugekehrt, sitzen die Hunde trübselig umher, ihre Decken triefen, und ab und zu lässt einer ein wehmütiges Winseln hören. Die Gruppe bietet ein Bild tiefster Niedergeschlagenheit; ein Hundeleben im Wortsinn.« Nur wenig besser hatten es die 15 Ponys, die im Vorschiff untergebracht waren: »Durch ein Loch im Schott sieht man die Reihe der Pferdeköpfe mit traurigen, geduldigen Augen emporschaukeln. ... Es scheint eine schreckliche Tortur für diese Kreaturen, hier Tag für Tag zusammenzustehen.« Unter den Tieren litten jedoch wiederum die Matrosen, da einige der Pferde direkt über dem Esstisch der Mannschaften standen und von oben häufiger etwas heruntertropfte, was die Männer beschönigend »Senf« nannten.

Das Glück, das Scott seinem Konkurrenten Amundsen vielleicht wirklich aufrichtig gewünscht hatte, sollte er selbst bald brauchen. Denn schon zwei Tage, nachdem die *Terra Nova* am 29. November 1910 die Küste Neuseelands hinter sich gelassen hatte und alle Verbindungen zur Zivilisation gekappt waren, geriet sie in einen schweren Orkan. Das Schiff stampfte und schlingerte, und in einem fort wuchtete die aufgewühlte See schwere Brecher über die Reling. Bald geriet die Deckladung ins Rutschen: Durchnässte Kohlensäcke trieben umher, Benzinfässer kullerten durcheinander, und die bemitleidenswerten Hunde wurden an ihren Ketten von der einen Seite zur anderen gerissen. Schlimmer war jedoch, dass bald Wasser ins Schiff eindrang und so rasch anstieg, dass das Feuer in den Kesseln ausging. Nun rächte es sich, dass man die *Terra Nova* vor ihrer großen Reise nicht gründlich überholt hatte, denn die altersschwachen Lenzpumpen waren den Wassermassen nicht gewachsen und fielen schließlich ganz aus. Die Männer versuchten, das einströmende, bald mit Kohlendreck vermischte Wasser mit einer Eimerkette aus dem Schiff zu befördern, doch es war keine Besserung in Sicht. Schließlich blieb nur noch, ein Loch in das eiserne Schott des Maschinenraums zu schneiden, um die defekte Hauptpumpe reparieren zu können. Nach stundenlangem Kampf war es geschafft: Die Pumpe lief wieder, und das Schiff war gerettet. Als sich der Sturm gelegt hatte, bilanzierte Scott: Die Reling zertrümmert, zwei Ponys tot, ein Hund über Bord gespült, einige Tonnen Kohle und ein paar hundert Liter Benzin verloren – »unser Verlust ist nicht so groß, wie ich fürchtete, aber doch ernst genug«.

Kaum hatte sich die Mannschaft von diesem ersten Schlag erholt, folgte schon der nächste. Am 9. Dezember, nur zehn Tage nach der Abreise aus Neuseeland, sichtete der Ausguck die ersten Eisberge, und das Schiff steuerte ins Packeis – viel weiter nördlich, als Scott erwartet hatte. Zwei Tage lang kämpfte sich die *Terra Nova* noch mühsam durch die Eisschollen und fraß dabei den ohnehin dezimierten Kohlenvorrat in alarmierendem Tempo, dann saß sie im Packeis fest. Anders als die *Fram* hatte die *Terra Nova* keinen zeitgemäßen Dieselmotor bekommen, sondern wurde weiter mit Dampf betrieben. Das Aggregat musste immer unter Feuer gehalten werden, um gegebenenfalls schnell reagieren zu können, falls sich plötzlich eine Fahrrinne durchs Eis auftat. Löschte man jedoch das Feuer und versuchte, auf diese Weise Brennstoff zu sparen, musste der Kessel erst wieder umständlich angeheizt werden. Wäre die Maschine dann einsatzbereit, so hätten sich die Verhältnisse vielleicht schon wieder geändert und Dutzende Tonnen Kohle wären ebenfalls nutzlos durch den Schornstein gejagt worden.

Scott machte die Warterei im Packeis sichtlich zu schaffen, und er haderte mit seinem Schicksal: »Ich kann mir wenige Dinge vorstellen, die die Geduld auf eine härtere Probe stellen als die langen Tage, die mit bloßem Warten verstrichen«, vertraute er seinem Tagebuch an. Er sah sich von Pech verfolgt. Nur eine Abwechslung boten diese Tage im Eis: Dann und wann gingen die Männer von

Scotts Schiff machte früher als erwartet Bekanntschaft mit dem Packeis (Aufnahme vom 13. Dezember 1910).

Kap Crozier, die Ostspitze der Rossinsel, für die sich Scott eigentlich als Landungs- und Überwinterungsort entschieden hatte, kam wegen zu starken Seegangs nicht infrage (Foto vom 3. Januar 1911).

Bord und übten sich unter Anleitung von Tryggve Gran im Gebrauch der Skier – wobei sie sich kaum besser anstellten als ihre Kameraden von der *Discovery* neun Jahre zuvor. Drei lange Wochen hielt das Eis die *Terra Nova* gefangen, dann gelangte das Schiff endlich wieder in offene Gewässer und konnte seine Fahrt nach Süden fortsetzen. Am Neujahrstag des Jahres 1911 kamen die Bergspitzen der Antarktis in Sicht, einen Tag später gewahrte man an Bord den Mount Erebus mit seiner charakteristischen Rauchfahne. Doch Scotts Pechsträhne hielt an. Er hatte gehofft, am Kap Crozier, der Ostspitze der Rossinsel, überwintern zu können, von wo aus es einen direkten Zugang zur Eisbarriere gab. Aber der Seegang war an dieser Stelle zu stark; an eine Landung war nicht zu denken. Also musste die *Terra Nova* weiter westwärts fahren, zum altbekannten Gebiet des McMurdo-Sunds.

Als das Schiff am 4. Januar in die von der *Discovery*-Expedition vertrauten Gewässer einfuhr, fand Scott den Sund zu seiner großen Überraschung weitgehend eisfrei. Ihm bot sich deshalb eine beträchtliche Zahl an Überwinterungsplätzen. Nach einigem Zögern entschied er sich für einen Punkt, der zu Zeiten der *Discovery* wegen der dort nistenden Skua-

Kap Evans: Skuas, Raubmöwen, fallen über einen toten Pinguin her. Die Ponys im Hintergrund hatten sich rasch akklimatisiert.

Bizarre Szenerie: Die am Kap Evans im Eis »festgekrallte« *Terra Nova* vor dem Löschen der Ladung.

Möwen als »The Skuary« bekannt war und der jetzt »zu Ehren unseres hervorragenden stellvertretenden Kommandanten« in »Kap Evans« umbenannt wurde. Der Platz bot den Vorteil, dass er in der Nähe der offenen See lag und so gegebenenfalls leicht von Versorgungsschiffen erreicht werden konnte. Allerdings befand er sich gut 25 Kilometer nördlich der alten *Discovery*-Hütte am Hut Point, von wo aus man auf direktem Weg zur Eisbarriere gelangte. Kap Evans war von Hut Point durch eine Bucht getrennt, die von einer Gletscherzunge des Mount Erebus in zwei Hälften geteilt wurde. Der Weg über Land, das wusste Scott, würde wegen des felsigen und vereisten Terrains am Fuß des Vulkankegels kaum möglich sein. So würde nur der Weg über das Meereis der Bucht bleiben, von dem Scott aufgrund seiner Erfahrungen aus der Zeit der *Discovery* jedoch annahm, dass es lange genug halten würde, um als Verbindungsweg nach Hut Point und damit zur Schelfeisplatte dienen zu können.

Zunächst wurde das Schiff mit Eisankern an der Kante des Meereises festgemacht, und die Männer begannen sofort damit, die Ladung der *Terra Nova* zu löschen. Bald standen zwei der drei Motorschlitten auf dem Eis,

Das Entladen der *Terra Nova* mittels der von Expeditionsmitgliedern gezogenen Schlitten verlief auf zunehmend brüchigem Eis mitunter überhastet und chaotisch.

wenig später auch die Ponys und die Hunde. Man hatte erwartet, dass die Pferde von den widrigen Umständen der Reise geschwächt sein würden, doch sie tollten und tobten vergnügt herum. Auch die Hunde waren kaum zu bändigen. »Schuld daran waren die maßlos dummen Pinguine, die in Scharen auf unser Eisfeld losschossen«, notierte Scott in sein Tagebuch. »Mit dem Kopf in der Luft hin und her stoßend, watschelten sie heran, voll verzehrender Neugier und stumpfsinniger Gleichgültigkeit gegen die heulenden Hunde, die an ihren Leinen zerrten und zu ihnen hinstrebten. Hallo!, schienen die Pinguine zu sagen, das ist toll – was wollt ihr lächerlichen Geschöpfe bei uns? Lasst euch mal anschaun! Dann kamen sie näher, und wenn die Hunde, so weit die Leinen nachgaben, auf sie zusprangen, sträubten sie das Gefieder, aber nicht aus Furcht, sondern nur aus Ärger, und in einer Haltung, als ob sie einem unmanierlichen Fremden den Standpunkt klarmachen wollten, schienen sie zu schreien: Oho! Ihr seid ja eine saubere Sorte! Da seid ihr aber an die Unrechten gekommen! Wir lassen uns nicht verblüffen! Noch ein paar Schritte näher – ein Sprung – ein Aufschrei – und ein gräulicher roter Fleck auf dem Schnee ist das Ende.«

Gut drei Kilometer mussten Ausrüstungsgegenstände und Vorräte über das Eis bis zum felsigen Strand von Kap Evans transportiert werden, an dem die Winterhütte aufgebaut werden sollte. Pausenlos waren Motor-, Pferde- und Hundeschlitten im Einsatz. Dennoch verlief der Transport mitunter chaotisch, da die Motorschlitten weniger Last befördern konnten als erhofft und sich die Ponys mal störrisch zeigten, ein anderes Mal mitsamt den Gespannen durchgingen. Zudem begann das Eis bald immer brüchiger zu werden und schließlich an einigen Stellen sogar zu tauen. »Wir haben uns diesem morsch werdenden Eis vielleicht doch etwas unvorsichtig mit unserer ganzen Habe anvertraut«, schrieb Scott am 7. Januar in sein Tagebuch und gab die Anweisung, schneller zu arbeiten.

Doch schon am nächsten Tag passierte das Unglück: Als die Mannschaft den dritten Motorschlitten aus dem Schiff gehievt hatte, gab das Eis unter seiner Last nach. Die Männer versuchten, das Gefährt mit einem Tau an der Oberfläche zu halten, doch einer nach dem anderen musste loslassen, wollte er nicht selbst ins eisige Wasser gezogen werden. Der Motorschlitten kippte nach hinten weg und verschwand in den Tiefen des McMurdo-Sunds. Eines der Geräte, auf die Scott so viele Hoffnun-

Der dritte Motorschlitten, der später in den eisigen Fluten des McMurdo-Sunds versinken sollte, wird von der *Terra Nova* gehievt (8. Januar 1911).

»Es war viel komfortabler als vermutet…«: Auch bei der Errichtung der Holzhütte für das Landungsteam wurden die hierarchischen Vorschriften der Navy strikt befolgt.

gen gesetzt hatte, war damit unwiederbringlich verloren, und mit ihm versanken Tausende von Pfund – ein nicht geringer Teil des Geldes, das Scott in den vorangegangenen anderthalb Jahren so mühsam zusammengekratzt hatte.

Nach zwei Wochen fieberhafter Arbeit stand schließlich die Hütte, die das Landungsteam aufnehmen sollte. Es war ein Holzbau von etwa 15 Meter Länge, 7,50 Meter Breite und 2,75 Meter Raumhöhe. Die Seitenwände waren doppelt, die Dachbalken dreifach mit Brettern verschalt und mit abgestepptem Seegras isoliert. Auch der Fußboden war doppelt ausgeführt und mit Seegras und Filz abgedichtet; die oberste Schicht bestand aus einer Lage Linoleum. Man betrat das Gebäude durch eine Verandatür und gelangte dann durch eine weitere Tür in das Innere. Den Vorschriften der Navy entsprechend war das Gebäude in einen Raum für die Offiziere und Wissenschaftler und einen für die Mannschaftsdienstgrade unterteilt. Die dünne Trennwand zwischen den zwei Bereichen reichte freilich nicht einmal bis zur Decke; deshalb konnte die jeweils eine Seite immer hören, was auf der anderen vorging. Die 25 Mann des

Ankunft in der Antarktis

Die russische Novo Airbase ist, wie fast alle älteren Stationen in der Antarktis, zunächst nichts mehr als eine Ansammlung von Containern auf Stelzen und größeren Zelten. In diesem Jahr stecken zusätzlich zwei Flaggen im Schnee, welche die Plätze für das österreichische und das deutsche Zelt markieren – die die Teams natürlich erst einmal auf dem ewigen Eis aufbauen müssen. Damit hat die Antarktisexpedition endgültig richtig begonnen.

Am meisten freuen sich aber alle auf das Essenszelt, in dem der russische Koch schon mit einem deftigen Eintopf wartet. Der Kontakt zu den ständigen Bewohnern der Station bleibt auf ein freundliches Nicken reduziert, aber es treffen noch andere Expeditionen ein, deren Mitglieder – sofern auf der Rückreise – von ihren Erlebnissen berichten. Vor allem die Erzählungen von schlechtwetterbedingt abgebrochenen oder geänderten Routen erhöhen die Anspannung. Doch fällt es auf, dass die Rückkehrer zwar alle recht erschöpft aussehen, immer jedoch mit leuchtenden Augen ihre noch frischen Eindrücke schildern.

Der Aufenthalt in Novo markiert gleichzeitig den Beginn der Akklimatisierung, für die sich jeder Antarktisreisende Zeit nehmen muss. Novo liegt zwar

Die erste Nacht bei minus 20 Grad: Das Zelt des österreichischen Teams in Novo.

Hermann Maier im Essenszelt der russischen Antarktisstation.

noch Meereshöhe, aber auch an die dauernd scheinende Sonne, das eisige Umfeld sowie das Gefühl, tausende Kilometer von jeglicher festen menschlichen Behausung entfernt zu sein, müssen sich die Wettläufer sich erst einmal gewöhnen. Immerhin gibt es noch dreimal am Tag eine Mahlzeit im Zelt, eine Toilette im Container – allerdings ohne Wasserspülung. Die Temperaturen bewegen sich zunächst nicht unter minus 20 Grad. Die »Mittagszeit«, wenn die Sonne nur begrenzt höher am Horizont steht, fühlt sich interessanterweise etwas wärmer an. Was die Uhrzeit betrifft, so orientieren sich die Stationen in der Antarktis an ihrer jeweiligen Versorgungsbasis, Novo also an Kapstadt, sodass sich die Teams in einer europäischen Zeitzone bewegen. Ein richtiges Gefühl für Tag und Nacht sollte den Polfahrern aber bald verloren gehen.

Landungsteams waren als Dreier- oder Vierergruppen in etwa drei Quadratmeter großen Alkoven untergebracht, nur Scott beanspruchte einen solchen Raum für sich allein. Jede freie Ecke war mit den Arbeitsgeräten der Wissenschaftler vollgestopft; zur Unterhaltung gab es ein Grammofon und ein Pianola.

Die Ponys brachte man in einem seitlichen Anbau unter. Hinter der Hütte wurden zwei Höhlen in einen Eishang gehauen, die Vorräte und Messgeräte beherbergten. »Wir begannen unser Leben in der Hütte am 18. Januar«, notierte Apsley Cherry-Garrard, einer der Freiwilligen, die 1000 Pfund für die Reise in die Antarktis hingeblättert hatten. »Es war wunderbar warm, das Grammophon lief, und jedermann war glücklich. ... Es war viel komfortabler als vermutet, zumal wenn man es an der populären Vorstellung eines Polarlebens misst. Wir waren jetzt gänzlich angekommen.« Cherry-Garrard gehörte jedoch auch zu jenen, die sich mit Sorge fragten, wo Amundsen jetzt wohl sein würde.

Ein Haus auf dem ewigen Eis

Auf der *Fram* hatte man nach 14 000 Seemeilen Fahrt ohne Zwischenstopp am 11. Januar erstmals die weiße Wand der Großen Eisbarriere gesichtet. Obwohl das norwegische Schiff nur knapp halb so viel Ladung aufnehmen konnte wie das britische, war die *Fram* mit ihren 19 Mann Besatzung doch weniger überladen als die *Terra Nova*, auf der insgesamt 65 Mann Dienst taten. Der neue Dieselmotor der *Fram* sparte nicht nur Platz; er konnte auch von einem einzigen Matrosen bedient werden. Im Vergleich zur *Terra Nova* waren die Mannschaftsunterkünfte schon fast komfortabel zu nennen. Auch die Norweger hatten ihre Hunde zunächst an Deck untergebracht. Als sich die Tiere nach einigen Wochen an die Umstände der Reise gewöhnt hatten, wurden sie jedoch losgebunden, man nahm ihnen die Maulkörbe ab, und sie konnten sich frei an Bord bewegen. Da das Schiff für die Fahrt durchs Eis konstruiert wurde, schlingerte die *Fram* auf offener See wie eine Nussschale dahin; doch immerhin konnte ihr auch der stärkste Seegang nichts anhaben.

Auf der *Fram*: Amundsen und der Seilmacher Martin Rønne in Gesellschaft einiger Hunde. Das aufgespannte Sonnensegel spendet Mensch und Tier wohltuenden Schatten.

Im Maschinenraum der *Fram*: Für Wartung und Pflege des neuen Dieselmotors waren nur wenige Maschinisten erforderlich.

Hatte die *Terra Nova* drei Wochen im Packeis festgelegen, so war der *Fram* mit ihrem Dieselmotor und eismeererfahrenen Seeleuten an Bord die Durchfahrt in weniger als vier Tagen gelungen. Nun musste der zuvor von Amundsen ausgewählte Landeplatz gefunden werden. Er hatte sich für ein geradezu revolutionäres Konzept entschieden: Er würde sein Lager nicht auf festem Land errichten, sondern direkt auf dem Eisschild des Ross-Schelfeises. Das hatte bis dahin noch niemand gewagt, brach das Eis an der Meereskante doch permanent ab, stürzte ins Wasser und trieb als gewaltiger Eisberg hinaus in die offene See. Amundsen jedoch suchte einen bestimmten Ort, der von allen Forschern seit James Clark Ross, der als Erster die Barriere entlanggesegelt war, immer wieder beschrieben wurde: eine Bucht im östlichen Bereich des Schelfeises hin zum King Edward VII.-Land. An dieser Stelle war Borchgrevink angelandet und einige Meilen Richtung Süden gefahren. Hier hatte die Besatzung der *Discovery* 1902 ihren Beobachtungsballon steigen lassen, was dem Ort den Namen »Balloon Bight« eintrug. Als Shackleton 1908 an die Stelle zurückkehrte, hatte sich zwischenzeitlich zwar ein großer Eisblock gelöst und die »Ballonbucht« überdeckt. Dadurch war jedoch eine neue, größere Bucht entstanden. Er nannte sie »Bay of Whales«, Bucht der Wale, weil er in diesem Bereich viele der großen Meeressäuger beobachtet hatte.

Amundsen hatte die Literatur zu dieser Bucht genau studiert und war zu dem Ergebnis gekommen, »dass das keine zufällige Bildung sein konnte. Was einst im Morgen der Zeiten den mächtigen gewaltigen Eisstrom an dieser Stelle aufgehalten und in der Eisplatte, die sonst fast ganz gerade dahinstreicht, eine feste Bucht gebildet hat, ist keine flüchtige Laune einer furchtbaren Macht gewesen, die dahergebraust kam, sondern etwas ganz anderes, etwas, das fester war als das feste Eis, nämlich festes Land.« Zwar hatte er, wie man heute weiß, unrecht mit seiner Annahme, dass sich unter der Bay of Whales Festland befindet. Doch in der Tat ist die Bucht im Schatten einer im Schelfeis gelegenen Insel weniger Bewegungen ausgesetzt als die übrige Schelfeiskante und damit nach menschlichen Zeitmaßstäben fast eine Dauererscheinung.

Am 12. Januar hatte die *Fram* die Bay of Whales entdeckt, doch die Zufahrt war von großen Eisschollen versperrt. Als hätten diese die Bucht bis zur Ankunft des Schiffes bewachen wollen, setzten sie sich am darauf fol-

Die in der Bay of Whales verankerte *Fram*: Die handkolorierte Aufnahme vom Januar 1911 lässt die kalte Schönheit des Orts erahnen.

genden Tag in Bewegung und gestatteten der *Fram* am 14. Januar die Einfahrt. »Da liegt sie nun, die Barriere, so wie sie wahrscheinlich schon seit Jahrtausenden daliegt, und badet sich in den Strahlen der Mitternachtssonne«, schrieb Amundsen zur Ankunft in sein Tagebuch. »Es scheint, als schliefe die Prinzessin noch in ihrem kristallenen Schloss. Wenn es uns doch gelänge, sie zu wecken.« Die *Fram* wurde am Eisrand festgemacht, und der Kapitän brach mit drei Begleitern zu ersten Erkundungen auf. Ursprünglich hatte Amundsen beabsichtigt, das Winterlager fast 30 Kilometer landeinwärts zu errichten, um sicherzugehen, nicht vielleicht doch auf einem Eisberg ins Meer hinausgetrieben zu werden. Doch die vorge-

Robbenjagd vor der Kulisse des Ross-Schelfeises: Das Fleisch der erlegten Tiere wurde als Wintervorrat eingelagert.

fundenen günstigen Bedingungen ließen ihn von diesem Plan abrücken. Nur gut vier Kilometer vom Ankerplatz der *Fram* entfernt wurde in einem kleinen Talkessel der Bauplatz markiert und der Weg zum Schiff mit Fähnchen gekennzeichnet. Das Ausladen begann.

Als der erste Transportschlitten bereitstand, wollte es sich der »Chef« natürlich nicht nehmen lassen, vor den Augen seiner Crew die Jungfernfahrt hinauf zum Eisschild zu unternehmen. Doch die Hunde schienen nach einem halben Jahr an Bord kein Verständnis dafür zu haben, dass nun wieder Arbeit von ihnen verlangt wurde. Wie auf ein Kommando legten sie sich in den Schnee und beäugten sich gegenseitig erstaunt. Als

Amundsen schließlich zur Peitsche griff, wurde alles nur noch schlimmer: »Anstatt zu tun, was ihnen befohlen war, stürmten sie in erbittertem Kampf aufeinander los. Herrgott im Himmel, war das an diesem Tag eine Schinderei mit den acht Hunden! Wenn es so bis zum Pol weitergeht, rechnete ich während des Tumults im Stillen aus, dann brauchen wir gerade ein Jahr, bis wir hingelangen. Während des ganzen Scharmützels warf ich einen verstohlenen Blick auf meine Kameraden an Bord. Aber ich wendete meine Augen eiligst wieder ab. Was ich sah, war nicht gerade erbaulich. Schadenfreude auf allen Gesichtern!« Mit vereinten Kräften gelang es schließlich doch, den Schlitten in Bewegung zu setzen. Ihre vollständige Leistungskraft sollten die Hunde aber erst erlangen, als Amundsen sie nach einigen Tagen anders anschirren ließ. Er hatte die in Alaska übliche Methode übernommen, die Hunde paarweise an ein Mittelseil festzumachen. Da es sich jedoch um grönländische Hunde handelte, waren sie es gewöhnt, fächerförmig von einem zentralen Befestigungspunkt aus zu ziehen. Die Geschirre wurden umgearbeitet, und die Hunde zogen fortan tadellos.

Nach anfänglichen Schwierigkeiten mit den Hunden verlief die Beförderung der Ladung vom Schiff zum Lagerplatz reibungslos.

Durchschnittlich zehn Tonnen Ladung schlugen die Schlittengespanne jetzt am Tag um. Bergauf zum Lagerplatz liefen die Treiber auf Skiern neben den Schlitten her; bergab setzten sie sich auf die leeren Schlitten und jagten in wilder Fahrt zum Schiff hinunter. Nach jeweils fünf Stunden wurden die Gespanne ausgewechselt, und die Hunde bekamen ihren verdienten Lohn in Form von frischem Robbenfleisch. Es fiel den Männern nicht schwer, für permanenten Nachschub an Frischfleisch zu sorgen, da Robben und Pinguine, die bis dahin niemals Menschen oder Hunde zu Gesicht bekommen hatten, sich gegenüber den Eindringlingen vollkommen arglos zeigten. »Wir leben wie im Schlaraffenland«, schrieb Amundsen am 18. Januar in sein Tagebuch. »Die Robben kommen bis ans Schiff heran, Pinguine bis ans Zelt und lassen sich schießen.« Über 200 Robben und ebenso viele Pinguine wurden in diesen Tagen erlegt und als Wintervorrat in einen ins Eis gehauenen Keller eingelagert.

Unterdessen ging der Aufbau der Hütte voran. Für Amundsens Zimmermann Jørgen Stubberud war dies eine völlig neue Erfahrung, denn niemals hatten Menschen ein festes Gebäude auf einem Eisschild errich-

Die Errichtung von »Framheim«: Diese phantasievolle farbige Illustration von Andreas Bloch fand 1912 als Postkarte in Norwegen reißenden Absatz.

Ein Dampfbad war der ganze Stolz der Framheim-Bewohner.

tet. Zur Vorsicht grub er den Bauplatz 1,20 Meter in die Eisplatte hinein, was eine außerordentlich kraftraubende Arbeit war – zum einen, weil das Eis steinhart gefroren war, zum anderen, weil die Baugrube immer wieder von Treibschnee zugeweht wurde. Dennoch stand schon nach fünf Tagen der Rohbau, und bereits eine Woche später konnte der Landungstrupp in die Hütte einziehen. Da das norwegische Team mit neun Mann nicht einmal halb so groß war wie das britische, fiel auch die Behausung der Skandinavier bescheidener aus – die Hütte war nur etwa fünf Meter lang und vier Meter breit. Die Wände bestanden aus vier dicken Schichten Holz, zwischen die zur Isolation Pappe geklemmt wurde. Eine Trennung zwischen »Offizieren« und »Mannschaft« gab es nicht. Jeder hatte seine Koje; der Rest der Hütte, der vor allem aus einem großen Klapptisch bestand, der praktischerweise beim Putzen unter die Decke gezogen werden konnte, stand allen zur Verfügung. Unter dem Schrägdach waren die Dinge untergebracht, die keine Kälte vertrugen, wie eingemachtes Gemüse, Arzneimittel oder Saftflaschen; außerdem die Bücher der Bibliothek, sorgsam durchnummeriert von 1 bis 80.

Rund um die Hütte wurden 14 Sechzehn-Mann-Zelte aus Armeebeständen aufgebaut, in denen die Hunde ausreichend vor Wind und Kälte geschützt waren. Im Laufe des Winters wurde die Hütte immer weiter vom Schnee zugeweht, sodass schließlich nur noch der Schornstein zu sehen war. In den folgenden Wochen gruben die Bewohner, die ihrer kleinen Siedlung den Namen »Framheim« gaben, dann noch zahlreiche miteinander verbundene Gänge in das Eis und richteten dort ausgedehnte Vorratslager, verschiedene Werkstätten und sogar ein Dampfbad ein. »Hier auf der gleichen Eisbarriere, wo Shackleton Gott dafür dankte, dass er nicht an Land gegangen war, haben wir unser Haus aufgeschlagen, hier werden wir unser Heim haben«, trug Amundsen anlässlich des Einzugs in Framheim in sein Tagebuch ein. »Nicht einer von uns hält das für irgendwie gefährlich. Die Zukunft wird zeigen, ob wir recht haben.«

Jedenfalls befand sich Framheim einen ganzen Breitengrad, also etwa 110 Kilometer, näher am Pol als Scotts Basis am Kap Evans und erwies sich dank seiner Lage auf dem Schelfeis als ideale Ausgangsbasis für den direkten Weg nach Süden. Scotts Männer dagegen mussten erst einmal nach Hut Point kommen und dann die Eisbarriere erklimmen. Immerhin hatten die Engländer den Vorteil, dass sie in den ausgetretenen Pfaden von Shackleton wandern konnten. Die Norweger dagegen betraten völliges Neuland. Sie wussten nicht, welche Hindernisse sich ihnen auf dem Weg zum Pol entgegenstellen würden.

Die Depotreisen beginnen

Die problematische Lage von Scotts Basis am Kap Evans sollte schon bald deutlich werden. Der kritische Punkt war das Meereis, das die Männer auf ihrem Weg zum Eisschild nutzen mussten. War schon der Verlust des dritten Motorschlittens ein Warnzeichen auf den zunehmend bedenklichen Zustand des Untergrunds gewesen, so spitzte sich die Lage in der dritten Woche nach der Landung immer mehr zu. Am 15. Januar war Scott mit einem Hundegespann zur alten *Discovery*-Hütte am Hut Point aufgebrochen, fand die Behausung jedoch in einem wenig einladenden Zustand: Die Tür war zugeweht, ein Fenster offen und die Hütte deshalb voller Schnee und Eis, überall lag Dreck herum. Im Stillen verfluchte Scott einmal mehr seinen Konkurrenten Shackleton, der die Hütte während seiner Polexpedition genutzt hatte: »Kisten voller Exkremente wurden in der Nähe der Vorräte gefunden, und Schmutz ähnlicher Art lag dick unter der Veranda«, trug er wütend in sein Tagebuch ein. »Es ist schon seltsam, wenn man sich vorstellt, dass Menschen so fürchterlich und mit einem solchen Mangel an Rücksicht auf andere, die nach ihnen kommen, gehaust haben können.« Zurückgekehrt nach Kap Evans, musste Scott

Unvorhergesehenes Chaos: Weil das Meereis in der Erebus-Bucht rapide schmolz, mussten viele Vorräte, die mühsam ins Scott-Lager geschafft worden waren, nun eiligst zurück auf die *Terra Nova* befördert werden (23. Januar 1911).

jedoch bald erkennen, dass die alte Hütte die beste Basis gewesen wäre, von der aus man die geplanten Depotfahrten auf das Schelfeis hätte bewerkstelligen können.

Denn als er am Morgen des 23. Januar erwachte, wurde das Meereis in der Erebus-Bucht in großen Schollen aufs Meer hinausgetrieben. Der Weg nach Süden war damit nahezu abgeschnitten. »Als ich mir darüber klar geworden war, wurde Hand angelegt und alles ging mit Dampf. Das Futter, sämtliche Schlitten, unsere ganze Ausrüstung, selbst die Hunde und Ponygeschirre wurden auf das Schiff gebracht«, so Scott. Das hieß nichts weniger, als dass viele der Sachen, die in den Tagen zuvor so mühsam entladen und zur Hütte geschafft worden waren, nun in höchster Eile zurück auf die *Terra Nova* gehievt wurden – nur, um wenige Meilen nach Süden gefahren und dort erneut ausgeladen zu werden: eine wahre Sisyphosarbeit. Nur die Ponys wurden auf eine äußerst ungewisse Reise über Land und die letzten Reste des verbliebenen Eises geschickt. »Man flüstert ein Gebet, dass die Straße für die wenigen verbliebenen Stunden hält«, notierte Scott. In der Tat glich die ganze Aktion einem Himmelfahrtskommando.

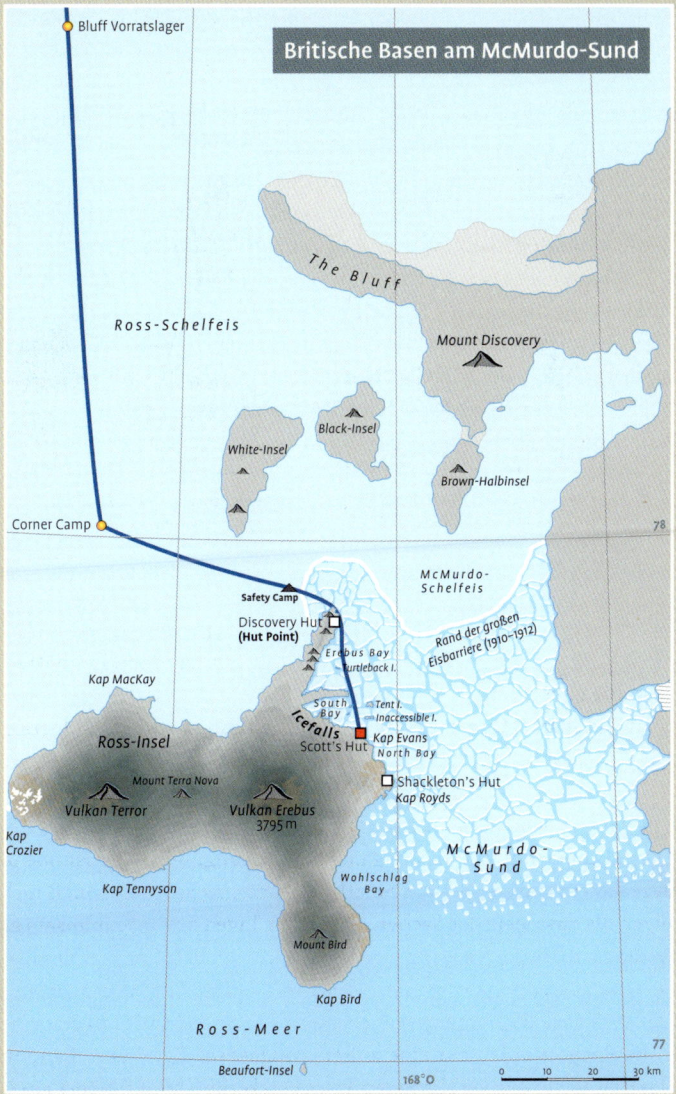

Bluff Vorratslager

The Bluff

Ross-Schelfeis

Mount Discovery

Black-Insel

White-Insel

Brown-Halbinsel

78

Corner Camp

McMurdo-Schelfeis

Safety Camp

Rand der großen Eisbarriere (1910–1912)

Discovery Hut (Hut Point)

Erebus Bay

Turtleback I.

Kap MacKay

South Bay

Tent I.

Inaccessible I.

Ross-Insel

Icefalls

Kap Evans

Scott's Hut

North Bay

Shackleton's Hut

Kap Royds

Mount Terra Nova

Vulkan Terror

Vulkan Erebus
3795 m

Kap Crozier

McMurdo-Sund

Kap Tennyson

Wohlschlag Bay

Mount Bird

Kap Bird

Ross-Meer

77

Beaufort-Insel

168°O

0   10   20   30 km

Die Karte zeigt die problematische Lage des britischen Basislagers am Kap Evans: Um auf das Ross-Schelfeis zu gelangen, mussten erst etwa 25 Kilometer auf dem Meereis überwunden werden.

»Wir verließen das Lager in einem Zustand des Gehetztseins, der an Panik grenzte«, erinnerte sich Cherry-Garrard, einer der Ponyführer. »Es war notwendig, die Ponys zwischen den Lavabrocken hinaufzuführen, die auf dem Steilhang des Erebus lagen, und sie von dort einen Trümmerhang hinunter zum Eis zu schieben, das dort noch verblieben war. Tatsächlich löste sich auch das am darauf folgenden Tag und schwamm davon.«

Auf einem Eisrest südlich der Gletscherzunge trafen die beiden Gruppen wieder glücklich aufeinander und hatten nun, ehe auch noch die letzten Reste des Eises verschwunden waren, die Ladung der *Terra Nova* in ein eilends improvisiertes Lager am Rande der Eisbarriere zu schaffen. Diese Arbeit nahm weitere vier Tage in Anspruch, während denen die Männer in Zelten auf dem Eis übernachten mussten. Obwohl sie danach fast alle vollkommen ausgelaugt und erschöpft waren, sollte nach Scotts Willen nun umgehend damit begonnen werden, entlang der Route über das Schelfeis Depots für die Tour zum Pol anzulegen.

Diese Vorratslager stellten in der Eiswüste der Antarktis einen überlebenswichtigen Faktor dar. Fast 1400 Kilometer Luftlinie, eine Strecke wie von Hamburg bis nach Rom, waren von Hut Point bis zum Pol zu überwinden – eine viel zu große Distanz, als dass man alle notwendigen Vorräte hätte mit sich führen können. An strategisch wichtigen Punkten mussten deshalb vor Einbruch des antarktischen Winters erhebliche Mengen Nahrung, Tierfutter und Brennstoffe eingelagert werden, auf die man dann einige Monate später während des Marschs zum Pol zurückgreifen konnte.

Zwei Tage vor dem geplanten Aufbruch teilte Scott den Offizieren bei einer Besprechung seinen Entschluss mit, mit Proviant für fünf Wochen loszuziehen und nach 12 bis 13 Tagen ein großes Depot mit einem Vorrat für zwei Wochen anzulegen. Am Vormittag des 2. Februar setzte sich die Karawane mit 13 Mann, acht Ponys und 26 Hunden erstmals in Bewegung. Wie auch an den darauf folgenden Tagen zogen zunächst die von den Ponys gezogenen Schlitten los, da sie stets langsamer vorwärts kamen als die Hunde. Nach einiger Zeit machten sich dann auch die Hundeschlitten auf den Weg, um, so die Hoffnung, zur gleichen Zeit wie die Ponys an zuvor festgelegten Haltepunkten einzutreffen. Doch das klappte nur selten; Missverständnisse und Verwirrung waren an der Tagesordnung.

Wie sich rasch zeigte, hatten vor allem die Ponys auf dem weichen und nachgiebigen Boden des Schelfeises große Probleme: Immer wieder versanken sie im tiefen Schnee, und die Schlitten kamen kaum einen Meter voran. Die Verwendung von Ponyschneeschuhen, mit Bambus umwickelten Drahtgeflechten, wirkte in dieser Lage wahre Wunder. Leider war beim hektischen Aufbruch von Kap Evans jedoch gerade mal ein Paar eingepackt worden, und einem hastig zurückgeschickten Trupp blieb nur die Feststellung, dass das Eis im McMurdo-Sund inzwischen ganz weggeschmolzen und die Verbindung zum Basislager damit endgültig unterbrochen war. »Es muss nun also ohne Ponyschuhe gehen!«, gab sich Scott optimistisch, doch wurde er bald eines Besseren belehrt.

Die Gruppe kämpfte sich zunächst nach Osten bis auf die Höhe von Kap Crozier voran, weil Scott auf dem direkten Weg nach Süden zahlreiche Gletscherspalten im Schelfeis fürchtete, das in diesem Bereich an die Landmassen der Rossinsel und des Royal-Society-Gebirges stößt und damit erhöhten Belastungen ausgesetzt ist. Bei einer als »Corner Camp« bezeichneten Stelle sollte dann südlich abgebogen werden. Ehe es jedoch so weit war, hielt ein Schneesturm die Gruppe drei Tage in ihren Zelten gefangen. »Es bläst ein wilder Sturm; die Luft ist voll von fallendem Schnee, und der Wind treibt die Flocken durch die Luft und fügt sie dem losen Schnee hinzu, der auf der Oberfläche der Barriere liegt«, schilderte Cherry-Garrard seine Eindrücke von dem »rasenden Chaos« dieser Tage. »Verlässt du das Zelt nur ein paar Schritte, bist du verloren. Man verliert den Orientierungssinn, und es gibt keinen Weg mehr zurück. Setzt man Gesicht und Hände dem Wind aus, so werden sie sehr bald erfroren sein.« Während sich die Hunde am Boden zusammenrollten und den Blizzard vollkommen unbeschadet überstanden, hatten einmal mehr die Ponys zu leiden, die Schnee und Wind nahezu ungeschützt ausgesetzt waren. Immer wieder versuchten die Männer, die Tierkörper mit Stroh trocken zu reiben, doch das war längst ebenfalls nass. Der Zustand der Ponys wurde zunehmend kritischer.

Scott hatte in den Einsatz der Ponys große Hoffnungen gesetzt, weil Shackleton mit ihrer Hilfe so nahe an den Pol herangekommen war. Allerdings hatte er übersehen, dass Shackletons letztes Pony schon weit vor dem Polarplateau verendet war. Das Problem bei den Ponys bestand nicht nur darin, dass sie den klimatischen Bedingungen der Antarktis kaum gewachsen waren – es wuchs hier auch kein Futter für sie. Während sich die Hunde an Robben und Pinguinen nach Herzenslust satt fressen konnten, musste das Pferdefutter, zu Ballen gepresster Weizen, stets extra mitgeführt werden.

Die Art und Weise, wie das Expeditionsteam zu seinen Ponys gekommen war, warf zudem ein bezeichnendes Licht auf die mitunter unverständliche Leichtfertigkeit, die Scott selbst bei zentralen Punkten seiner Planung an den Tag legte. Als ausgewiesener Pferdenarr sollte sich Oates um den Kauf der mandschurischen Ponys kümmern. Weil man ihn jedoch aufgrund seines Humors und seiner Fähigkeit zu schwerer körperlicher Arbeit schon im Vorfeld der Reise im Kameradenkreis schätzen lernte, überredete Scotts Stellvertreter Teddy Evans seinen Chef, den beliebten Oates nicht nach Russland zu schicken, sondern ihn von Anfang an an Bord der *Terra Nova* zu behalten. Die Besorgung der Pferde übernahm nun Cecil Meares, eine ebenso schillernde wie undurchsichtige Persönlichkeit. Der Sohn eines Armeeoffiziers sprach mehrere Sprachen, hatte in verschiedenen Kriegen rund um den Erdball gekämpft, sein Glück eine Zeit

Im Umgang mit Hunden war er ein Experte, doch von Pferden hatte er keinen blassen Schimmer: Cecil Meares an Bord der *Terra Nova*, umringt von Mitgliedern seines »Rudels«.

lang als Pelzhändler versucht und den größten Teil seines Lebens im Fernen Osten Russlands verbracht. Niemand wusste, was genau er dort getrieben hatte, doch immerhin kannte er sich mit Hunden aus. Für den Kauf von Huskies war er der richtige Mann; den Wert von Pferden dagegen konnte er nicht beurteilen. Scott hatte ihm mit auf den Weg gegeben, nur weiße Ponys zu erwerben, da sich bei Shackletons Expedition Schimmel widerstandsfähiger gezeigt hatten als dunkle Tiere. Dies schränkte die Auswahl freilich radikal ein – und veranlasste einen abgebrühten Pferdehändler im mandschurischen Harbin, nachdem das Geschäft abgewickelt war, zu einem fast ungläubigen Grinsen. Als Meares mit seiner Menagerie nach mehrwöchiger beschwerlicher Schiffsreise endlich in Neuseeland eingetroffen war, war Oates angesichts des Zustands der Tiere entsetzt, die seiner Meinung nach alle »alte Krücken« waren. In seinem Tagebuch spezifizierte er die Mängelliste des tierischen Elends: »Schmalbrüstig ... X-Beine ... Alt ... Windschlucker ...« und so weiter.

Dennoch wuchsen die Tiere der Mannschaft bald ans Herz: Die Ponys erhielten Kosenamen, und man versuchte, sie gewissermaßen in menschliche Kategorien einzuteilen: Punch und Nobby waren zuverlässige Arbei-

Schon auf den ersten Kilometern der Depotreise Richtung Süden zeigte sich, dass die Ponys den Strapazen nicht gewachsen sein würden.

ter, Blossom und Blücher dagegen zu kaum etwas zu gebrauchen. Christopher und Hackenschmidt fielen vor allem durch ihre Wildheit auf, während Weary Willie, dem »schlappen Willie«, jede Belastung zu viel war und er immer so langsam wie möglich trottete – er war »ohne Zweifel eine Kreuzung aus einem Schwein und einem Maultier«, so Cherry-Garrard.

Als die Kräfte der Ponys auf dem Weg durch Schnee und Eis immer mehr nachließen, machte das insbesondere Scott schwer zu schaffen, da er die Tiere nicht leiden sehen konnte. Der weniger sensible Pferdefreund Oates schlug vor, die Ponys so weit wie möglich nach Süden zu treiben, sie dann zu töten und ihr Fleisch als Nahrung für die Hunde einzulagern, doch Scott lehnte ab. Stattdessen beschloss er nach anderthalb Wochen, die drei schwächsten Pferde mit ihren Führern zurückzuschicken. Wie sich zeigen sollte, war dieser sentimentale Anflug von Tierliebe vergeblich: Blossom verendete unmittelbar nach der Umkehr, Blücher wenige Kilometer weiter, und nur Jimmy Pigg kehrte mehr tot als lebendig wieder nach Hut Point zurück.

Solchermaßen dezimiert, zog Scotts Truppe weiter Richtung Pol, um das geplante Depot am 80. Breitengrad anzulegen. Doch schon nach wenigen Tagen machte das nächste Pony schlapp, diesmal der so geschmähte Weary Willie. Erneut entspannen sich Diskussionen zwischen Oates und Scott, ehe Letzterer schließlich ein Machtwort sprach: »Ich habe genug von dieser Tierquälerei, und ich werde nicht um ein paar Tagesmärsche willen gegen mein Gefühl handeln.« – »Ich fürchte, das werden Sie bereuen, Sir«, antwortete Oates, doch Scott entgegnete: »Bereuen oder nicht, mein lieber Oates, ich habe mich entschieden wie ein Christ.« Diese christliche Anwandlung Scotts sollte sich später als schweres Verhängnis erweisen, denn das sogenannte »One Ton«-Depot wurde nun an Ort und Stelle errichtet, fast 60 Kilometer nördlich des 80. Breitengrads. Das Lager bestand aus nicht viel mehr als einem Schneehügel, in dem Nahrung und Brennstoff vergraben wurden. Als Markierung war ein schwarzer Wimpel an einem Bambusrohr befestigt und auf die Kuppe des Hügels gesteckt worden; außerdem hatten die Männer einige Blechbüchsen aufgestapelt, welche die Strahlen der Sonne reflektieren und Blinkzeichen in die Einöde senden sollten. An diesem Tag herrschte gutes Wetter, und das Depot war tatsächlich schon von Weitem gut zu erkennen. Aber

Die ersten Tage im ewigen Eis

Nach drei Tagen in Novo geht es für die Teams mit Spezialfahrzeugen »querschneeein« 100 Kilometer Richtung Süden, wo die zweite Phase der Akklimatisierung beginnen soll – der Aufstieg auf das Polarplateau. Am Horizont erscheinen die eindrucksvollen Silhouetten von Ulvetanna, Kintanna und Holtanna. Diese Nunataks gehören zu den Spitzen eines Gebirges, dessen höchste Gipfel das kilometerdicke Inlandeis durchstoßen und solchermaßen spektakuläre Granitberge formen, die wie Raketen in der weißen, scheinbar endlosen Gletscherwüste stehen. Eine Traumkulisse für das erste Camp und die ersten Schritte mit Schlitten und Skiern in der Antarktis.

Der erste Tag der Akklimatisierung verläuft recht glatt. Die Rennteams gewöhnen sich an ihre etwa 60 Kilogramm schweren Schlitten und das Gefühl, immer wieder von Schneeverwehungen, den sogenannten Sastrugi, aufgehalten zu werden. Aber der Weg ist eben, sie befinden sich erst auf ungefähr 1700 Meter Höhe, und es ist maximal minus 20 Grad kalt – Traumbedingungen! Doch schon am zweiten Tag sieht die Welt ganz anders aus. Der Wind bläst den Rennteams entgegen, dabei müssen sie 20 Kilometer und rund 300 Höhenmeter zurücklegen. Wegen der Gefahr durch Gletscherspalten müssen die Teams angeseilt vorangehen – eine wichtige Vorsichtsmaß-

Die ersten Schritte in der Antarktis – unter den Augen des Filmteams.

Gar nicht so einfach: Schlittenfahren am Gletscher.

nahme. Auch wenn mit den Expeditionsfahrzeugen nur wenige Tage vorher die Route auf Gletscherspalten überprüft und für sicher befunden wurde, darf kein Risiko eingegangen werden. Die Antarktis ist von einem 2000 Meter dicken Eispanzer bedeckt, in dem sich vor allem in der Nähe der Küsten, dort wo der Gletscher vom Plateau hinunterfwandert, überall unter dem Schnee Gletscherspalten verbergen, die ohne Weiteres ein komplettes Expeditionsfahrzeug verschlucken könnten.

Die Rennteams bekommen einen Vorgeschmack auf die körperlichen Herausforderungen der kommenden Wochen, denn ihre Ausbilder verlangen eiserne Disziplin. Nach nur fünf Minuten Rast pro Stunde heißt es immer: Weiter, weiter. Obwohl sie am Ende des Tages total erschöpft sind, ist ihnen keine Pause vergönnt – was manchem überhaupt nicht gefällt. Doch Frustrationen überwinden zu lernen ist wichtig, bevor das Rennen gestartet wird – dann muss das Team zusammenhalten.

Am nächsten Morgen geht es weiter hinauf – von Erholung kann keine Rede sein. Nachdem der lange Anstieg bereits enorm an den Kräften gezehrt hat, tut sich das deutsche Team bei der sich anschließenden Abfahrt noch schwerer damit, die Schlitten unter Kontrolle zu halten und auf den Beinen zu bleiben. Markus Lanz resümiert: »Was wir hier gemacht haben, führt dich schon an die Grenzen dessen, was du machen kannst – und wenn du jemand bist, der nur irgendwo die leiseste körperliche Schwäche hat, dann wird es hier in dieser Umgebung erbarmungslos offenbar.«

Die letzte Herausforderung während der Trainingsphase bildet ein besonders zerklüftetes Sastrugifeld mit bis zu einem Meter hohen Schneeverwehungen. Den Schlitten darauf ins Gleiten zu bringen, ist nahezu unmöglich, vielmehr können sich die Wettläufer nur in einem Stop-and-go-Modus vorwärtsbewegen. Ständig rutschen ihnen die Schlitten von hinten auf die Skier, ständig müssen die 60 Kilogramm Masse neu in Bewegung gesetzt werden. Die andauernde Ermunterung der Ausbilder, nochmals jedes Stück Gepäck auf seine Notwendigkeit zu überprüfen, wird zunehmend verinnerlicht.

Das Ende der Akklimatisierung wird nach vier Tagen an der mit schwarzen Sandsäcken markierten »Landebahn« erreicht – dem Pick-up-Point der über 60 Jahre alten DC-3, welche die Teams zur Startlinie des Rennens bringen soll. Allerdings verzögert sich der Start der Maschine noch einmal, denn es kommt heftiger Sturm auf, der jeden Flug undenkbar macht. Stattdessen verkriechen sich die Teams in ihre Zelte, um sie nur für das Allernötigste zu verlassen. Doch obwohl der Sturm 24 Stunden lang an den Zeltwänden lautstark

Aufstieg zum Polarplateau: Die Österreicher kämpfen sich voran.

Zum Schutz vor Gletscherspalten müssen die Wettläufer angeseilt gehen.

rüttelt, ist dies eine gute Gelegenheit, sich vor dem Rennstart noch einmal auszuruhen.

Natürlich wird darüber diskutiert, ob es sinnvoll ist, die Akklimatisierungs-phase mit solchen Anstrengungen zu spicken. Markus Lanz und die anderen deutschen Teammitglieder sind darüber nicht glücklich. Im österreichischen Team sieht man es lockerer. »Normalerweise fahre ich mit dem Lift rauf«, meint Hermann Maier, »aber wenn es keinen anderen Weg gibt, dann gehen wir eben rauf.« Die Ausbilder erklären noch einmal, dass es unbedingt erfor-derlich ist, das Hochplateau zu erreichen – und ohne Anstrengungen geht das nicht. »Lieber ein härteres Training und dann ein leichteres Rennen«, lautet ihr Motivationsspruch.

was wäre, wenn man darauf angewiesen sein würde, das Lager bei trübem Licht oder im Schneesturm zu finden?

Einstweilen jedoch machte sich darüber noch niemand Gedanken. Seit dem überstürzten Aufbruch am Kap Evans hatten die Männer 26 Tage fast ununterbrochen gekämpft und waren etwa 240 Kilometer weit vorgestoßen. Die Temperatur war auf fast minus 30 Grad Celsius gesunken; einige litten bereits unter Erfrierungen. Nun wollten sie möglichst rasch mit heiler Haut nach Hut Point zurück – allen voran Scott. Er hatte die Leistungen der Schlittenhunde schätzen gelernt, die den Ponys gegenüber haushoch überlegen gewesen waren. Dies war freilich auch dem Umstand zu verdanken, dass man im Gegensatz zur *Discovery*-Expedition in Meares und dem von diesem in Russland kurzerhand engagierten sibirischen Hundeführer Dmitrij Girev Experten dabeihatte, die in der Lage waren, die Hundeschlitten fachgerecht zu handhaben.

Scott bestimmte deshalb, dass er selbst mit den Hundeteams zurückfahren würde und die drei Treiber mit den fünf Ponys ins Basislager nachfolgen sollten. Während sich die Ponygruppe mit den erschöpften Tieren erneut unter widrigen Umständen anderthalb Wochen lang nach Norden kämpfte, kamen die Hundeschlitten schnell voran und waren schon nach drei Tagen in die Nähe des Corner Camps gelangt. Trotzdem beschloss Scott, seine selbst aufgestellten Vorsichtsmaßregeln außer Acht zu lassen und nicht den vermeintlichen Umweg zum Camp zu nehmen, sondern direkt nach Süden zu fahren – mitten in ein Gebiet mit zahlreichen Gletscherspalten hinein. Es kam, wie es kommen musste: Nachdem die Teams schon mehrere Schneebrücken – kaum belastbare Schneeverwehungen über oft Hunderte von Metern tiefen Gletscherspalten – mit heiler Haut überwunden hatten, versank plötzlich ein Hundeteam in einer Eisspalte. Nur der Leithund konnte sich noch an der Oberfläche halten, die übrigen Hunde baumelten an ihren Geschirren über dem Abgrund. Obwohl es für die Männer lebensgefährlich war, bestand Scott darauf, die Tiere zu retten, und ging schließlich sogar ein geradezu wahnwitziges Risiko ein: Er wollte zwei Hunde, die aus dem Geschirr gerutscht waren, von einem etwa 20 Meter tief gelegenen Eissims bergen. »Scott schlug vor, am Gebirgsseil hinunterzusteigen, um auch sie heraufzuholen«, beschreibt Cherry-Garrard den Zwischenfall. »All seine liebenswürdigsten Instinkte wurden wach, ebenso wie der Gedanke, zwei Tiere aus seinem Team verlieren zu können. Wilson dachte, dass es eine verrückte Idee wäre und sehr gefährlich, und sagte dies auch, fügte allerdings die Frage hinzu, ob, wenn denn schon jemand hinuntermüsse, es nicht besser wäre, dass er anstelle von Scott hinunterginge. Scott aber bestand darauf, selber zu gehen, und so ließen wir das 90 Fuß lange Gebirgsseil hinunter.« Scott hatte Glück: Es gelang ihm, die beiden Hunde zu erreichen und sie zurück an die Oberfläche zu befördern. Mit allen 13 Hunden traf er am nächsten Tag, dem 22. Februar, im Safety Camp am Rand der Eisbarriere ein, begierig, Neuigkeiten vom Schiff zu erfahren, das in der Zwischenzeit eine Erkundungsfahrt im Rossmeer unternommen hatte.

Eine unverhoffte Begegnung

Die *Terra Nova* hatte den McMurdo-Sund am 26. Januar verlassen, nachdem sie die für die Depotreise benötigte Fracht am Eisrand vor Hut Point gelöscht und eine geologische Forschungsgruppe an der Westküste des Sunds gegenüber von Kap Evans abgesetzt hatte. Unter dem Kommando von Oberleutnant Victor Campbell dampfte sie dann nach Osten, um wie vorgesehen beim am östlichen Ende des Ross-Schelfeises gelegenen Edward VII.-Land anzulanden und dieses bis dahin vollkommen unbekannte Gebiet zu erforschen. Starkes Packeis und gefährliche Strömungswirbel verhinderten jedoch den Landgang. Weil dem Schiff zusehends die Kohlen ausgingen, musste auch eine weitere Sondierung Richtung Osten entfallen. Campbell beschloss deshalb, kehrtzumachen und auf der Eisbarriere selbst nach einem geeigneten Landeplatz Ausschau zu halten, der gegebenenfalls den Zugang zum Edward VII.-Land ermöglichte.

Am 3. Februar gegen zehn Uhr abends sichtete man auf der *Terra Nova* eine große Bucht im Packeis, die der Geologe Raymond Priestley, der drei Jahre zuvor mit Shackleton in dieser Region unterwegs gewesen war, als die Bay of Whales identifizierte. »Jeder hat an dem, was wir über die Bay of Whales berichteten, stets gezweifelt, aber jetzt ist die Angelegenheit definitiv geklärt«, schrieb er beglückt in sein Tagebuch. »Es war befriedigend zu sehen, dass all unsere Beobachtungen recht bekamen und

»Ein Vulkanausbruch wäre nichts dagegen ...«: Der Anblick der *Fram* (vorne) am 4. Februar 1911 sorgte bei der Besatzung der *Terra Nova* für Bestürzung.

Shackleton stützten, und ich legte mich in fröhlicher Stimmung zu Bett, im Vertrauen darauf, dass es eine wirklich gute Chance gibt, einen geeigneten Standort auf der Barriere zu finden – unsere letzte Chance, King Edward's Land zu erforschen.« Schon bald war es jedoch mit der Nachtruhe vorbei, denn der Ausguck meldete ein in der Bucht vor Anker liegendes Schiff. »Für einige Minuten herrschte vollständige Verwirrung an Bord, jeder kam aufs Deck hochgerannt, mit Kameras und Kleidung. Es war kein blinder Alarm, da lag es, nur ein paar Yards von uns entfernt, und jene, die Nansens Bücher gelesen hatten, erkannten das Schiff: es war die *Fram*.«

Die Briten waren wie vor den Kopf geschlagen. »Überall wurde laut und kräftig geflucht«, schrieb Kathleen Scotts Bruder Wilfred Bruce an seine Schwester. »Ein Vulkanausbruch am Erebus wäre nichts dagegen gewesen.« Sie hatten Amundsen überall vermutet – an der Küste von Graham Land, das der Norweger von der *Belgica*-Expedition her kannte, oder auch im Weddellmeer – doch nicht hier im Rossmeer, das sie zu ihrem ureigensten Einflussbereich zählten. Einen, wie auch immer gearteten, »Anspruch« auf den Platz hätte freilich auch Amundsen für sich reklamieren können: War es doch der Norweger Carsten Borchgrevink, der – wenn auch unter britischer Flagge segelnd – als Erster an dieser Stelle das Schelfeis betreten hatte und nach Süden aufgebrochen war.

Es war Kommandant Campbell, der dafür sorgte, dass aller Rivalität zum Trotz von Anfang an eine bemüht höfliche Atmosphäre zwischen den Besatzungen der beiden Schiffe herrschte. Campbell hatte sich längere Zeit in Norwegen aufgehalten und dabei auch die Landessprache gelernt; zudem kam er als einziger Brite auf der *Terra Nova* mit Skiern zurecht. Nachdem sein Schiff am Eis festgemacht hatte, ging Campbell von Bord, stürmte per Ski »mit einer für Ausländer erstaunlichen Geschwindigkeit«, wie ein Beobachter von der *Fram* anerkennend vermerkte, einige hundert Meter die Eisbarriere hinauf und kam dann direkt auf das norwegische Schiff zu. Er überrumpelte den wachhabenden Offizier, indem er ihn auf Norwegisch ansprach, und erfuhr, dass Amundsen sein Quartier oben auf der Eisbarriere aufgeschlagen habe und am Morgen auf der *Fram* zurückerwartet werde.

Tatsächlich sausten Amundsen und seine Begleiter gegen halb sieben Uhr morgens mit ihren Hundeschlitten den Hang hinunter – ein beeindruckendes Schauspiel. »Die Engländer waren einfach verblüfft«, berichtete Frederick Gjertsen, der Erste Offizier der *Fram*, später. »Sie hatten nie erwartet, dass Hunde vor einem Schlitten so laufen konnten, und begannen schon, an ihren guten alten Ponys zu zweifeln. Plötzlich brachen sie in Begeisterung aus, jubelten ihnen zu und winkten mit den Mützen. Unsere Treiber grüßten zurück und knallten mit den Peitschen.« Auch Amundsen gab sich den Briten gegenüber äußerst freundlich und lud Campbell, Kapitän Harry Pennell sowie den Arzt Dr. Levick zum Frühstück nach Framheim ein. Die ärgsten Konkurrenten seines Südpolunternehmens waren damit die ersten – und einzigen – Gäste im norwegischen Domizil auf dem Schelfeis. Zum Lunch erschien Amundsen dann in Begleitung seines Kapitäns Thorvald Nilsen und des Zweiten Offiziers Kristian Prestrud zum Gegenbesuch auf der *Terra Nova*. Die Gespräche zwischen den Parteien verliefen »in einer Atmosphäre enervierender Höflichkeit«, wie die Scott-Biografin Diana Preston schreibt. Beide Seiten be-

Die Norweger nutzten das Zusammentreffen mit den Briten für eine eindrucksvolle Demonstration ihrer Fahrkünste mit Hundeschlitten (4. Februar 1911).

mühten sich, die jeweils andere Partei möglichst dezent über deren Pläne auszuhorchen, ohne zu viel von den eigenen preiszugeben.

So erfuhren die Briten immerhin, dass Amundsen seinen Vorstoß zum Pol nicht sofort, sondern wie sein Konkurrent Scott erst im nächsten antarktischen Sommer plante. Ob er dazu komme, vor Einbruch des Winters noch Depots anzulegen, wisse er freilich nicht, behauptete Amundsen – und band seinen Rivalen damit einen dicken Bären auf. Doch auch Campbell verstand es, die Norweger hinters Licht zu führen: Als Amundsen sich beiläufig nach den Motorschlitten erkundigte, entgegnete der Engländer vieldeutig, dass einer von ihnen bereits auf »terra firma«, auf dem Fest-

Victor Campbell (rechts), der Kommandant der *Terra Nova*, machte als »Diplomat« eine gute Figur.

land, sei. Campbell meinte den Schlitten, der im McMurdo-Sund versunken war und auf dem zweifellos festen Meeresgrund ruhte. Doch sein Gegenüber konnte es so verstehen, als ob ein Schlitten womöglich bereits die Eisbarriere überwunden hätte und zum Polarplateau vorgedrungen wäre. Bis zum Schluss sollten es gerade diese Motorschlitten bleiben, die Amundsen trotz des sicheren Gefühls der eigenen Überlegenheit immer wieder heftige Kopfschmerzen bereiteten.

Während der Unterredungen war die tiefe Enttäuschung Campbells zu spüren, King Edward VII.-Land nun nicht wie geplant erforschen zu können. Amundsen gab sich nobel und lud ihn ein, eine eigene Basisstation in unmittelbarer Nähe zu Framheim zu errichten. Doch der Norweger wusste, dass die Briten dieses Angebot eigentlich nur abschlagen konnten. Andernfalls wären sie wohl der eigenen moralischen Entrüstung über das Eindringen in einen fremden Herrschaftsbereich, das sie Amundsen ja insgeheim vorwarfen, in den Rücken gefallen. Campbell schien durchaus schwankend, doch seine Offiziere drangen auf eine klare Haltung: Den Vorschlag anzunehmen sei gegen die Etikette, meinte Priestley; und Bruce drang darauf, dass »das Verhältnis zwischen den beiden Expeditionen gespannt bleiben« müsse. Was wäre geschehen, wenn sich die Briten tatsächlich in der Bay of Whales niedergelassen hätten?

»Jener 4. Februar 1911 war die einzige Chance, den tragisch verlaufenden Wettlauf zum Südpol zu beenden, noch ehe er richtig begann«, urteilt Rainer-K. Langner in seinem Buch *Duell im ewigen Eis*. »Hätten die Engländer ihre Landungsgruppe zur Erforschung des King Edward VII.-Lands neben Framheim abgesetzt, wäre nicht nur Amundsens Marschvorbereitung verlangsamt, sondern die Anwesenheit von Robert Falcon Scott vor Ort durchaus wahrscheinlich geworden. Denkbar, dass damit aus der Rivalität eine wie auch immer geartete Zusammenarbeit gewachsen wäre. Mit Sicherheit wäre Scott die tiefe psychologische Erschütterung erspart geblieben, nur als Zweiter am Südpol zu stehen. Die Gunst der Stunde aber wurde nur allzu leichtfertig einem nationalen Anspruchsdenken geopfert und dem Erwartungsdruck, der auf Scott lastete.« So verabschiedeten sich Briten und Norweger am Nachmittag in noch immer ausgeprägter Höflichkeit voneinander, doch schieden sie endgültig als Rivalen. Gegen drei Uhr lichtete die *Terra Nova* ihre Anker und entfernte sich langsam aus der Bay of Whales.

Aufbruch der Hundeschlitten

Wären die Briten vor Ort geblieben, so hätten sie beobachten können, dass die Norweger keineswegs noch unschlüssig über die Anlage von Versorgungsdepots für die Reise zum Südpol waren – im Gegenteil: Amundsen hatte bereits im Vorfeld einen detaillierten Plan ausgearbeitet, der von Framheim ausgehend entlang des 164. westlichen Längengrads die Anlage von Depots auf jedem Breitengrad vom 80. bis zum 83. vorsah, also etwa alle 110 Kilometer. Mehr als ein Drittel des Wegs zum Pol wäre auf diese Weise schon vor Einbruch des Winters gesichert worden. Am 10. Februar verabschiedete sich Amundsen von der Mannschaft der *Fram*, die in den nächsten Tagen die Bucht der Wale verlassen sollte, und machte sich mit drei Gefährten, drei Schlitten, 18 Hunden und einer halben Tonne Verpflegung auf den Weg.

Prestrud fungierte auf seinen Skiern als Vorläufer, denn die Hunde brauchten jemanden, dem sie nachtrotten konnten. Die übrigen Männer bildeten, ebenfalls auf Skiern, die Kontroll- und Begleitmannschaft der Gespanne. Jeder Schlitten war mit einem Kompass ausgerüstet, und die Männer konnten auf diese Weise immer den Kurs kontrollieren. Die Norweger waren angenehm überrascht, wie gut sie vorankamen – die in den Berichten von Scott und Shackleton geschilderte mörderische Eisbarriere erschien ihnen kaum anders als jeder beliebige Gletscher in der Heimat. Dies wird auch aus den Tagebucheinträgen Amundsens ersichtlich:

»11. Februar – Die Hunde ziehen prächtig und das Fahren auf der Barriere ist ideal. Verstehe nicht, wenn die Engländer sagen, dass Hunde hier nicht verwendet werden können. ... 13. Februar – Unser Skilaufen war herrlich. Wie allerdings Menschen (zu Fuß) und Pferde bei diesen Schneeverhältnissen durchkommen sollen, weiß ich nicht, von einem Auto ganz zu schweigen. ... 15. Februar – Das war eine großartige Leistung von unseren Hunden: gestern 40 geografische Meilen, davon zehn mit schwerer Ladung, und dann heute 51½. Ich denke, sie können sich mit den Ponys messen.«

Schon nach fünf Tagen hatten sie ihr Ziel am 80. Breitengrad erreicht, das Depot eingerichtet und konnten sich auf den Rückweg machen, wobei sie sowohl das Lager als auch die Streckenführung sorgfältig kennzeichneten. So steckte Amundsen nicht nur eine Fahne auf das Depot, sondern markierte dessen Lage auch quer zur Route, indem er in einem Bereich von neun Kilometern links und rechts des Depots jeweils zehn Fähnchen oder Kistenbretter verteilte, auf denen sogar die Entfernung zum Vorratslager angegeben war. Zurückgekehrt nach Framheim, feilten die Männer an ihrer Ausrüstung – unter anderem hatten sich die Skistiefel als zu eng erwiesen – und brachen dann am 23. Februar erneut auf.

Diesmal waren acht Mann und sieben Schlitten mit von der Partie; jedes Gefährt trug 300 Kilogramm. Diese Tour wurde zu einer größeren Herausforderung als die erste. Nach drei Tagen geriet die Gruppe in ihren ersten Schneesturm, der freilich die Hunde viel weniger beeinträchtigte als Scotts Ponys. Am 3. März gelangten die Männer zum 81. Breitengrad und legten ihr nächstes Depot an. Danach kehrte ein Teil des Teams um, während Amundsen, Prestrud, Hansen, Wisting und Johansen weiter vorstießen. Das Vorwärtskommen bereitete ihnen jedoch immer mehr Mühe, da die Temperaturen von 40 Grad Celsius unter dem Gefrierpunkt einerseits den Menschen schwer zusetzten und andererseits auch die Hunde zusehends schlappmachten. Auf der langen Schiffsreise waren die Tiere nur mit Konservennahrung gefüttert worden und hatten danach trotz des reichlich vorhandenen frischen Robben- und Pinguinfleischs noch nicht wieder ihre alte Leistungsfähigkeit erreicht. Zudem war an Bord die natürliche Hornhaut unter ihren Pfoten verschwunden, sodass sie sich nun auf dem eisigen Gelände der Barriere immer mehr wund liefen. Am 8. März war der 82. Breitengrad erreicht, und Amund-

Vor der Abfahrt der *Terra Nova* stellten sich Amundsen und sein Team vor ihrer Hütte noch einmal für die Briten zu einem Gruppenfoto in Positur.

»Die Hunde ziehen prächtig ...«: Das erste Depot der Norweger am 80. Breitengrad war schon nach fünf Tagen eingerichtet und sorgfältig markiert.

Hjalmar Johansen sparte nicht mit Kritik an Amundsens Führungsstil und bekam dafür später die Quittung.

sen entschied, dass es klüger sei, sämtliche mitgeführten Vorräte an dieser Stelle zu hinterlassen und auf die Fortsetzung des Weges zum 83. Breitengrad zu verzichten. »Das war das Äußerste, was die Hunde leisten konnten«, schrieb er ins Tagebuch. »Die armen Tiere waren völlig erschöpft. Dies ist meine einzige trübe Erinnerung an den Aufenthalt dort im Süden – dass diese prächtigen Tiere so überanstrengt wurden. Ich hatte mehr von ihnen verlangt, als sie leisten konnten. Mein einziger Trost ist, dass ich mich selbst auch nicht schonte.«

Als die Norweger an diesem Abend im Zelt zusammensaßen, forderte Amundsen seine Männer auf, eine Bilanz des Unternehmens zu ziehen. Insbesondere Hjalmar Johansen – fünf Jahre älter als sein Chef – nahm kein Blatt vor den Mund und beschwerte sich über unzweckmäßige Ausrüstungsgegenstände wie Schlafsäcke und Zelte, über die mangelhafte Zubereitung der Speisen, aber auch über die offenbar viel zu schwer beladenen Schlitten, deren Last die Hunde zusätzlich geschwächt hatte. Amundsen nahm die Kritik an, doch er wusste, dass er früher oder später ernsthaft mit Johansen aneinandergeraten würde. Denn der Mann aus Telemark war nicht irgendwer – er hatte mehr Polarerfahrung vorzuweisen als Amundsen selbst. Er war gewissermaßen das Kuckucksei, das ihm von Fridtjof Nansen ins Nest gelegt worden war. Johansen hatte die berühmte Driftreise zum Nordpol mitgemacht und war gemeinsam mit Nansen zu Fuß zum Nordpol aufgebrochen. 15 Monate lang hatten sich die beiden Männer mit Hundeschlitten, Skiern und zwei Kajaks über das Packeis des Nordpolarmeers gekämpft, hatten in Höhlen übernachtet und in einem Doppelschlafsack gelegen, in dem der eine den anderen in der Kälte gewärmt hatte. Nach ihrer glücklichen Rettung hatte sie ganz

Norwegen als Polarhelden gefeiert, doch bald stand nur noch Nansen im Glanz des Ruhms, während Johansen im Leben nicht mehr recht Fuß fassen konnte. Er machte eine Blitzkarriere beim Militär, um wenig später seinen Abschied einzureichen, gründete eine Familie und verließ Frau und Kinder, häufte horrende Schulden an und begann zu trinken. Doch Nansen fühlte sich ihm immer noch verpflichtet. Nachdem er Amundsen die Freigabe zur Nutzung der *Fram* erteilt hatte, erreichte er, dass Johansen in Amundsens Mannschaft aufgenommen wurde. Trotz seiner Alkoholexzesse war Johansen rein körperlich alles andere als eine Belastung für die Expedition. Sobald er wieder Polarluft atmete, leistete er nicht weniger als die übrigen Männer und war mit seiner Erfahrung im Eis von großem Wert. Doch diese konnte eines Tages auch zur Bedrohung für die Autorität Amundsens werden.

Das reinigende Gewitter vom 82. Breitengrad machte den fünf Männern die Strapazen der Rückreise zumindest etwas erträglicher. Da die erschöpften Hunde es kaum noch schafften, die leeren Schlitten zu ziehen, konnten sich Amundsen und seine Begleiter nicht wie noch bei ihrer ersten Tour nach Hause fahren lassen, sondern mussten die ganze Strecke zu Fuß bewältigen. Das Wetter blieb kalt und stürmisch; mehrere Tage nacheinander waren sie gezwungen, in ihren Zelten auszuharren. Als sich der Schneesturm am 15. März gelegt hatte, stellten die Männer fest, dass die Hunde vor Hunger die ledernen Peitschen und das Geschirrzeug aufgefressen hatten. In den darauf folgenden Tagen ging ein Hund nach dem anderen aus Schwäche ein. Insgesamt verloren sie acht Tiere – deren Kadaver selbstverständlich an ihre stärkeren Artgenossen verfüttert wurden. »Alle sentimentalen Gefühle waren bei uns längst erloschen«, so Amundsen dazu, »es fiel keinem ein, Lurven [so der Name eines am 15. März verendeten Hundes] nach Verdienst zu behandeln. Er bestand zwar nur noch aus Haut und Knochen, wurde aber doch zerlegt und unter seine Kameraden verteilt.« Nachdem die Männer im trüben Wetter zuletzt mehrfach noch ihren Weg verloren hatten, gelangten sie schließlich am 23. März wieder nach Framheim.

Die chaotischen Begleitumstände der Depotreise drückten auf die Stimmung der Männer, einige empfanden das Ganze als Fiasko. Sie konnten nicht wissen, dass sie den Vorsprung der britischen Expedition, der einige

Letzter Vorposten der Zivilisation: Von »Framheim« aus sollte der norwegische Angriff auf den Pol starten.

Monate zuvor noch mehrere tausend Seemeilen betragen hatte, wettge-
macht und die Konkurrenz sogar weit überholt hatten. Während es Scott
lediglich gelungen war, eine Tonne Vorrat bis kurz vor den 80. Breitengrad zu bringen, hatten die Norweger mehr als anderthalb Tonnen zwischen dem 80. und dem 82. Breitengrad deponiert, darunter Futter für
25 Hunde auf drei Monate und 110 Liter Paraffin für die Kocher, ausreichend für mehr als 200 Tage. Zwar waren acht Hunde verloren gegangen, doch noch immer blieben 85 ausgewachsene Tiere und 22 Welpen,
genug für den Angriff auf den Pol im kommenden Frühjahr. Und noch
einmal zogen die Männer los, um eine Tonne Seehundfleisch in das Depot am 80. Breitengrad zu schaffen. Wieder einmal zeigte die Eisbarriere
ihnen ihre hässliche Seite. Sie kamen im Nebel vom Weg ab, gelangten in
ein Gebiet mit zahlreichen abgrundtiefen Gletscherspalten und verloren
dort erneut zwei Hunde. Das Markierungssystem Amundsens bewährte
sich jedoch glänzend: Die Männer verfehlten das Depot zwar um anderthalb Meilen in westlicher Richtung, stießen jedoch auf eines der quer zur
Strecke angebrachten Fähnchen und erreichten ihr Ziel ohne Schwierigkeiten. Am 11. April kehrte die Gruppe nach Framheim zurück, und zehn
Tage später stieg die Sonne zum letzten Mal über den Horizont. Der Winter begann.

Scott ist geschockt

Die *Terra Nova* war inzwischen mit Volldampf Richtung Westen gefahren, um Scott die Hiobsbotschaft von Amundsens Anwesenheit auf dem Schelfeis zu überbringen. Doch als sie am 8. Februar wieder im McMurdo-Sund eintraf, befand sich Scott mit seinen Männern noch auf der Depotreise. Kommandant Campbell setzte deshalb einen schriftlichen Bericht auf und hinterließ diesen bei der inzwischen bewohnbar gemachten alten *Discovery*-Hütte am Hut Point. Dann ließ er sich mit seiner Forschergruppe, die eigentlich in King Edward VII.-Land hätte an Land gehen sollen, in die Nähe von Borchgrevinks Landungspunkt bei Kap Adare bringen. Danach brach die *Terra Nova* mit dem Rest der Schiffsbesatzung auf, um in Neuseeland zu überwintern.

Scott bekam Campbells Schreiben erst am 22. Februar in die Hände, nachdem er von seinem Treck ins Safety Camp zurückkehrt war. Er war zutiefst erschüttert und reagierte mit einem heftigen Wutanfall – einer Gefühlsregung, die seine Männer bei diesem sonst so distinguiert auftretenden britischen Gentleman bis dahin nicht kennengelernt hatten. »Viele Stunden lang«, schrieb Cherry-Garrard in sein Tagebuch, »konnte Scott nichts anderes denken oder reden. Offensichtlich ist es ein ungeheurer Schock für ihn, er hält es für sehr unfair, denn unser Plan, auf King Edward VII.-Land zu landen, war bekannt.« Scott hatte einfach selbst weiter daran glauben wollen, dass Amundsen an irgendeiner anderen Ecke der Antarktis landen und mit dem Südpol vielleicht doch nichts im Sinn haben würde. Umso bitterer war jetzt die Erkenntnis, sich einem gnadenlosen Wettbewerb ausgesetzt zu sehen, bei dem man selbst womöglich die schlechteren Karten besaß. Am liebsten wäre Scott jetzt schnurstracks zur Bay of Whales gezogen und hätte mit Amundsen Tacheles geredet, so Cherry-Garrard. Später hatte sich Scott so weit beruhigt, dass er in seinem Tagebuch die Lage nüchtern analysieren konnte: »Amundsens Vorgehen ist sehr überlegt, und nur der Erfolg kann ihn rechtfertigen. Man muss sein Verhalten nicht unbedingt verdammen, weil es nicht anständig ist, und ich werde mich auch auf keinen Fall dazu verführen lassen, öffentlich meine Meinung dazu zu sagen. Eines ist mir ganz klar:

Der Schock über die Herausforderung durch die Norweger sitzt tief: Die britischen Expeditionsteilnehmer um Scott (vorne, Mitte) nach der Rückkehr von der Depottour.

Richtig und klug ist, wenn wir uns verhalten, als wäre nichts geschehen. Wir müssen weitermachen und unser Bestes tun zur Ehre des Vaterlands, ohne Furcht und Panik. Zweifellos ist Amundsens Plan eine Bedrohung für uns. Er ist 60 Meilen näher am Pol – ich hätte niemals gedacht, dass man so viele Hunde heil ins Eis bekommt. Sein Prinzip, sie zu führen, scheint hervorragend. Und obendrein kann er früher im Jahr starten als wir – mit Ponys ist das ausgeschlossen.«

Besonders schwierig war die Situation für Tryggve Gran, den norwegischen Abenteurer, der sich in Kristiania Scotts Expedition angeschlossen hatte. »Es war, als täte sich die Barriere unter mir auf, und tausend Gedanken auf einmal jagten mir durch den Kopf. Sollte ich gegen meine eigenen Landsleute und meine eigene Fahne antreten? Das war keine angenehme Vorstellung«, vertraute er seinem Tagebuch an. Doch nicht allein, dass er sich im Zwiespalt zwischen der Loyalität gegenüber Scott und seinem Vaterland befand: Für Scott war er jetzt ein rotes Tuch. Immer wieder putzte ihn der Expeditionsleiter jetzt vor versammelter Mannschaft herunter. Einer der meist haltlosen Vorwürfe lautete etwa, er lungere faul herum. »Ich habe das Gefühl, wenn ich den Mund aufmache, denkt Scott an Amundsen«, vertraute Gran daraufhin Wilson an. »Es kommt mir vor, als wäre ich der Schatten in Scotts Leben.« Wilson versuchte ihn zu beruhigen, Scott sei in einem fürchterlichen Zustand. Das sei aber ganz natürlich, denn insgeheim wisse er, dass Amundsen – wenn dieser nicht ausgesprochenes Pech habe – als Erster am Pol stehen werde.

Es war kennzeichnend für die fortdauernde innere Erregung Scotts, dass es ihm in den nächs-

Für Tryggve Gran, den Norweger in Scotts Team, begannen schwierige Zeiten.

ten Tagen kaum gelang, einen klaren Gedanken zu fassen. Er ließ packen und fuhr der Ponygruppe entgegen, die noch immer nicht vom One Ton Depot zurückgekehrt war, verfehlte den Trupp jedoch und traf die völlig erschöpften Männer und ihre mehr toten als lebendigen Ponys am 28. Februar im Safety Camp an. Doch statt Mensch und Tier eine Ruhepause zu gönnen, ordnete er an, die Ponys sofort nach Hut Point zurückzubringen. Weary Willie starb noch in der Nacht an den Strapazen des Marschs, die übrigen vier Pferde gerieten mit ihren Führern auf dem weiter abschmelzenden Meereis bald in eine verzweifelte Lage.

Denn in der Nacht machten Cherry-Garrard und seine beiden Gefährten plötzlich die furchtbare Entdeckung, dass sie sich auf einer langsam Richtung offenes Meer treibenden Eisscholle befanden. Ein Pony war bereits verschwunden, und die Männer versuchten nun, die übrigen Tiere und ihre Schlitten von Scholle zu Scholle auf sicheres Gelände zu befördern – umgeben von einer ganzen Herde gefräßiger Killerwale. Doch bald mussten sie die Tiere aufgeben, wollten sie nicht selbst in äußerste Lebensgefahr geraten. Hilflos konnten sie nur noch mit ansehen, wie die drei bemitleidenswerten Geschöpfe auf ihrer Eisscholle davontrieben. Am nächsten Morgen schöpften sie noch einmal Hoffnung, als sie die drei Tiere noch immer auf ihrer Scholle sahen, die jetzt an einer anderen Stelle hängen geblieben war. Doch es gelang ihnen nur noch, ein einziges Pony zu retten, die beiden anderen wurden mit der Spitzhacke getötet, damit sie nicht lebendigen Leibes von den Walen gefressen wurden.

Sieben der insgesamt noch 17 Ponys waren damit verloren – ein furchtbarer Schlag für Scotts Südpolpläne. »Wenn jemals Pech an den Fußsohlen eines Mannes klebte, dann sicher an denen unseres Führers«, vertraute Teddy Evans seinem Tagebuch an. Und auch Scott selbst schien jeden Mut verloren zu haben: »Natürlich werden wir in der nächsten Saison antreten, aber was den Pol angeht, habe ich wenig Hoffnung.« In den folgenden Tagen kämpften sich die Männer der Depotgruppe mit den Resten ihrer Ausrüstung am Rande der Eisbarriere zurück nach Hut Point und hatten nach fast sechs Wochen erstmals wieder ein festes Dach über dem Kopf. Doch die Stimmung in der alten *Discovery*-Hütte war schlecht. Die Behausung war in einem jämmerlichen Zustand, es tropfte andauernd durch das undichte Dach. Die Heizung bestand aus einem Ofen, der mit stinkendem Seehundtran beheizt wurde, dabei entsetzlich qualmte und die Hütte doch nicht zu wärmen vermochte. Zwar mussten die Männer nicht hungern – es fanden sich noch einige Kisten mit Keksen aus der Zeit der *Discovery*, aber mit dem Rest der Verpflegung sah es trübe aus. »Unsere Schlittenvorräte waren zu großen Teilen verbraucht, und wir hingen von den Robben ab, die wir töteten, um Nahrung, Brennstoff und Licht zu haben«, schrieb Cherry-Garrard bitter. »Wir waren schmutzig vom Tran, den wir verbrannten, und eine noch finsterere und verbrecherischer aussehende Mannschaft wäre schwerlich zu finden gewesen. Wir verbrachten unsere Tage damit, wann immer sich die Gelegenheit bot, Robben zu töten, sie zu zerlegen und zu transportieren, während wir abends endlos diskutierten, ohne dass wir uns freilich über irgendetwas einigen konnten. Einige schauten nach den Hunden, andere nach den Ponys; einige legten geologische Sammlungen an, andere skizzierten die wunderbaren Sonnenuntergänge; aber vor allem aßen und schliefen wir. Nach unserer sechswöchigen Schlittentour müssen wir wohl zwölf Stunden pro Tag in unseren Schlafsäcken gelegen haben. Und wir ruhten uns

Ein Schluck zur Beruhigung: Scotts Männer versuchen einem Pony, das auf einer Eisscholle abgetrieben worden war, Whisky einzuflößen.

In der *Discovery*-Hütte am Hut Point: Die Hundeführer Dmitrij Girev (links) und Cecil Meares am stinkenden Tranofen.

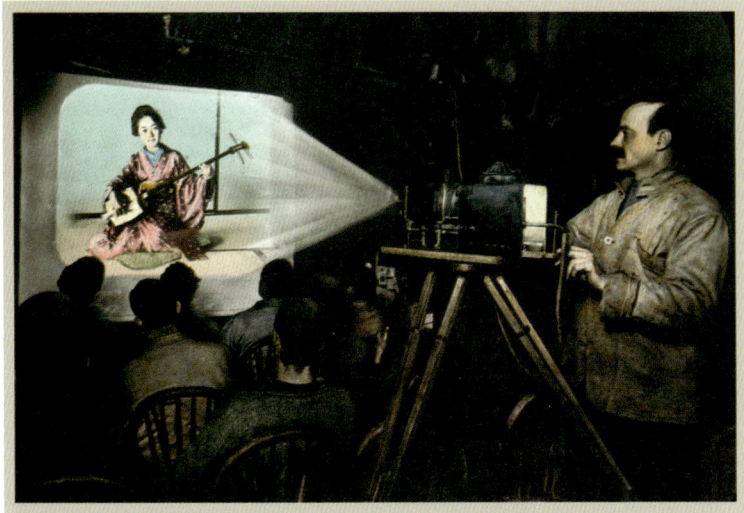

Mit abendlichen Vorträgen, der »Universitas Antarctica«, wollte Scott der um sich greifenden Langeweile entgegenwirken. Im Bild Fotograf Herbert Ponting.

aus. Vielleicht ist das nicht jedermanns Vorstellung von einer schönen Zeit, aber für uns war sie gut genug.«

Nur einer benahm sich wie ein Tiger im Käfig und wartete auf die erste Gelegenheit, endlich in die Geborgenheit von Kap Evans zurückkehren zu können: Robert Falcon Scott. Als das Eis im McMurdo-Sund wieder fester zu werden begann, drängte er zum schnellen Aufbruch, obwohl die Tragfähigkeit des Untergrunds mehr als unsicher schien. Diesmal jedoch hatte er Glück und kam mit seinen Männern durch. Mit ihren langen Bärten, der wettergegerbten Haut und den mit einer Schicht aus Ruß und Tran bedeckten Kleidern wurden die Heimkehrer in Kap Evans zunächst nicht erkannt; manche der Zurückgebliebenen meinten sogar, die Norweger seien im Anmarsch. Doch es waren die eigenen Leute, die wie geprügelte Hunde von ihrer Depottour zurückkehrten – am 21. April 1911 hatte sich die britische Antarktisexpedition wieder vollzählig in ihrem Basislager versammelt. Drei Tage danach senkte sich auch über die Hütte am Kap Evans die Dunkelheit der Polarnacht.

Wie schon zu Zeiten der *Discovery* verliefen die folgenden Monate wenig zielgerichtet. Jeder hatte zwar immer irgendetwas zu tun; die Wissenschaftler sichteten ihre Fundstücke, die Meteorologen lasen ihre Instrumente ab, die Treiber kümmerten sich um ihre Tiere, doch verstrich die meiste Zeit mit nutzlosen Diskussionen – nutzlos jedenfalls in Bezug auf das große Ziel, den Südpol. »Es war so, als gäbe es einen Anschlag ›Fachsimpelei verboten‹«, bestätigte Tryggve Gran. Scott blühte immer dann auf, wenn das abendliche Vortragsprogramm startete, dem er den pompösen Titel »Universitas Antarctica« gegeben hatte, das freilich in den seltensten Fällen auch antarktische Themen behandelte. Stattdessen ging es um Reisen nach Tibet, den Ursprung der Materie oder die Feinheiten der Landvermessung. Einen Namen auszusprechen hüteten sich alle, doch saß er stets als unsichtbarer Gast mit am Tisch – Roald Amundsen.

Im Mai gab Scott seine Planung hinsichtlich der Eroberung des Pols bekannt, die am 3. November 1911 beginnen und exakt 144 Tage später mit der Rückkehr nach Kap Evans abgeschlossen sein sollte. Dabei betonte er noch einmal ausdrücklich, »dass diese Expedition ihre Pläne fasst und ihre Arbeit durchführt, als existierte Amundsen nicht«. Schnell wurde deutlich, an wem er sich stattdessen orientierte – an Ernest Shackleton. Was Scott vorhatte, war eine Eins-zu-eins-Kopie seines britischen Rivalen, freilich mit einem triumphalen Ende, wie Scott hoffte. Shackleton war das Maß aller Dinge, auch in Sachen Transport. Wider die eigenen Erfahrungen aus dem Herbst hob Scott nun wieder die Ponys als verlässlichstes Transportmittel heraus, zumindest bis zum Gletscheraufstieg. Danach könnten die Schlitten sowieso nur noch von Menschen gezogen werden. Die Hunde hätten sich als Enttäuschung erwiesen. Den Einsatz der Motorschlitten hatte Scott ohnehin schon fast abgeschrieben. Viele der Männer waren sprachlos, die wenigsten dachten wie der etwas einfach gestrickte »Birdie« Bowers: »Das wird eine feine Sache, wenn wir das Plateau mit menschlicher Zugkraft schaffen, wo heutzutage die Engländer oft als dekadent gelten.«

Mitte Juni begannen die Vorbereitungen der großen Südreise, doch bestanden sie hauptsächlich darin, dass Scott mit seinem Faktotum Bowers lange Tabellen aufstellte, was genau am Tag X auf welchen Schlitten gepackt werden sollte: Außerdem wurde die Ausrüstung von der Mannschaft zwar überholt, nicht jedoch verbessert. Ohnehin hatte sich Scott wieder auf das standardmäßige Equipment verlassen, das sich schon zu Zeiten der *Discovery* als mangelhaft erwiesen hatte. Seine den indianischen Tipis nachempfundenen Zelte hatten keine eingenähte Bodenplatte und wurden von außen über ein Gerüst von Stangen aufgezogen, was bei Schneesturm eine äußerst heikle Angelegenheit war. Amundsens Zelte dagegen ließen sich von innen mit einem einzigen leichten Bambusstab aufstellen. Auch bei der Wahl seiner Bekleidung vertraute Scott auf die üblichen Wollsachen, Kapuzen und Windjacken aus Armeebeständen; wärmende Felle trugen die Briten nur an Händen und Füßen. Wieder einmal gab es unverzeihliche Nachlässigkeiten, etwa in der Frage der Ponyschneeschuhe, die sich auf der Barriere als so brauchbar erwiesen hatten. Zwar trainierte Pferdefachmann Oates die verbliebenen Ponys laut Cherry-Garrard so, »als ob sie im Derby laufen sollten«. Jedoch lehnte er es ab, sich über die Schneeschuhe Gedanken zu machen, die er für eine Marotte seines Chefs hielt. Scott seinerseits tat nichts, um diesem Eindruck entgegenzuwirken. So verlief die Sache im Sande.

Winter in Kap Evans: Mit dem Ausbessern ihrer Schlafsäcke versuchen Edgar Evans und Tom Crean die lange Polarnacht nutzbringend auszufüllen.

Zudem verzettelten sich wichtige Mitglieder der Expedition in zwar heroischen, doch halsbrecherischen Einzelaktionen. So hatte es sich Wilson in den Kopf gesetzt, das Rätsel des Kaiserpinguins zu lösen, dessen Embryologie damals noch völlig unbekannt war. Mitten in der tiefsten Polarnacht brach er gemeinsam mit Bowers und Cherry-Garrard auf, der die Kamikazetour später als *The Worst Journey of the World* (»Die schlimmste Reise der Welt«) literarisch verewigte. Bei Temperaturen von bis zu minus 60 Grad Celsius zogen sie ihre Schlitten 170 Kilometer über zerklüftetes Eis und tiefe Gletscherspalten zur Pinguinkolonie am Kap Crozier und schafften es tatsächlich, sich in den Besitz von einigen Eiern zu bringen. Doch dann erhob sich ein fürchterlicher Sturm, der kurzsichtige Cherry-Garrard, der wegen der Kälte seine Brille nicht tragen konnte, stolperte, wobei er die Eier, die er mit seinen halb erfrorenen Händen umklammert gehalten hatte, zerbrach. Im darauf folgenden tobenden Inferno flog den Männern ihr Zelt weg, und sie waren nun schutzlos dem Orkan und der Kälte ausgesetzt. Doch wie durch ein Wunder flaute der Sturm ab, und ihr Zelt fand sich wenige hundert Meter weiter völlig intakt wieder ein. Un-

Nach der Rückkehr von der »schlimmsten Reise der Welt«: Wilson, Bowers und Cherry-Garrard stehen die überstandenen Strapazen ins Gesicht geschrieben.

ter entsetzlichen Qualen und mit zahlreichen Frostverletzungen schlug sich die Gruppe wieder nach Kap Evans durch. »Drei Subjekte in vereisten Kleidern kamen herein, rußig, mit strähnigen Haaren und in einen Panzer aus Eis gezwängt«, schrieb der Geologe Frank Debenham. Scott stimmte ihr Erscheinen nachdenklich: »Man macht sich Gedanken über die Möglichkeiten von Pelzkleidung, wie sie von den Eskimos hergestellt wird, und wird dabei das Gefühl nicht los, dass sie unsere zivilisierte Kleidung übertrifft. Für uns kann diese Frage aber nur spekulativ sein, weil es ganz unmöglich ist, solche Artikel zu erwerben.«

In Framheim hätte man über solche Sätze wahrscheinlich nur gelacht. Hier war die Ausstaffierung der Inuit Grundlage der Kleiderordnung. Amundsen hatte in Lappland 250 Rentierfelle gekauft und diese von einem Schneider in Kristiania zu Anoraks, Hosen und Strümpfen verarbeiten lassen. Die besten Felle waren von einem Kürschner aus Bergen in Schlafsäcke umgewandelt worden. Auch Unterwäsche, Handschuhe und Skistiefel waren Spezialanfertigungen. Und schon allein aus eigenem Interesse waren die erfahrenen norwegischen Polarforscher bei der Reise in den Süden gewissenhaft vorgegangen. »Unser Ziel war, den Pol zu erreichen, alles andere war Nebensache«, schrieb Amundsen später. »Ein Feldherr, der eine Schlacht gewinnen will, muss jederzeit wohlvorbereitet sein. Tut sein Gegner einen Zug, so muss er gleich den richtigen Gegenzug tun können; alles muss im Voraus genau berechnet sein, und nichts Unvorhergesehenes darf ihn verwirren. Wir befanden uns in der Lage eines solchen Feldherrn.« Wissenschaftliches Arbeiten war erlaubt, aber nur so weit, dass das Hauptziel nicht gefährdet wurde. Anders als bei den Engländern gab es deshalb zum Beispiel keine Nachtwache, die auch meteorologische Messungen hätte vornehmen können. Dass

Von »Framheim« waren bald nur noch Schornstein und Lüftungsrohre zu sehen.

Nichts wird dem Zufall überlassen: In der ins Eis gegrabenen Werkstatt schleift Olav Bjaaland sorgfältig die Schlittenkufen.

die nach dem Prinzip »morgens – mittags – abends« gewonnenen Messergebnisse damit für die wissenschaftliche Auswertung nahezu wertlos waren, nahm Amundsen billigend in Kauf.

Stattdessen bosselten die Männer weiter an ihrer Ausrüstung. So hatten sich die handelsüblichen Schlitten als zu schwer erwiesen – also wurde gefeilt und gehobelt und ihr Gewicht auf diese Weise von 75 Kilogramm auf gut 25 gedrückt. Ebenso verfuhr man mit den hölzernen Transportkisten. Für jeden Mann wurde ein zweites Paar Skier angefertigt. Auch mit der Bekleidung, den Schlafsäcken und Schneebrillen experimentierten die Norweger und arbeiteten diese Gegenstände individuell um, genauso wie die Skistiefel, die immer noch nicht den hohen Ansprüchen genügten. Zudem erprobten die Männer bessere Skibindungen. Nach den Erfahrungen der Depottour wurden auch neue, größere Zelte genäht. Bereits im Juni begann man damit, die Transportkisten zu packen; Mitte August standen die Schlitten fertig beladen in einem der Eiskeller von Framheim.

Die Ausrüstung von heute

Ein Jahrhundert nach Amundsens Tour de Force zum Pol per Hundeschlitten ist es unmöglich, dem Norweger in Sachen Transport nachzueifern: Hunde in die Antarktis mitzubringen ist gesetzlich verboten. Um deren einzigartige Tier- und Pflanzenwelt zu schützen, dürfen keine fremden Arten eingeführt werden, so regelt es das Umweltschutzprotokoll des Antarktisvertrags von 1991. Deshalb muss auch Alex Serdjukov, der Europa- und Vizeweltmeister im Hundeschlittenrennen aus dem österreichischen Team, seine Huskys zu Hause lassen und wie die anderen Wettkämpfer seinen Schlitten selbst ziehen.

Mit den schweren Holzkonstruktionen von Scott haben die modernen Schlitten jedoch nichts mehr gemein. Diese sogenannten Pulkas sind stabile »Plastikwannen« mit einer kufenartigen Ausprägung am Boden. Auf der Oberseite wird das das Gepäck mit einer Plastikplane geschützt und diese mit einer Kreuzschnürung aus stabilen Gummispannseilen zusammengehalten. Die Seile sind mit Karabinerhaken an einem Rucksack befestigt.

In den Pulkas führen die Teammitglieder alles mit sich, was sie während des Rennens benötigen, um in der Antarktis zu überleben. Sie sind somit völ-

Dennis Lehnert legt seine Skier an (links). Markus Lanz mit seiner Spezialkleidung (rechts).

Das Zelt der Österreicher und ihre Schlitten, die Pulkas.

lig autark unterwegs, von den Begleitfahrzeugen beziehungsweise dem Filmteam erhalten sie nichts (außer natürlich in einem wirklichen Notfall) – auch
das gehört zu den Spielregeln des Rennens. Im Schnitt wiegen die Pulkas
60 Kilogramm, aber innerhalb der Teams wird je nach Kraft regelmäßig neu
aufgeteilt. So zieht Hermann Maier über weite Teile der Strecke 100 Kilogramm hinter sich her.

Die Zelte sind aus Nylon und halten vor allem den Wind ab. Ansonsten ist es –
zumindest nach dem Aufbau – drinnen so kalt wie draußen. Bei Sonnenschein
wirkt das Zelt jedoch wie ein Treibhaus – zusammen mit der Körperwärme
der Teams »heizt« es sich dann auch schon einmal bis plus 10 Grad auf – doch
nur, solange man den Reißverschluss geschlossen lässt.

Zum Wärmen der Zelte dienen auch die Benzinkocher, der andere Haupt-
bestandteil der Ausrüstung. Das Funktionsprinzip hat sich dabei in 100 Jahren kaum geändert, die Kocher sind nur zuverlässiger geworden. In ein Stöv-
chen ist eine Düse eingebaut. Das Benzin aus einer angeschlossenen Flasche
wird in einer kleinen Heizschlaufe kurz vor der Düse verdampft, sodass es
als Gas austritt, was hocheffizient eine sehr heiße, zischende blaue Flamme
erzeugt.

Das dritte Kernelement ist der Schlafsack aus Daune oder Kunstfaser. Wenn draußen der Sturm tobt oder aus irgendeinem anderen Grund an ein Weiterkommen nicht zu denken ist, sind die Schlafsäcke überlebenswichtig. Sie sollen nicht in erster Linie wärmen, sondern die Temperatur im Inneren halten – dazu sie müssen gut isolieren. Das können sie bei Temperaturen von bis zu minus 45 Grad Celsius und sogar noch darunter. Deshalb bedürfen sie besonderer Aufmerksamkeit: Ein feuchter Schlafsack, in dem sich Eisklumpen bilden, könnte schnell zu einem echten Problem werden, auch das hat sich seit 100 Jahren nicht geändert.

Die Bedeutung von Isolierung und Wärme gilt natürlich auch für den Rest der Bekleidung. Das Prinzip ist dabei ähnlich wie für Wintersport in den Alpen: ein Zwiebelsystem mit einer Isolationsschicht, einer Wärmeschicht, einer Schutzhaut und so weiter. Für die Antarktis muss es dabei nur dicker, stabiler und gerne auch mindestens eine Schicht zusätzlich sein. Die Handschuhe behält man außerhalb des Zeltes eigentlich immer an: Metall zum Beispiel mit bloßen Händen anzufassen hat bei 35 Grad unter dem Gefrierpunkt verheerende Folgen. Wer sich das in der extremen Kälte immer noch flüssige, aber ebenso kalte Benzin über die bloße Hand gießt, muss mit sofortigen Erfrierungen rechnen. Ein dicker Daunenparka schützt den Körper in den Rennpausen vor dem sofortigen Auskühlen. Alles das ist unbedingt trocken zu halten, Feuchtigkeit in den Stiefeln oder Handschuhen wird sofort zu Eis – auch hier drohen Erfrierungen.

Auch wenn sich die Materialien natürlich geändert haben, ist das heutige Prinzip von Ski und Schuhen dem vor 100 Jahren sehr ähnlich. Die Stiefel, die vor allem warm halten müssen, sind zu klobig, um in einer gängigen Sportbindung zu funktionieren. Darüber hinaus sind zum Beispiel moderne Langlauf- oder Tourenbindungen zu filigran und daher vor allem zu schwierig zu reparieren, um in der Antarktis nützlich zu sein. Daher werden die Schuhe auch heute auf einem Metallscharnier einfach mit Lederriemen befestigt – das sieht nicht unbedingt »stylish« aus, ist aber sehr effizient.

»Framheim«: Ein nachträglich koloriertes Gruppenbild mit den wichtigsten Expeditionsteilnehmern (von links nach rechts): Bjaaland, Hassel, Wisting, Hansen, Amundsen,
Johansen, Stubberud, Prestrud.

Ursprünglich hatte auch Amundsen erst Anfang November zum Pol aufbrechen wollen, doch je weiter der Winter voranschritt, desto weniger
konnte er seine Ungeduld im Zaum halten. Die Motorschlitten der Engländer bereiteten ihm zunehmend Bauchschmerzen. Würden diese sich
vielleicht doch als der entscheidende Faktor erweisen, der alle seine wohl-
durchdachten Pläne zunichtemachte? Im Juli präsentierte Amundsen
seinen Kameraden einen »verbesserten Plan« – demnach wollte er schon
Mitte September aufbrechen, sich bis zum 83. Breitengrad durchschlagen, dort Iglus errichten und bei günstigen Wetterbedingungen den Weg
zum Pol fortsetzen. Ein paar Tage später erschien ihm auch das noch zu
spät: Nun sollte der Marsch schon mit der Rückkehr der Sonne Ende August losgehen – angesichts der zu dieser Zeit herrschenden Temperaturen von teilweise unter minus 50 Grad Celsius schien das den anderen viel
zu früh. Doch in dieser Frage ging der Chef auf keine Diskussionen mehr
ein. »Der Gedanke an die Engländer ließ ihm keine Ruhe«, schrieb Sverre

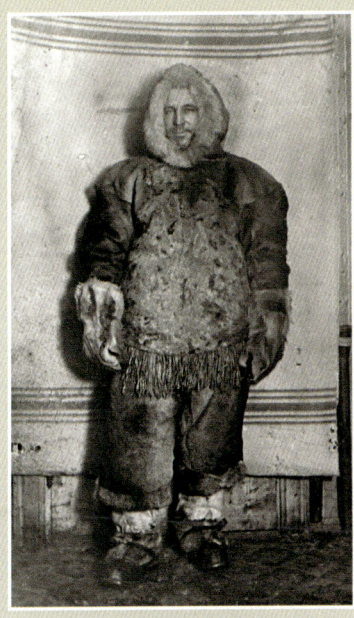

Alle Abbildungen dieser Doppelseite:
Die »Polartracht« der Norweger
(linke Seite: Roald Amundsen) basierte auf
der Ausstaffierung der Inuit und bestand
im Wesentlichen aus Rentierfellen, die zu
Anoraks, Hosen und Strümpfen verarbeitet
worden waren.
Diese Kleidungsstücke, in denen sich
außer ihrem Chef auch noch Oscar Wisting
(links), Olav Bjaaland (unten links) und
Helmer Hansen (unten rechts) ablichten
ließen, sollten ihre Funktionalität noch
unter Beweis stellen.

Hassel in sein Tagebuch. »Denn wenn wir nicht die Ersten werden, hätten wir ebenso gut zu Hause bleiben können.«

Inzwischen wusste die ganze Welt vom Wettlauf um den Südpol. Am 31. März 1911 war die *Terra Nova* in Neuseeland eingetroffen und hatte die Nachricht um den Globus geschickt. Vor allem in Großbritannien schlugen nun die Wellen der Empörung hoch. Sir Clements Markham, der sich nach wie vor als Schutzheiliger der britischen Antarktisforschung gerierte, sprach von »schmutzigen Tricks« Amundsens, den er als »Lump«, »Schuft« und »Eindringling« verunglimpfte. Der norwegische Gesandte konstatierte: »Es herrscht hier die weit verbreitete Meinung, dass Amundsens Verhalten nicht fair und gentlemanlike ist.« Auch in Norwegen selbst wurde die Neuigkeit nicht mit ungeteilter Zustimmung aufgenommen, fürchteten doch viele Menschen diplomatische Verwicklungen mit dem Empire, das zu den Garanten der jungen norwegischen Unabhängigkeit gehörte. Erst als Fridtjof Nansen in der Londoner *Times* die Partei seines Landsmanns ergriff, versachlichte sich die Diskussion. Unfaires Handeln sei Amundsen, so Nansen, »völlig fremd«; dieser habe nur gezwungenermaßen seinen Kurs geändert. Die Operationsbasen beider Expeditionen lägen zudem so weit auseinander, dass von einem Eindringen in fremde Einflusssphären keine Rede sein könne. Bald wurden die Antarktisexpeditionen für beide Länder eine Angelegenheit des sportlichen Ehrgeizes. Unterstützerkomitees wurden gegründet, patriotische Reden gehalten und Spenden gesammelt. Und als Leon Amundsen im Juni 1911 London besucht hatte, war er mit einem aufmunternden Satz von Leonard Darwin, dem Präsidenten der Royal Geographical Society, nach Hause zurückgekehrt: »Let the best man win.«

Der Wettlauf beginnt

Am 8. September 1911, kurz nach zwölf Uhr mittags, brachen am Rand der Großen Eisbarriere acht Norweger zur letzten großen Reise ins Unbekannte auf, die den Menschen auf der Erde noch verblieben war. Das Thermometer zeigte minus 37 Grad Celsius. Allein das unter anderem auch für das leibliche Wohl der Skandinavier zuständige Unikum Adolf Lindstrøm blieb in Framheim zurück und stand zum Abschied winkend an der Tür des tief verschneiten Lagers. Er betete, dass alles gutgehen möge. Bis zuletzt hatte Lindstrøm, der Patiencen legte und einen gesunden Aberglauben besaß, darum gebettelt, den Aufbruch zu verschieben, denn es war ein Freitag – bekanntermaßen ein Unglückstag für den Beginn einer Reise. Sahen die schwarz gestrichenen Proviantkisten nicht wie Särge aus? Doch Amundsen hatte sich nicht umstimmen lassen: Er wollte der Erste am Pol sein – um jeden Preis. So warteten jetzt die sieben Schlitten, vor die fächerförmig jeweils zwölf Hunde gespannt waren, auf das Zeichen zum Start. Mit den Treibern in ihrer dicken Fellkleidung wirkte der Zug wie eine Inuitsippe auf Wanderung. Nach dem langen Winter kläfften und tobten die Hunde und zerrten an den Gurten. Wenig später stoben sie mit den Schlitten in großen Sätzen davon und waren bald hinter den gewaltigen Schneewehen des Schelfeises verschwunden.

Die letzten Wochen des Wartens waren für Amundsen nahezu unerträglich geworden. Immer wieder spukten ihm die Motorschlitten der Engländer im Kopf herum. Auch er hatte vor seiner Reise Angebote von Erfindern solcher Gefährte erhalten, ein »Motorschlitten mit Wärmeöfchen« war darunter gewesen. Was, wenn Scott mit so einem Gefährt einfach über die Eisbarriere knattern könnte, ohne auf Wind und Wetter Rücksicht nehmen zu müssen? Schon am 23. August, einen Tag, bevor die

»Framheim« war für die Norweger »Warenumschlagplatz« und Ausgangspunkt für ihren Angriff auf den Südpol.

Adolf Henrik Lindstrøm besaß neben seiner großen Erfahrung als »Polarkoch« auch eine gesunde Portion Aberglauben.

Letzte Handgriffe vor dem Aufbruch:
Bjaaland, Prestrud und Wisting
(von links) beim Verzurren von
Lasten.

Hansen und Wisting
in der Eiswerkstatt
von Framheim, die
nicht gerade wohlige
Wärme ausstrahlt.

Sonne wieder über Framheim aufgehen sollte, waren die fertig gepackten Schlitten aus dem Eiskeller gehievt und zum Abfahrtsplatz auf der anderen Seite der Bay of Whales gebracht worden – dorthin, wo die sorgsam mit Fähnchen markierte Strecke nach Süden begann.

Seine Männer teilten Amundsens Meinung über den Zeitpunkt des Aufbruchs nicht. Unter diesen Bedingungen gehe die Fahrt verhängnisvoll aus, unkte Johansen in seinem Tagebuch. »Wir können nicht starten, solange die Temperatur so niedrig bleibt.« Denn trotz »Frühlings« auf dem Schelfeis lag die Temperatur noch immer beständig unter minus 40 Grad Celsius, an manchen Tagen auch unter minus 50 Grad. »Ein Glück, dass wir hier drinnen sind und nicht ein paar Meilen oberhalb auf der Barriere liegen, außerstande, einen Schritt weiter zu tun«, atmete Johansen auf. Jeden Morgen ging Amundsen vor die Hütte, doch er musste unverrichteter Dinge wieder in seine Schlafkoje zurückkehren. Dann trat in der ersten Septemberwoche der Umschwung ein – minus 29 Grad Celsius, sogar minus 22 Grad. Nun gab es für Amundsen kein Halten mehr: Es konnte losgehen.

Die ersten beiden Tage auf der Eisbarriere schienen seinem Optimismus recht zu geben. Nach der langen Zeit des Winters mit viel frischem Fleisch strotzten die Hunde geradezu vor Energie und hetzten ungebändigt drauflos, sodass manche Tiere sogar aus dem Geschirr genommen und als Bremser hinter den Schlitten gebunden werden mussten. Die Männer kamen gut voran und schafften geradezu spielend leicht 50 Kilometer. Doch dann kehrte die Kälte zurück: Über Nacht fiel die Temperatur um fast 30 Grad auf minus 56 Grad. Dennoch kämpften sie sich weiter vorwärts, obwohl jeder Meter zusehends schwerer fiel. Der Atem von Mensch und Tier gefror in der kalten Luft. Dichter weißer Dunst lag über den Hunden, sodass das eine Gespann nicht vom anderen zu unterscheiden war und die Treiber ihre Vorderleute nicht mehr sahen. Es wurde so kalt, dass sogar die Spiritusthermometer einfroren und die Kompasse nicht mehr funktionierten. »Die Stimmung des Chefs ist auf dem Gefrierpunkt«, trug Bjaaland am fünften Tag in sein Tagebuch ein. »Er hat sich entschlossen, zum Lager zurückzukehren, und das ist gut so, sonst hätten wir uns zu Tode gefroren.« Doch zuvor wollte Amundsen unbedingt noch zum 80. Breitengrad gelangen und dort die mitgeführten Vorräte abladen. Um nicht in den Zelten jämmerlich einzugehen, errichteten die Männer Iglus, so wie es Amundsen bei seiner Bewältigung der Nordwestpassage von den Inuit gelernt hatte. In den Schneebauten wurde es mithilfe des Kochers warm und gemütlich. Als allerdings der Chef, um mit einem Schnaps die Stimmung zu heben, eine Flasche Gin hervorholte, war sie durch die Kälte eingefroren, und das Glas zersprang beim Auftauen. Am Morgen gelang es kaum noch, die Hunde zum Laufen zu bewegen. Sie zitterten wie Espenlaub und hatten Frostbeulen an den Pfoten. Viele mussten ins Geschirr geradezu hineingehoben werden, andere kamen gar nicht mehr auf die Beine.

Nach einer Woche bitterster Kälte wurde am 14. September endlich das Vorratslager erreicht. Ohne auf die sonst so penibel festgelegte Ordnung zu achten, deponierten die Männer ihr Gepäck im Schnee und machten sich umgehend wieder auf den Heimweg. Zwar sanken die Temperaturen nicht noch weiter, doch als hätten sich die Elemente gegen die Norweger verschworen, erhob sich ein scharfer Nordwestwind, der ihnen direkt ins Gesicht blies und starke Schmerzen verursachte. Nun erging es ihnen wie den Engländern ein halbes Jahr zuvor beim Rückweg vom One Ton Depot – jeder wünschte sich so schnell wie möglich nach Hause. Und wie damals Scott spielte jetzt auch Amundsen ein fragwürdiges Spiel. Am dritten Tag der Rückreise – es waren noch 75 Kilometer bis Framheim – ordnete er an, ohne Halt zum Camp zurückzufahren.

Um sieben Uhr morgens begann die wilde Jagd, und natürlich reservierte sich der Chef den besten Schlitten. Mit Wisting und Hansen sauste er in so schneller Fahrt davon, dass sein Team für die schwächeren Gespanne bald »nur noch ein kleiner Punkt in der Ferne« war, wie Bjaaland später berichtete. Während Amundsen und seine zwei Gefährten am Nachmittag dieses Tages im Lager eintrafen, kämpften die anderen um ihr Überleben – manche ohne Zelte, ohne Verpflegung, ohne Heizmaterial. Bjaaland, Stubberud und Hassel schafften es bis zum frühen Abend, doch von Johansen und Prestrud fehlte jede Spur. Vor allem Prestrud, der als Schiffsoffizier ohne jede Polarerfahrung in das Abenteuer Antarktis hineingestolpert war, wäre wohl in der Eiswüste erfroren, hätte sich Johansen nicht seiner angenommen. Er schleppte den mit erfrorenen Füßen und einem in Auflösung begriffenen Hundegespann nur noch dahintaumelnden Gefährten die letzten Kilometer nach Framheim,

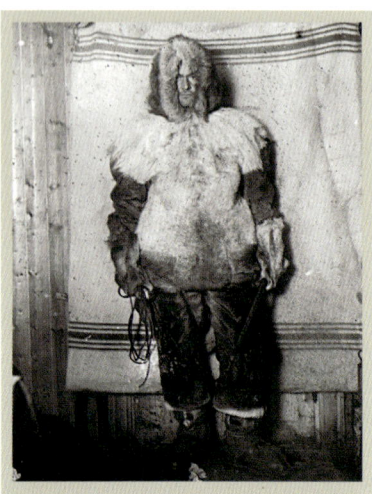

Kristian Prestrud wäre das Abenteuer Südpol beinahe zum Verhängnis geworden.

wo die beiden kurz nach Mitternacht vollkommen erschöpft eintrafen – eine wahre Heldentat.

Als Amundsen am nächsten Morgen beim Frühstück nach den Gründen für die Verspätung fragte, platzte Johansen der Kragen: »Dieses nenne ich keine Expedition, sondern Panikmache! Es ist unüblich, dass sich ein Leiter von seinen Leuten trennt«, schleuderte er seinem Chef ins Gesicht und steigerte sich schließlich in eine Schimpftirade über den gesamten Führungsstil Amundsens hinein. Der erkannte, dass nun die Gelegenheit gekommen war, das erforderliche Exempel an Johansen zu statuieren, und handelte eiskalt. Nachdem er sich die übrigen Expeditionsmitglieder in Einzelgesprächen vorgeknöpft hatte, teilte er Johansen am Mittagstisch vor versammelter Mannschaft kühl mit, dass er von der weiteren Teilnahme an der Südpolreise ausgeschlossen sei. Schriftlich reichte er nach, dass Johansen stattdessen an einer Expedition nach Osten ins Edward VII.-Land teilnehmen sollte – ausgerechnet unter Prestruds Kommando. »Der Leiter der Expedition beschließt, mich unter das Kommando eines Jüngeren zu stellen, der eine solche Aufgabe zum ersten Mal durchführt«, schrieb der tief enttäuschte Johansen zwei Tage später an Amundsen. »Es ist wohl einleuchtend, dass das für mich, der einen Teil seines Lebens im Eis zugebracht hat, demütigend sein muss.« Es war eine seelische Wunde, die nie mehr heilen sollte: Ein halbes Jahr nach der Rückkehr der *Fram* nach Norwegen würde sich Johansen in einem Hotel in Kristiania das Leben nehmen.

Amundsens Autorität als Führer war zwar vorerst wiederhergestellt, doch es blieb mehr als ein schaler Beigeschmack. Wisting und Hansen hätten beide über Erfrierungen geklagt, deren Behandlung umgehend erforderlich gewesen wäre. Nur deshalb hätten sie nicht auf die anderen gewartet, rechtfertigte er sich in seinem Tagebuch. »Nun stellt sich heraus, dass auch eine Ferse Prestruds erfroren ist. Aber er hat mir keinen Ton darüber gesagt. Hätte ich das gewusst, hätte ich ihm natürlich sofort meinen Platz auf Wistings Schlitten überlassen, von dem ich wusste, dass er als Erster nach Hause kommen würde.« Es ist freilich fragwürdig, warum dem scharfen Beobachter Amundsen Prestruds Zustand nicht aufgefallen sein sollte, der bereits in den Tagen zuvor immer als Letzter und der Erschöpfung nahe bei den abendlichen Haltepunkten eingetroffen war.

War Amundsen bereit, für sein großes Ziel auch über Leichen zu gehen? »Zynisch betrachtet waren damit die drei wichtigsten Teilnehmer des Unternehmens wohlbehalten zurückgekommen«, schreibt Amundsen-Biograf Bomann-Larsen. »Mit Wisting und Hansen in guter Verfassung konnte Amundsen jederzeit einen neuen Versuch wagen. Die Expedition war damit gerettet.« Nüchtern gesehen erwies sich die Verkleinerung der Polgruppe auf fünf Mann als echter Glücksgriff – waren die Vorräte doch für acht Personen berechnet, was die Sicherheitsmargen für jeden einzelnen Teilnehmer fast verdoppelte. Zudem stellte die nun verfügte Osttour unter Leitung von Prestrud, der froh war, nicht noch einmal auf den Höllentrip nach Süden zu müssen, und Johansen, der sich schließlich doch als »Privatmann« an dem Erkundungsunternehmen beteiligte, auch eine perfekte Alibiveranstaltung dar: Sollte der Sturm auf den Südpol scheitern, so konnte die Expedition am Ende unter Umständen zumindest noch einige wissenschaftliche Ergebnisse der Erforschung des Edward VII.-Lands vorweisen.

Gute 650 Kilometer westlich von Framheim am McMurdo-Sund dachte noch niemand daran, zum Pol aufzubrechen. Am 13. September stellte Scott seinen detaillierten Plan für die Südreise vor. Zwölf Männer waren dafür vorgesehen, von denen freilich nur vier tatsächlich bis zum Pol gehen würden. Der Rest der Truppe sollte nach einem komplizierten System die Hauptgruppe etappenweise zunächst direkt unterstützen und dann Verschiebearbeit zwischen den einzelnen Depots leisten. Alle verfügbaren Transportmittel hatten ihren Platz: Die Motorschlitten würden zuerst aufbrechen und Brennstoff sowie Futter transportieren. Dann folgten die Hunde, deren Schlitten hauptsächlich mit Futter für die Ponys bestückt waren. Den Ponys war die Hauptrolle auf dem Schelfeis zugedacht: Sie sollten ihre Lasten bis zum Gletscheraufstieg tragen;

In der Hütte der Briten mussten die Expeditionsteilnehmer, hier (von links) Cherry-Garrard, Bowers, Oates, Meares und Atkinson, auf engstem Raum überwintern.

Scott in seinem Alkoven: Als Leiter der Expedition beanspruchte er für sich mehr Platz als die übrigen Männer.

wobei sich Scott inzwischen dazu durchgerungen hatte, sie dort erschießen zu lassen. Die Hunde würden dann umkehren und die Männer schließlich in guter britischer Tradition ihre Schlitten selbst ziehen. »Alle waren begeistert«, trug Scott danach in sein Tagebuch ein, »und es besteht allgemein Zustimmung, dass der Plan so berechnet ist, dass wir das Beste aus unseren Möglichkeiten machen. Obwohl einzelne Punkte lange erörtert wurden, wurde nicht ein einziger Verbesserungsvorschlag gemacht. Alle

Oates (rechts) mit einem der Ponys, die für ihn allesamt »Krüppel« waren.

scheinen volles Vertrauen zu haben: Jetzt muss unser Spiel nur noch zu Ende gespielt werden.«

Offen blieb freilich, ob die Männer wirklich so glücklich mit Scotts Plänen waren, oder ob sie es als klüger erachteten, sich in der streng nach dem Prinzip von Befehl und Gehorsam geführten britischen Antarktisexpedition mit Kritik an ihrem oft dünnhäutigen obersten Vorgesetzten zurückzuhalten. Nur in ihren privaten Aufzeichnungen sprachen manche Klartext, so wie Lawrence Oates, der für die Ponys verantwortlich war: »Ich bin natürlich sehr verärgert, da es vollkommener Schwachsinn ist, mit einem Haufen Krüppel zu starten, und Scott will nicht glauben, wie schlecht sie sind; er glaubt, ich würde sie immer schlechter machen, als sie sind«, schrieb er an seine Mutter. »Ich hege eine tiefe Abneigung gegen Scott und würde das ganze Zeug hinschmeißen, wenn wir nicht eine britische Expedition wären und diese Norweger schlagen müssten.«

In den Wochen, die bis zum geplanten Aufbruch blieben, schien es so, als hätte sich das Schicksal wieder einmal gegen die Briten verschworen. Die Hunde wurden von einer mysteriösen Krankheit befallen, die einige von ihnen dahinraffte. Drei Männer, die für die Reise zum Pol vorgesehen waren, fielen aus teilweise grotesken Gründen aus: Unteroffizier Robert Forde erlitt bei einer Depotreise so schwere Erfrierungen an der Hand, dass er für die Schlittenfahrt nicht mehr fit wurde. Der Koch Thomas Clissold, der für die Motorschlittengruppe vorgesehen war, stürzte beim Posieren für Fotos einen Abhang hinunter und zog sich eine Gehirnerschütterung zu. Der Geologe Frank Debenham verletzte sich beim Fußballspiel auf dem Eis das Knie und war damit ebenfalls außer Gefecht gesetzt. Zu allem Unglück ging wenige Tage vor dem geplanten Aufbruch auch noch ein Achsgehäuse eines Motorschlittens kaputt. Zwar konnte der Schaden notdürftig behoben werden, doch schien Scott nun endgültig von den Vehikeln nichts mehr zu erwarten: »Ich bin insgeheim überzeugt, dass uns von den Motorschlitten nicht viel Hilfe zuteilwerden wird, dennoch ist ihnen bislang nichts passiert, was unvermeidbar gewesen wäre. Etwas mehr Sorge und Vorausschau würden sie zu hervorragenden Verbündeten machen«, trug er am 17. Oktober in sein Tagebuch ein. Das war kaum mehr als Augenwischerei, war es doch gerade Scott selbst gewesen, der in diesem Punkt wenig vorausschauend gehandelt hatte.

Dass motorisierte Zugmaschinen möglicherweise eine Antwort auf die Frage sein könnten, wie die gewaltigen Distanzen in der Antarktis zu überwinden seien, war eine Erkenntnis, die Scott nach dem misslungenen Polunternehmen der *Discovery*-Expedition gekommen war. Er hatte eine Denkschrift zu diesem Thema verfasst und schließlich sogar einen Sponsor für die Entwicklung eines derartigen Gefährts gefunden. Die technische Leitung des Projekts legte Scott in die Hände von Reginald Skelton, jenem Mann von der *Discovery*, mit dem er einst an den Gletscherhängen des Royal-Society-Gebirges aneinandergeraten war. Skelton machte sich mit Feuereifer an die Arbeit und lieferte bald die ersten brauchbaren Entwürfe. Einige grundlegende Prinzipien, nach denen

Reginald Skelton entwickelte die von Scott angeregten Motorschlitten.

noch heute Schneefahrzeuge konstruiert sind, gehen auf seine Ideen zurück, zum Beispiel der Raupenkettenantrieb. Als der Schlitten schließlich fertig war, packte Scott freilich die Ungeduld. Auf ausführliche Tests unter Praxisbedingungen glaubte er verzichten zu können. Was jedoch noch schwerer wog, war die Tatsache, dass er seine Zusage an Skelton, ihn bei seiner neuen Expedition begleiten zu dürfen, plötzlich wieder zurückzog. Der banale Grund dafür war das strenge hierarchische Reglement der britischen Marine: Da Scotts designierter Stellvertreter Teddy Evans nur Oberleutnant war, konnte er Skelton, der inzwischen den Rang eines Fregattenkapitäns innehatte, unmöglich als Maschineningenieur unter sich haben. Skelton, der viel Zeit und Herzblut in die Entwicklung des Schlittens gesteckt hatte, musste zu Hause bleiben. Damit beraubte Scott sich des technischen Sachverstands jenes Mannes, der die Fahrzeuge in- und auswendig kannte. Scott hatte jetzt zwar die Motorschlitten, dafür jedoch niemanden, der wirklich mit ihnen umgehen konnte.

Amundsen auf dem Weg zum Pol

Das alles konnte Amundsen in der Bay of Whales natürlich nicht wissen. Ihm bereiteten die britischen Motorfahrzeuge weiter unablässige Sorgen. Am liebsten wäre er wohl sofort wieder losgefahren, sobald das Wetter es zugelassen hätte. Doch bevor es so weit war, mussten zuerst einmal die schweren Erfrierungen ausheilen, die sich die Männer bei dem Fehlstart zugezogen hatten. Ende September kündigte sich der Frühling mit Macht auf dem Schelfeis an – die Robben stiegen wieder aus dem Meer auf die Eisschollen in der Bucht; auch wurden die ersten Sturmschwalben gesichtet. Amundsen beschloss, am 15. Oktober endgültig aufzubrechen. In den Tagen bis dahin gelang es den Männern tatsächlich, ihre Verletzungen auszukurieren, und die Hunde fraßen sich noch einmal an den frisch erlegten Robben satt. Die Männer saßen jetzt wie auf glühenden Kohlen, doch wechselhaftes antarktisches »Aprilwetter« verzögerte die Abfahrt. »Nun sind wir wieder startbereit. Ich hoffe, es wird nicht wieder ein Fiasko wie beim letzten Mal«, notierte Bjaaland am Tag des geplanten Aufbruchs. »Wenn ich von dieser Fahrt heil zurückkehre, muss ich

Endlich ist es so weit: Am 20. Oktober eröffnet Amundsen mit seinen Hundegespannen das Rennen zum Pol.

Helmer Hansen, einer der vier Schlittenführer des norwegischen Südpolteams, mit seinem Gespann.

mit der Polarforschung Schluss machen. Alles ist kaum der Mühe wert. Und wenn es mich da draußen erwischt, dann meine innigsten Wünsche an meine Freunde und Bekannten, meine Landsleute und mein Vaterland.«

Am 20. Oktober konnte es dann endlich losgehen. Zwar war das Wetter noch immer neblig und trübe, doch als am Vormittag die Wolkendecke aufriss, gab es kein Halten mehr. Wieder war es ein Freitag, und wieder hatte Lindstrøm Bauchgrimmen ob des unglückseligen Wochentags. Aus Protest dagegen, dass seine Bedenken erneut überhört wurden, trat er beim Abschied nicht einmal vor die Tür. Dort stand stattdessen ein anderer – Johansen. Amundsen, der seit ihrem Zerwürfnis nicht mehr mit ihm gesprochen hatte, trat auf ihn zu und verabschiedete sich. Johansen seinerseits wünschte viel Glück. »Ich habe ihm die Wahrheit gesagt, und die ist nicht immer gut zu hören, daher bin ich in Ungnade gefallen. Aber ich glaube, ich bin für ihn von Nutzen gewesen«, schrieb der von der Polarfahrt Ausgeschlossene in sein Tagebuch. »Ein Schlitten nach dem anderen ist abgefahren … über das Eis, über die Bucht und hinauf auf die Barriere. … Gegen Mittag waren sie alle drüben, und dann sind sie in die alte, wohlbekannte Richtung verschwunden.«

Hansen, Wisting, Bjaaland und Hassel führten jeder einen Schlitten, vor den jeweils 13 Hunde gespannt waren. Amundsen saß zuerst bei Hassel, später wieder bei Wisting auf. Erneut ging es in rasender Fahrt vorwärts, da die Schlitten lediglich mit der persönlichen Ausrüstung der Männer, nicht aber mit dem Proviant beladen waren, der ja schon im September bis zum 80. Breitengrad gebracht worden war. »Die Gruppe, die da über die Hügel der Eisbarriere hinauf- und hinunter nach Süden zog, verkörperte den Höhepunkt einer Ära«, schreibt der Polarexperte Roland Huntford. »Die Männer trugen Eskimokleidung, die Hunde waren nach Eskimoart angeschirrt, aber die Schlitten, Skier, Sextanten, Primusöfen, Zelte und die übrige Ausrüstung, die am 80. Breitengrad auf sie warteten, waren Erzeugnisse westlichen Erfindergeistes. Es war die Verbindung von Zivilisation mit primitiver Kultur. Ihre Technik fing an zu veralten; denn Flugzeuge und Traktoren zeichneten sich bereits ab. Es war die letzte klassische Reise alten Stils; sie sollte die Ära der Erderforschung abschließen, die mit dem Aufbruch menschlichen Geistes während der Renaissance begonnen hatte.«

Gefährliche Hindernisse: »Schneebrücken«, unter Neuschnee verborgene tückische Spalten.

Es ging zunächst so schnell voran, dass wieder einige Hunde aus dem Geschirr genommen und hinten angebunden werden mussten. Andere wurden ausgespannt und sich selbst überlassen, da sie zu fett oder träge zum Schlittenziehen geworden waren. Schon am zweiten Tag der Reise jedoch schlug das gute Wetter erneut um: Es kam ein starker Wind auf, der dichtes Schneegestöber brachte und den Männern die Sicht raubte, sodass sie nur noch nach dem Kompass fahren konnten. Sie gerieten vom Kurs ab und in ein Gebiet mit zahlreichen Eisspalten, das ihnen schon bei der letzten Depotreise im Herbst gefährlich geworden war. Besonders tückisch waren auch hier die sogenannten Schneebrücken. Manche konnten durchaus fest und stabil sein; bei anderen dagegen war die oberste Schicht nur hauchdünn und eine Überfahrt lebensgefährlich. Wie Amundsen später berichtete, fuhren sie in diesen Tagen über mehrere solche schneebedeckten Spalten. Da die Schlitten aufgrund ihres geringen Gesamtgewichts zügig vorankamen und die Spalten nicht besonders breit waren, schafften sie es jedes Mal mit knapper Müh und Not – auch

Gefahren auf der Reise

Neben der Filmcrew begleiten Experten der britischen Firma »Extreme World Races« (EWR) die Teams um Hermann Maier und Markus Lanz. EWR ist auf die Durchführung von Expeditionen in extremen Regionen der Erde spezialisiert. Die Firma beschäftigt zahlreiche Experten, die sich vor allem aus den Reihen der British Special Forces rekrutieren. Selbstverständlich ist auch ein Arzt mit von der Partie.

Unterwegs sind die Begleiter in Spezialfahrzeugen, denen die Temperaturen und widrigen Bedingungen in der Antarktis nichts anhaben können. Die eigens angefertigten Pickups wurden von einer isländischen Spezialfirma für die Antarktis fit gemacht: viermal so große Bereifung, Gletscherspaltenstoßstangen, Kran und Seilwinden, Stromversorgung für das Filmequipment, Spezialtanks, Spezialfederung, Spezialgetriebe, Spezialkühlung – eigentlich ist alles an diesen Autos »spezial«. Doch sie tragen auf der Expedition zu einem Sicherheitsniveau bei, das ansonsten keine fluggestützte Expedition in der Antarktis zu toppen vermag.

Zudem sind die Trucks mit einem Sonargerät ausgestattet, das Gletscherspalten auf dem Weg der Teams orten kann. So können diese rechtzeitig gewarnt und ihre Routen per GPS geändert werden. Sofort nach ihrer Ankunft in der Antarktis haben die Teams erneut ein Gletscherspaltentraining absolviert, sich angeseilt und geübt, einen Begleiter aus einer Spalte herauszuziehen.

Die Spezialfahrzeuge von EWR sind für alle Notfälle ausgerüstet.

Die Teams werden rund um die Uhr durch die Rennleitung betreut.

Beim Aufstieg zum Polarplateau können sie nun das Gelernte anwenden, als sie mehrere Felder mit Gletscherspalten passieren. Angeseilt und in zehn Meter Abstand, gehen die Rennteilnehmer nacheinander langsam voran. Der jeweils Letzte hält einen Eispickel, um verunglückte Teammitglieder im Notfall sichern zu können. Doch alles geht gut: Niemand fällt in eine Spalte.

Während des Rennens müssen die Teams zweimal am Tag ihre Position und ihren Status an die Expeditionsleitung durchgeben. Diese wiederum leitet die Nachrichten an die Expeditionsbasis in Novo weiter. Sollten Probleme auftreten oder die Meldungen gar ausbleiben, so wird umgehend ein Rettungsmechanismus ausgelöst, der eine schnellstmögliche Evakuierung per Flugzeug zur nächsten Station und, falls erforderlich, sogar nach Kapstadt sicherstellt.

als einmal eine Schneebrücke direkt hinter Amundsens und Wistings Schlitten wegbrach.

Am dritten Tag wäre es fast zur Katastrophe gekommen, als Bjaalands Schlitten plötzlich umsank und in eine Spalte hineinrutschte. Bjaaland war geistesgegenwärtig abgesprungen und hatte nach der Zugleine gegriffen; auch seine Hunde krallten sich in den Schnee und schafften es, den Schlitten noch zu halten, doch er sank immer tiefer. »Jetzt kann ich nicht mehr!«, rief Bjaaland, aber da waren die anderen Männer schon zur Stelle und hatten ein Gletscherseil an die Zugleine geknotet. Mit vereinten Kräften gelang es, den Schlitten schwebend zu halten, während die Hunde ausgespannt wurden und das versunkene Gefährt schließlich an einem anderen, quer über eine schmale Stelle der Spalte gestellten Schlitten fixiert wurde. Dann wurde ein Mann an einem Gletscherseil hinuntergelassen, um den Schlitten zu entladen. »Wir haben Glück gehabt, indem wir diesen Platz gefunden haben«, erklärte Wisting, der das Himmelfahrtskommando in der Eisspalte übernommen hatte. »Es ist nämlich die einzige Stelle, wo die Spalte so schmal ist, dass man den Schlitten auch quer darüberstellen kann. Wären wir nur ein klein wenig weiter links gefahren, dann wäre keiner von uns mit dem Leben davongekommen. Dort ist gar keine übergreifende Oberfläche, nur eine ganz papierdünne Rinde. Übrigens sieht es hier unten durchaus nicht einladend aus. Ungeheure Eiszapfen starren einem von allen Seiten entgegen, und sie würden einen aufspießen, ehe man weit hinuntergekommen wäre.«

Nachdem der Schlitten wieder ans Tageslicht befördert worden war, beschlossen die Männer, zunächst Rast zu machen und auf besseres Wetter zu warten. Als es am Nachmittag aufklarte, suchten sie sich nach Osten einen Weg aus der spaltendurchsetzten Talsenke, der sie den despektierlichen Namen »Schweineloch« verpasst hatten. Doch zu rasch war offenbar der Schrecken vom Vormittag verblasst, und sie schlugen wieder den Südkurs ein, obwohl die Landschaft immer noch mit zahlreichen heuschoberartigen Erhöhungen durchsetzt war – ein sicheres Zeichen für grundloses Gelände. Als schließlich jedoch auch einige Hunde von Hansens Schlitten in einer Spalte verschwanden und nur mit Glück unverletzt wieder herausgezogen werden konnten, wurde die Kamikazefahrt abgebrochen. Jetzt hatte die Eigensicherung Vorrang, und das Gebiet wurde ostwärts verlassen. Bald hatten sie wieder festen Boden unter den Füßen, und wenig später entdeckten sie sogar eine der Flaggen, die sie im Herbst als Wegmarkierung aufgestellt hatten. Die schlimmsten Gefahren der ersten Reisephase waren damit überstanden, und zwei Tage später trafen sie trotz nebligen Wetters sicher am Vorratslager auf 80 Grad ein. Es war der 24. Oktober.

Scotts Karawane bricht auf

An jenem Tag machte sich am McMurdo-Sund die erste Vorhut von Scotts Südpolarkarawane auf den Weg. Es handelte sich um die beiden Motorschlitten, deren Vorschusslorbeeren inzwischen freilich längst verwelkt waren. Scott hatte die Mission unter Leitung seines Stellvertreters Teddy Evans gestellt – nicht, weil er dies für eine besonders verantwortungsvolle Position gehalten hätte, sondern weil er ihn aus dem Weg haben wollte. Quälend langsam setzten sich die zwei Vehikel in Bewegung und brauchten allein zwei Tage für die 28 Kilometer übers Meereis nach Hut Point, von wo aus sie weiter auf die Eisbarriere gelangen sollten. Diesen Moment wollte sich Scott nicht entgehen lassen, obwohl er sich sicherlich besser auf die letzten Vorbereitungen seiner eigenen Schlittenreise hätte konzentrieren sollen. Er stellte eine achtköpfige Gruppe zusammen, die zu Fuß nach Hut Point zog und die Motorschlitten schon bald eingeholt hatte.

Die Probleme mit den Maschinen waren vielfältig, selbst wenn einmal gerade nichts kaputt war. »Nachdem wir eine Dreiviertelmeile gefahren sind, ist es nötig, zumindest eine halbe Stunde zu halten, damit die Motoren sich abkühlen können. Dann müssen wir noch ein paar Minuten warten, bis sich der Treibstoff aufgewärmt hat, andernfalls nämlich kommt der Vergasungsprozess nicht zustande«, beschrieb William Lashly, einer der Fahrer, den steten Kampf zwischen den Extremen »zu heiß« und »zu kalt«. Vor den Augen seines Chefs wollte Lashly jedoch besonders glänzen und quälte sich mit der Maschine fünf Kilometer am Stück in Richtung Barriere vorwärts. Das führte jedoch nur dazu, dass er wieder liegen

Voller Optimismus: Scotts Motorschlittenabteilung, bestehend aus William Lashly,
Bernard Day, Steward Hooper und Scotts Stellvertreter Teddy Evans (von links).

Bald ein gewohnter Anblick: Die Motorschlitten kamen nur noch mit Muskelkraft
von der Stelle.

blieb und von seinem Fahrerkollegen Bernard Day überholt wurde, dem es schließlich ohne größere Schwierigkeiten gelang, den Abhang zu erklimmen. – »Der erste Automobilist auf der großen Eisbarriere!«, jubelte Scott. »»Wir alle schrien laut Hurra. Weiter sauste der Motor, und die nebenherlaufenden Männer wurden immer kleiner.«

Scott kehrte mit seinen Leuten zurück nach Kap Evans. Dort angekommen, musste er feststellen, dass er sich die Füße wundgelaufen hatte – vier Tage vor dem eigenen Aufbruch. Zwei Tage später nahm er sich dann einen ganzen Vormittag lang Zeit, mit Wilson, Crean und Edgar Evans in Schlittenkleidung für Filmaufnahmen des Fotografen und Kameramanns Herbert Ponting zu posieren. Außerdem schrieb er in diesen Tagen eine ganze Reihe von Abschiedsbriefen, die einen tiefen Blick in sein Seelenleben zuließen. In einem Brief an seine Frau Kathleen beschäftigte er sich auch mit seinem norwegischen Kontrahenten. »Ich weiß nicht, wie ich Amundsens Chancen einschätzen soll. Wenn er zum Pol gelangt, muss er vor uns da sein, da er mit Hunden schnell vorankommen und mit einiger Sicherheit

Vor dem Aufbruch zum Pol: Aufstellung von Scotts Team zur Gruppenaufnahme vor der Hütte am Kap Evans.

früh starten wird«, so Scott. Was für Amundsen die Motorschlitten waren, die ihm immer wieder in den Sinn kamen, wenn er an seinen Konkurrenten dachte, waren für Scott die Hunde, die ihn stets an Amundsen erinnerten. Er habe vor der Reise keinen Anlass zur Eile gesehen, sonst hätte er mehr Hunde mitgebracht als Amundsen, schrieb er an Sir Edgar Speyer, den Schatzmeister der Expedition, um dann jedoch sofort zu betonen: »Ich glaube nur bis zu einem gewissen Grad an Hundetransport.«

Inzwischen hatte er die Leistungen von richtig geführten Hunden mit eigenen Augen gesehen, doch das alte Dogma von Sir Clements Markham: »Keine Skier, keine Hunde«, war immer noch wirkungsmächtig. Freilich schien Scott zu ahnen, dass er im wahrsten Sinne des Wortes auf das falsche Pferd gesetzt hatte – allerdings konnte er jetzt nicht mehr zurück. Er wusste, dass er Amundsen mit seinen, Scotts, Mitteln nicht schlagen konnte. Die einzige Hoffnung, die ihm blieb, war, dass der Norweger aufgeben oder auf der Strecke bleiben würde. »Deshalb habe ich zu einem sehr frühen Zeitpunkt beschlossen, mich so zu verhalten, als existierte er nicht«, schrieb er an seine Frau. »Jeder Versuch, mich auf das Wettrennen einzulassen, hätte meine Planung zerstört. Ganz abgesehen davon waren wir auch nicht zu einem Rennen ausgezogen.«

Dabei übersah er jedoch, dass Schnelligkeit bei einer solchen Reise kein Selbstzweck, sondern in der menschenfeindlichen Eiswüste der Antarktis geradezu überlebensnotwendig war. Jeder Tag, den das Unternehmen weniger dauerte, erhöhte die Chancen, heil und gesund nach Hause zurückzukehren – denn es bedeutete, nicht auf die unsicheren Ressourcen in den Depots angewiesen zu sein. Die 144 Tage, die Scott für seinen Marsch angesetzt hatte, erschienen in dieser Hinsicht gefährlich lang, zumal er damit schon im Normalfall bis Ende März unterwegs sein würde – ohne dass unvorhergesehene Zwischenfälle bereits einkalkuliert waren. Dieser Rückkehrtermin lag zudem bedrohlich weit im Polarherbst mit seinen unberechenbaren Witterungsbedingungen. Scott jedoch machte sich selbst Mut: »Die Zukunft liegt in den Händen der Götter«, trug er am Tag vor der Abreise in sein Tagebuch ein. »Meiner Meinung nach ist nichts unversucht geblieben, um den Erfolg zu verdienen.« Und seiner Frau versicherte er: »Ich stehe jetzt fest auf beiden Füßen; ich fühle mich körperlich und geistig gestärkt für die Aufgabe, und ich spüre, dass die anderen das wissen und volles Vertrauen zu mir haben.«

Wieder einmal sprachen die Aufzeichnungen seiner Untergebenen eine andere Sprache. Er nehme an, dass der Aufbruch ein »schöner Zirkus« werde, so Oates in einem Brief an seine Mutter – und er sollte recht behalten. Wegen der Hilfsaktion für die Motorschlitten waren zwei ganze Tage Vorbereitungszeit weggefallen. »Das war wirklich hart«, notierte Wilson, »denn wir brauchten die Zeit unbedingt zum Briefeschreiben und für die letzten Vorbereitungen. Alles Mögliche war bis zum letzten Moment aufgeschoben worden, und wir gerieten in Hetze, um rechtzeitig fertig zu werden.« Am Ende wurde der Termin noch einmal um einen Tag verschoben, doch am 1. November gegen 11 Uhr vormittags ging es schließlich los. Scott selbst war sichtlich nervös und spannte sein Pony zunächst vor die falschen Schlitten, ehe er seinen Irrtum bemerkte und mit dem richtigen Schlitten in Richtung Hut Point aufbrach.

Wenige Stunden später bimmelte am Kap Evans das Telefon, dessen Leitung Multitalent Meares als erste antarktische Fernsprechverbindung zwischen dem Basislager und Hut Point verlegt hatte. Scott war am Apparat und erklärte, dass er in der Hektik die ihm von Königin

Technisch auf Höhe der Zeit: Der Geologe George Simpson beim Telefonat mit Hut Point.

Alexandra übergebene britische Flagge vergessen habe, und bat darum, sie ihm nachzusenden. Weil es schnell gehen musste, schickte man bezeichnenderweise Tryggve Gran mit seinen Skiern los. »Ironie des Schicksals, mein lieber Gran«, sagte Scott lächelnd, als dieser ihm das Tuch vor der alten *Discovery*-Hütte übergab: Ausgerechnet ein Norweger hatte den Union Jack die ersten Kilometer in Richtung Südpol getragen. Dann zog die Kavalkade los und bewegte sich langsam über das letzte Stück Meereis auf die Barriere zu. Kameramann Ponting war mit dem Hundeschlitten von Kap

Einem ungewissen Schicksal entgegen: Noch ziehen Scotts Ponys, geführt von ihren Treibern, willig ihre Schlitten.

Evans herübergekommen und hielt die Szene fest, wie die immer kleiner werdenden Gestalten mit ihren Pferden schließlich schemenhaft im weißen Nichts verschwanden. Es war der Aufbruch in ein ungewisses Schicksal.

Das erste Ziel der Gruppe war Corner Camp, von dem aus der Weg direkt nach Süden führte. Am ersten Tag auf der Eisbarriere kamen sie gut voran, und sie fanden immer wieder leere Benzinkanister, auf welche die Motorgruppe ermutigende Nachrichten gekritzelt hatte: »Wir sehen uns bei 80°30'!« – das war der vereinbarte Treffpunkt südlich des One Ton Depots. Doch schon einen Tag später mussten sie den ersten Tiefschlag hinnehmen. Noch vor Corner Camp, nicht einmal 25 Kilometer von Hut Point entfernt, hatte der erste Motorschlitten seinen Geist aufgegeben. Ein zweiter Zylinder von Days Motor war geplatzt, der einzige mitgenommene Ersatzzylinder allerdings bereits in Lashlys Schlitten eingebaut worden. Die Männer hatten zunächst erwogen, beide Motoren mit nur drei Zylindern zu betreiben, doch weil mit dem Umbau in der eisigen Kälte zu viel Zeit geopfert worden wäre, hatten sie Days Gefährt schließ-

»Eine einzige Enttäuschung«: Die Motorschlitten waren erschreckend langsam und versagten schließlich völlig.

lich zurückgelassen. Als Scott und seine Leute das schneebedeckte Wrack erreichten, war die Stimmung des »Owners« auf dem Nullpunkt. »Der Traum von der großen Hilfe durch Maschinen ist ausgeträumt«, schrieb er niedergeschlagen ins Tagebuch.

Doch es sollte noch schlimmer kommen. Als sie am nächsten Tag Corner Camp erreichten, sahen sie in der Ferne einige ominöse schwarze Punkte. Scott ahnte, was das zu bedeuten hatte: »Wir können uns eigentlich nur vorstellen, dass es sich dabei um den verlassenen Motor mit seinen Lastschlitten handelt. Die Männer sind vorschriftsmäßig als Hilfsmannschaft weitergezogen. Es ist eine einzige Enttäuschung. Ich hatte mir auf der Barrierenoberfläche mehr von den Maschinen erwartet.« Tatsächlich hatte die Motorabteilung sich auch des letzten Schlittens mit geplatzten Zylindern entledigen müssen. Insgesamt war dieser zweite Motorschlitten gute 90 Kilometer weit gekommen, das Durchschnittstempo hatte elfeinhalb Kilometer betragen – nicht in der Stunde, sondern am Tag. »Es wäre wahrheitswidrig, dass ich das Ende der Motorschlitten bedauere, und die anderen sind derselben Meinung wie ich«, schrieb Lashly. »Es war eine Tortur, jedes Mal, wenn wir (was häufig geschah) anhiel-

Leben und Überleben in der Antarktis

Die Durchquerung der Eiswüste der Antarktis lässt sich nur mit festen Regeln überstehen. Zu Beginn der Reise achten noch die Ausbilder von EWR darauf, dass die Teams eine Tagesroutine entwickeln, die sie dann, auf sich allein gestellt, auch beim Rennen einhalten sollen. Beim Wettlauf selbst müssen die Teams dann ihren eigenen Rhythmus finden.

Obwohl die andauernd scheinende Sonne den Unterschied zwischen Tag und Nacht aufhebt, wird um sechs Uhr morgens geweckt, dann heißt es: Wasser kochen und in Flaschen füllen, Müsli essen, Schlafsäcke zusammenrollen, Zelt abbauen und alles auf den Pulkas verstauen. »Jeder hat seine Aufgabe«, sagt Dennis Lehnert. »Wir sind nur zu viert, da muss jeder mit anpacken. Da kann sich keiner raushalten, jeder muss seinen Beitrag leisten.«

Punkt neun Uhr geht es los, das Schlittenziehen beginnt. Während der Akklimatisierung wurde einmal in der Stunde eine Pause eingelegt. Da greift dann jeder zur Thermosflasche für einen Schluck eines heißen Getränks, doch nach nur fünf Minuten geht es weiter. Ein äußerst anstrengendes Programm, zumal die Teams täglich bis zu 500 Höhenmeter zum Polarplateau überwinden

Die morgendliche Zeltroutine wird für die Wettläufer rasch zur Gewohnheit.

müssen. Zwischendurch geben die Ausbilder immer wieder kleine Tipps aus ihrer eigenen Expeditionserfahrung: Zum Beispiel, womit man sich während der langen, einsamen Wanderung – bis zu 14 Stunden am Tag – beschäftigen kann. Tom Walek: »Ein entsetzlicher Gedanke, sich nur mit sich selbst zu beschäftigen. Für einen zivilisationsgeschädigten Menschen ein Graus!«

Auch die Körperhygiene ist während des Marschs auf ein Mindestmaß reduziert. In Kapstadt haben die Wettläufer ein letztes Mal richtig geduscht und sich die Haare gewaschen. Während des Rennens gibt es dann nur noch Feuchttücher, denn nicht jeder hat die Konstitution eines Hermann Maier, der eines Morgens splitterfasernackt neben seinem Zelt steht und sich zur Verblüffung beider Teams und der Filmcrew vier Minuten lang ausgiebig mit Schnee wäscht. In diesem Zusammenhang hat die Kälte einen höchst erfreulichen Nebeneffekt: In ihr bilden sich keine Gerüche. Wie dankbar die Teams für diesen Umstand sein können, realisieren sie erst viel später, als sie nach dem Ende der Expedition, aber noch in der Antarktiskleidung, wieder wärmere Örtlichkeiten betreten.

Für das Allernötigste werden Löcher im Boden ausgehoben, die entweder mit einem Plastiksack oder bei größeren Camps mit einem leeren Benzinbehälter bestückt werden – in der Antarktis wird nichts zurückgelassen. Grundsätzlich aber gilt: »Wenn du hier auf die Toilette gehst, musst du in erster Linie eins sein – nämlich schnell«, erklärt Markus Lanz. »Wenn du nicht schnell bist, wird es verdammt kalt.« Doch Not macht erfinderisch: Die Teams errichten Wände aus Schneeblöcken, die als »stilles Örtchen« dienen und zumindest den eisigen Wind für einige Momente abhalten. Weil das viel zu dünne Toilettenpapier dennoch immer wieder vom Winde verweht wird, praktiziert der eine oder andere »Wasserspülung« der frostigen Art.

Das Ende eines anstrengenden Tages bildet wieder die sogenannte Zeltroutine. Abermals brauchen die Teams ungefähr drei Stunden, um das Zelt aufzubauen (5 Minuten) und dann Schnee zu schmelzen (175 Minuten). Währenddessen schälen sie sich aus den zum Teil durchschwitzten Klamotten, mümmeln an dem ungeliebten Expeditionsfutter herum und schlürfen als Highlight des Tages einen Becher heißen Kaffee oder Schokolade.

Dann machen sie es sich in dem engen Zelt so bequem wie möglich und versuchen zu schlafen. Während es zunächst in den Zelten noch bitterkalt ist und nur der Wind endlich einmal draußen bleibt, ändert sich das mit der Zeit. Die Körperwärme von vier schwer arbeitenden Menschen und die permanente Sonneneinstrahlung heizen die Zelte relativ stark auf – was sich in ihrem In-

Stilles Örtchen im ewigen Eis: Manchmal gibt es zumindest eine Schneemauer.

neren vor allem auf die Luftqualität niederschlägt, aber auch die Temperatur steigt über null. An Lüften ist freilich nicht zu denken, denn sofort würde die Temperatur wieder fallen – und all das macht es nicht eben gemütlicher. Daran, richtig auszuschlafen, ist unter solchen Bedingungen nicht zu denken. Es gilt nur: »Weiter, weiter, immer weiter!« – so die Parole von Hermann Maier, der dem österreichischen Team nur so viel Schlaf wie nötig zugesteht. In der Regel sind das vier bis fünf Stunden, ehe die nächste Etappe in Angriff genommen wird. Der andauernde Sonnenschein und die Kälte im Gesicht tragen dazu bei, dass die Rennteams die dauernde Übermüdung nicht ganz so stark spüren.

ten, die schweren Schlitten ziehen zu müssen; und auch wenn wir uns jetzt selbst ins Geschirr legen müssen, werden wir nicht müder sein, als wir es waren, wenn wir des Nachts mit unseren Schlitten fertig waren. Jetzt kommen also die Menschenkräfte ins Spiel. Nachdem wir unseren Schlitten neu organisiert und all die Vorräte geladen hatten, die wir ziehen konnten, brachen wir mit 190 Pfund pro Mann auf.«

Insgesamt war der Einsatz der Motorschlitten ein Misserfolg. Doch nicht das Prinzip war falsch. Zutreffenderweise sagte Scott Maschinen dieser Art eine große Zukunft in polaren und subpolaren Weltregionen wie Kanada oder Grönland voraus und drängte den Hersteller der Schlitten, seine Patentrechte einwandfrei schützen zu lassen. Der Fehler lag vielmehr darin, dass die Gefährte nur unzureichend getestet worden waren und Mängel deshalb nicht schon vor der Reise in die Antarktis ausgemerzt wurden. Möglichkeiten dazu gab es – nur hätte man dazu eben auf die Gebirgsgletscher Norwegens fahren müssen und nicht in das bequem per Bahn zu erreichende Lillehammer. Zudem erwies sich die Ausbootung von Skelton, der die Fahrzeuge mitentwickelt hatte, als Bumerang. Skelton kannte die Schwachpunkte der Konstruktion und hätte vermutlich auch das passende Werkzeug und die richtigen Ersatzteile mitgenommen – an allen diesen Dingen mangelte es jetzt.

Während die Motorgruppe ihre Lasten jetzt also selbst ziehen musste, setzten Scott und seine Begleiter ihren Weg mit den Ponys fort. Sie waren dabei zu Nachtmärschen übergegangen: zum einen, weil der Untergrund dann fester war, und zum anderen, weil die Pferde auf diese Weise nicht in der prallen Sonne laufen mussten. Denn obwohl die Temperaturen auch tagsüber weiterhin weit unter dem Gefrierpunkt blieben, wärmte die Sonne durchaus, und die Pferde schwitzten, wenn sie ihre Lasten zogen. Hielten sie dann jedoch an, so gefror der Schweiß sofort in der eiskalten Luft, und die Tiere zitterten umgehend am ganzen Körper. Also zog man fortan um Mitternacht los, aufgeteilt in drei Gruppen: Zuerst machten sich die drei langsamsten Ponys, genannt die »baltische Flotte«, auf den Weg. Zwei Stunden später folgte Scott mit zwei Begleitern und drei Ponys, eine weitere Stunde darauf die letzten vier.

Hier hatte sich insbesondere der ungestüme Christopher zum Problemfall entwickelt. Um das Tier anzuschirren, waren mehrere Männer notwendig. Man musste ihm die Vorderbeine zusammenbinden und es

Nicht selten ging mit einem der Ponys das Temperament durch – sehr zum Leidwesen seines Treibers.

Auf die Hunde war schon mehr Verlass: Sie brachen meist später auf und hatten am Etappenziel dennoch »die Nasen vorn«.

danach zu Boden ringen, wobei es dennoch immer wieder heftig nach hinten auskeilte. Stand Christopher dann erst einmal im Geschirr, so begann er sofort loszulaufen und war nicht mehr zu halten. Diese Gruppe unter Führung von Oates musste deshalb stets ohne Pause das jeweilige Tagesziel anlaufen, da Christopher andernfalls wohl mitsamt seinem Schlitten in der Eiswüste verschwunden wäre.

Schon ab dem Abend des 6. November hielten Schneestürme die Männer in ihren Zelten gefangen. Wie immer, wenn die Natur seine Pläne durcheinanderbrachte, wurde Scott ungehalten – »es braucht schon viel Philosophie, um unter solchen Umständen heiter zu bleiben«. Seine Stimmung verdüsterte sich weiter, als am nächsten Morgen mitten im tiefsten Sturmbrausen plötzlich Hundegekläff zu vernehmen war und Meares und der Russe Dmitrij mit ihren Gespannen daherkamen.

Da die Hundeschlitten sich im Rahmen der Expedition als die schnellsten Fortbewegungsmittel erwiesen, waren sie später als alle anderen Gruppen aufgebrochen. Scott hatte freilich berechnet, dass die Hunde erst hinter dem One Ton Depot zu den anderen Gruppen stoßen sollten. Nun warf er Meares vor, dieser habe zu viel aufs Spiel gesetzt, um die Ponyabteilung so früh einzuholen. Dabei hatte Meares nichts weiter getan, als sich an den zuvor vereinbarten Zeitplan zu halten – nur dass die Hunde einerseits viel schneller waren, als es sich Scott vorzustellen vermochte, und andererseits bei Witterungsverhältnissen laufen konnten, bei denen die Ponys keinen Meter vorwärts kamen. »Wir verfluchten die Motorschlitten«, schrieb Oates an diesem Tag in sein Tagebuch. »Drei Motoren zu je 1000 Pfund, 19 Ponys zu je fünf Pfund, 32 Hunde zu je 30 Shilling. Wenn Scott nicht zum Pol gelangt, hat er es wirklich verdient.«

Die Norweger auf dem Weg zum Gletscher

Scotts Laune wäre sicherlich an einem weiteren Tiefpunkt angelangt, hätte er gewusst, was Roald Amundsen an diesem 7. November einige hundert Kilometer weiter südöstlich in sein Tagebuch schrieb: »Um 2 Uhr nachmittags passierten wir bei 82°17' den südlichsten Punkt der *Discovery*-Expedition. Jetzt hat die Reise richtig begonnen.« Die Norweger waren nach zwei Tagen Rast am 26. Oktober an ihrem Depot am 80. Breitengrad aufgebrochen. Zehn Breitengrade lagen damit noch vor ihnen; und Amundsen hatte sich vorgenommen, in jeweils vier Tagen ein Grad, also etwa 110 Kilometer, zu schaffen. Trotz 400 Kilogramm Gewicht auf jedem der Schlitten stoben die Hunde nur so dahin, sodass sich die Männer weiterhin von ihnen ziehen lassen konnten. So kamen sie rasch voran und schafften ihr Tagespensum teilweise innerhalb von vier, fünf Stunden. Amundsen beschloss, noch mehr Wert auf Sicherheit zu legen, und die Männer errichteten zur Kennzeichnung des Wegs zuerst alle 13 bis 15 Kilometer, dann alle neun und schließlich alle fünf Kilometer sogenannte Schneewarten – zwei Meter hohe Türme, für die mit Messern große Blöcke aus dem Schnee geschnitten wurden. Insgesamt sollten es auf ihrer Route 150 Stück werden. Der Bau der Warten bot auch den Hunden die Gelegenheit, einige Augenblicke zu verschnaufen, sodass sie danach wieder mit frischen Kräften weiterlaufen konnten.

Wie berechnet, erreichten sie nach vier Tagen ihr nächstes Vorratslager, rasteten zwei Tage und fuhren dann weiter. Als sie am Morgen des 1. November aufbrachen, herrschte dichter Nebel, der sich auch in den nächsten Tagen nicht lichten sollte. Wie die Briten bestimmten auch die Norweger ihren allgemeinen Kurs nach dem Kompass; sie hatten allerdings den Vorteil, dass auf mehreren Schlitten Kompasse befestigt waren, sodass der Kurs des Leitgespanns beim Fahren stets kontrolliert werden konnte. Die zu Fuß gehenden Briten dagegen waren gezwungen, immer wieder anzuhalten und mit den an ihren Handgelenken befestigten Kompassen die Richtung zu überprüfen, wobei die Nadel mitunter einige Zeit brauchte, bis sie stillstand und der Kompass brauchbare Ergebnisse lieferte. Für genauere Positionsbestimmungen mussten beide Expeditionen auf Messgeräte zurückgreifen, die allerdings nur bei gutem Wetter funktionierten, da sie die Sonne als Bezugspunkt benötigten. Amundsen nutzte Sextanten, deren Handhabung etwas schwieriger war, da sie zum Beispiel die Verwendung eines künstlichen Horizonts erforderten – sie lieferten aber exaktere Ergebnisse. Scott vertraute auf Theodoliten, die in der Anwendung einfacher, dafür in den Messungen ungenauer waren. Wichtig waren auch die Entfernungsmesser, um die zurückgelegte Distanz genau bestimmen zu können. Sowohl Briten als auch Norweger verwendeten zu diesem Zweck ein hinter einem der Schlitten befestigtes leichtes Rad, das mit einem Zählwerk verbunden war. Beide hatten schon während der Depottouren erfahren müssen, dass der Schnee diese Zähler immer wieder verstopfte und die Messungen damit wertlos machte. Doch nur die Norweger hatten den Winter genutzt, um die Konstruktion zu verbessern, während das »Sledge-meter« der Briten immer noch so unzuverlässig arbeitete wie zuvor und schließlich ganz ausfiel.

Amundsen und seine Gefährten gerieten jetzt erneut in ein Gebiet mit zahlreichen Eisspalten, die allerdings sämtlich quer zur Fahrtrichtung verliefen und nicht allzu breit waren. Sie setzten ihre Fahrt fort und hatten nur eine brenzlige Situation zu überstehen, als Hansen mit seinen Skiern in einer Spalte hängen blieb, jedoch rasch gerettet werden konnte. »Diese Spalten sind eindrucksvoll, wenn man am Rand liegt und hineinsieht«, notierte Amundsen danach in seinem Tagebuch. »Ein bodenloser Abgrund, der von Hellblau zu tiefstem Schwarz übergeht. Die scheußlichsten Formationen, die wir hier gefunden haben, sind so riesige Löcher, dass die *Fram* und vieles mehr darin Platz hätten. Diese Löcher sind mit einer dünnen Kruste überzogen, und die kleine Öffnung, die sichtbar ist, scheint harmlos. Aber wenn man auf so eine hübsche Stelle gerät, ist man unrettbar verloren. ... Uns allen geht es gut. Was wir alles aufs Spiel setzen, wenn wir durch diese unerfreulichen Gebiete ziehen! Jeden Tag haben wir von Neuem unser Leben selbst in der Hand. Aber niemand möchte umkehren – das ist gut zu wissen!«

Dank der quer zum Südkurs gesteckten Markierung entdeckten sie ihr Vorratslager auf 82 Grad, obwohl sie im Nebel mehr als fünf Kilometer zu weit nach Westen geraten waren. Das war ein echter Triumph für Amundsen, bewies es ihm doch, dass es möglich war, in dieser Einöde Depots so gut zu kennzeichnen, dass sie mittels sorgfältiger Navigation

Der aus einer Fahrradfelge gefertigte, hinten an einem der Schlitten befestigte Entfernungsmesser der Norweger war zuverlässiger als das britische »sledge-meter«.

Auf der bald tischebenen Schelfeisfläche musste Amundsens Team seltener rasten und kam rascher voran als eingeplant.

auch bei schlechten Witterungsbedingungen wiederzufinden waren. »Wir machten uns sofort daran, alles zu tun, was getan werden musste«, so Amundsen danach über den unvermeidlichen Moment, an dem der erste Schlittenhund sein Leben lassen musste. »Zuerst wurde Uranus in die andere Welt geschickt. Obgleich er immer den Eindruck großer Magerkeit gemacht hatte, fanden wir beim Zerlegen doch seinen Rücken entlang dicke Fettschichten; die würden schon geschätzt werden, wenn wir hier auf dem Rückweg eintrafen ... Jaala musste Uranus folgen. Beide wurden auf dem Vorratslager niedergelegt und daneben die acht Jungen, die das Licht der Welt nie erblickt hatten.« Wieder machten sie einige Tage Rast, packten ihre Schlitten um und hängten Kleidungsstücke zum Trocknen in der strahlenden Sonne auf. »Wir hatten vollständig erreicht, was beabsichtigt worden war«, notierte er zufrieden, »nämlich den Ausgangspunkt der eigentlichen Polfahrt von 78°38' auf 82° südlicher Breite zu verlegen.«

Als die Männer am Morgen des 7. November zu ihrer Fahrt ins Unbekannte aufbrachen, waren sie mit Verpflegung und Brennmaterial für 100 Tage voll ausgestattet. Wenn es ihnen gelänge, ihren Zeitplan weiterhin einzuhalten, so hätten sie damit zum Pol gelangen und anschließend nach Framheim zurückkehren können, selbst wenn sie alle zuvor angelegten Depots verfehlten. Ursprünglich hatte Amundsen vorgesehen, ab diesem Punkt die komplette Ausstattung bis zum Pol mitzunehmen. Doch nach kurzer Diskussion entschied man sich, weiterhin auf jedem Breitengrad ein Depot anzulegen, um alles in allem schneller voranzukommen. Weil das Schelfeis nunmehr ganz eben war und eine ideale Schlittenstrecke nach Süden zu sein schien, sollte die Mannschaft die Breitengrade jeweils in drei statt vier Tagen überwinden und danach wie gehabt einen Tag ruhen.

Wieder ging es rasch voran. »Wir laufen wie die Windhunde über die endlose, glatte Schneefläche«, notierte Amundsen am 8. November. Am selben Tag tauchten in südwestlicher Richtung bräunlich-weiße Wolkenmassen auf, die auf festes Land hinwiesen, und am nächsten Tag entdeckten die Männer durch ihre Ferngläser die ersten Gipfel des Transantarktischen Gebirges. Heute weiß man, dass dieser gewaltige Höhenzug das gesamte Ross-Schelfeis wie eine Zange umfasst und sich daran anschließend über nahezu die komplette antarktische Landmasse erstreckt.

Navigation – hundert Jahre später

Während man sich überall auf der Welt mittels Kompass anhand der Pole orientieren kann, fällt diese Möglichkeit aus, je mehr man sich den Polen selbst annähert. Der Sonnenstand ist in der Antarktis natürlich auch keine Hilfe. Im Gegensatz zu Amundsen und Scott stehen heutigen Expeditionen aber moderne Hilfsmittel wie GPS zur Verfügung, um den richtigen Weg durch die Eiswüste, der die natürlichen Orientierungspunkte fehlen, zu finden, sodass die Wettkämpfer den Umgang mit dem Sextanten bei ihrer Ausbildung in Norwegen zum Glück nicht auch noch erlernen mussten.

Die Rennteams können mit Hilfe ihrer GPS-Geräte – jeder Teilnehmer trägt ein eigenes Gerät – zum einen jederzeit die Südrichtung bestimmen. Zum anderen sind im Vorfeld des Rennens bestimmte feste Koordinaten wie der Midway-Checkpoint eingegeben worden. Da man aber auch stets die eigene Position ablesen kann, stellt dieses Gerät – zusammen mit einem Iridium-Satellitentelefon – den entscheidenden Rettungsanker dar, falls ein Notfall eintreten sollte.

Jede Antarktisexpedition ist verpflichtet, einmal täglich bei ihrer Ausgangsstation einen Statusreport abzugeben, aus dem die momentane Position, das Wetter, die Wetteraussichten und der Zustand der Expeditionsteilnehmer her-

Überlebenswichtig:
Die Handhabe von
GPS-Gerät und
Satellitentelefon.

In der riesigen Eiswüste der Antarktis wäre man ohne moderne Technik verloren.

vorgehen. Sollte dieser Bericht ausbleiben, wird sofort ein Rettungsszenario in Gang gesetzt, um die Expedition zu finden und ihre Mitglieder gegebenenfalls zu evakuieren. Deshalb wurde bei der Ausbildung der Rennteams größtmöglicher Wert darauf gelegt, dass jeder Teilnehmer den Umgang mit den Geräten verinnerlichte. Außerdem muss genau darauf geachtet werden, dass der Akku hält. Die Teams haben zwar kleine Solarpaneele in ihrem Gepäck, mit denen elektronische Geräte aufgeladen werden können, aber die Stromversorgung aus diesen Geräten ist nicht üppig.

Im Gegensatz zum gewohnten Handy, das in der Antarktis nutzlos ist, funktioniert das Satellitentelefon hier besser als irgendwo sonst auf dem Planeten – fast zu gut: Die Umlaufbahn der Satelliten folgt den Längengraden genau über den Polen, sodass ständig einer der 66 Satelliten gerade in der »Nähe« befindet. Leider aber versucht das Telefon immer, den besten Satelliten auszuwählen, und bei deren »Streit« darüber, welcher denn nun gerade der beste ist, kann dann ein Gespräch mit der Heimat auch ganz plötzlich unterbrochen werden.

Das Depot der Norweger auf 83 Grad, mit zwei Meter hohem »Eisturm« und Wimpel weithin sichtbar markiert.

Damals war dieser Teil der Antarktis noch vollkommen unerforscht. Amundsen konnte absolut nicht wissen, was ihn und seine Männer in diesen Bergen erwartete, auf die sie sich nun langsam zubewegten. Es schien fraglich, ob es ihnen dann noch gelingen würde, so schnell wie jetzt vorwärts zu stoßen.

Zunächst einmal genossen sie jedoch den majestätischen Anblick. »Das Land erschien uns in den prächtigsten Farben«, beschrieb Amundsen am 13. November die Szenerie. »Gleißend weiß, leuchtend blau, pechschwarz im Sonnenlicht. Das Land sieht aus wie im Märchen. Gipfel über Gipfel, Fels um Fels – so wild zerklüftet wie nur irgendetwas auf unserer Erde liegt es da, niemand hat es bislang gesehen, niemand betreten. Es ist ein wunderbares Gefühl, hier zu reisen.« Kurze Zeit später jedoch waren die gewaltigen Berge in den Augen der Norweger nur noch eines: Hindernisse auf dem Weg zum Pol. Wohl auch deshalb ging die Entdeckerfreude nicht so weit, dass sich Amundsen für jeden der zahlreichen Gipfel einen Namen ausdachte. Stattdessen griff er einfach auf das Alphabet zurück: Gipfel A, B, C, D usw.

Amundsen machte bald eine »wundervolle Entdeckung«. Direkt auf seiner Route Richtung Süden schien unterhalb von Gipfel »C« eine gewaltige Gletscherbucht zu liegen, die vielleicht auf direktem Weg den Aufstieg zum Polarplateau ermöglichen konnte. Die Männer konnten ihr Glück kaum fassen, doch noch waren sie nicht da. Sie legten ihr Depot auf 84 Grad an und fuhren weiter Richtung Süden. Nach einem Tag im Nebel, der ihnen vollständig die Sicht raubte, lagen die Berge plötzlich nahe vor ihnen, und das Terrain nahm zusehends einen wellenförmigen und zerklüfteten Charakter an – ein sicheres Zeichen dafür, dass sie sich dem Übergang vom Schelfeis zum antarktischen Festland näherten. In diesem Gelände richteten sie ihr 85-Grad-Depot ein – und waren noch immer auf der Eisplatte. Das hieß, dass sie mehr als 180 Kilometer weniger auf dem Hochplateau würden zurücklegen müssen als Scott, der auf Shackletons Spuren bereits am nordwestlich gelegenen Beardmore-Gletscher in diese Hochgebirgsregion mit ihrer dünneren Höhenluft emporsteigen würde.

Amundsen hatte nun eine schwierige Entscheidung zu treffen: An welcher Stelle sollte sein Aufstieg beginnen – am Fuße einer Bergkette, die bis

In den Vorratslagern der Norweger mangelte es an nichts – auch nicht an sorgfältig versiegelten Kanistern mit dem lebenswichtigen Brennstoff Paraffin.

dahin noch nie ein Mensch betreten hatte? Der Blick von unten auf diese gewaltigen Erhebungen war zweifellos trügerisch, die Perspektiven waren verzerrt und die wahren Ausmaße der Höhenzüge kaum abzuschätzen. Die im Süden entdeckte Bucht schien bei näherer Betrachtung als Weg zum Plateau auszufallen – sie machte einen äußerst unruhigen Eindruck, sodass Schwierigkeiten zu erwarten waren. Amundsen entschloss sich deshalb, die Idealroute zum Pol zu verlassen und leicht nach Südwesten abzuschwenken in Richtung eines Gipfels, den er »Bienenstock« nannte.

Zunächst jedoch wollte er am Fuße der Gebirgskette ein zusätzliches Depot anlegen, denn es ging nun darum, mit möglichst wenig Gepäck den schwierigen Aufstieg in Angriff nehmen zu können. »Wie jede wichtige Entscheidung wurde auch diese Sache gemeinsam besprochen«, schrieb Amundsen im Rückblick. »Die Entfernung, die wir von hier aus zum Pol und wieder zurück vor uns hatten, betrug 1100 km. Mit dem Aufstieg, den wir vor uns sahen, mit anderen unvorhergesehenen Hindernissen und schließlich mit der sicheren Tatsache vor Augen, dass unsere Hundekräfte nun auf einen Bruchteil der bisherigen verringert werden mussten, beschlossen wir, für 60 Tage Lebensmittel nebst Ausrüstung auf die Schlitten zu laden und den Rest – genügend für 30 Tage – in dem Vorratslager zurückzulassen. Nach der Erfahrung, die wir bisher gemacht hatten, rechneten wir uns aus, dass wir imstande sein müssten, von hier an mit 12 Hunden durchzukommen. Jetzt hatten wir 42 Hunde, die alle bis zur Hochebene gebracht werden sollten. Dort wollten wir 24 schlachten und die Reise mit 3 Schlitten und 18 Hunden fortsetzen. Von diesen 18 mussten nach unserer Annahme auch noch 6 geschlachtet werden, wenn wir die übrigen 12 wieder hierher zurückbringen wollten.«

Am 17. November gegen Mittag machten sich die Männer an das Umpacken der Schlitten. Dabei erwies es sich als vorteilhaft, dass Amundsen die Verpflegung bewusst einfach gehalten hatte. Hauptnahrungsmittel für Menschen und Hunde war Pemmikan, eine von den Indianern Nordamerikas erfundene Mischung aus getrocknetem Fleisch mit Talg und Knochenmarksfett. Das lange haltbare und äußerst nahrhafte Konzentrat konnte kalt gegessen oder aufgewärmt werden, wobei der Pemmikan für die Tiere nach einer anderen Rezeptur zubereitet wurde als für die Menschen. Deren Speiseplan bestand zudem nur noch aus Zwieback – der nun noch einmal durchgezählt wurde – und Schokolade. Der Flüssigkeitshaushalt wurde mithilfe von geschmolzenem Schnee reguliert, in den bei den Mahlzeiten Milchpulver eingerührt wurde, das die Männer in 300-Gramm-Paketen mitführten. Mehr Auswahl gab es während der ganzen Reise nicht. Von aufputschenden Getränken wie Tee oder Kaffee hatte Amundsen Abstand genommen. Zuletzt hängten die Männer die Kleidung, die sie seit inzwischen vier Wochen getragen hatten, zum Lüften auf. »Wenn wir dann in zwei Monaten zurückkamen, würden sie sicher genügend gelüftet sein, sodass wir sie wieder anziehen konnten«, so Amundsen.

Am Morgen des nächsten Tages begann der, so Bjaaland, »schreckliche Aufstieg«. Das Wetter war ausnehmend gut, und man konnte sich an einen Skiausflug in den Bergen erinnert fühlen, hätten nicht die schweren Schlitten mit anderthalb Tonnen Last die steilen Hänge hinaufbefördert werden müssen. Mitunter mussten zwei Gespanne vor einen Schlitten gespannt werden, um die Steigungen zu bewältigen. Dann kehrten die fünf Männer, die wegen der »sommerlichen« Temperaturen ein Kleidungsstück nach dem anderen ablegten, zurück und holten auch den zweiten Schlitten nach. Am Ende des Tages hatten sie fast 20 Kilometer zurückgelegt und 700 Höhenmeter überwunden. Amundsen vermerkte zufrieden in seinem Tagebuch: »Die Hunde haben heute eine Arbeit geleistet, die meine höchsten Erwartungen übertraf.« Am Nachmittag machten sich mehrere Männer auf, um eine Route für den nächsten Tag zu erkunden.

Offenbar kam es danach zu einem Disput zwischen Bjaaland auf der einen sowie Hansen und Wisting auf der anderen Seite, welcher Weg der bessere sei, den Amundsen schließlich zugunsten der beiden Letzteren entschied. Was folgte, war laut Hassels Tagebuch »ein netter kleiner (ziemlich heißer) Aufwasch«, in dessen Folge Bjaaland wie einen Monat zuvor Johansen aus der Expedition ausgeschlossen wurde. Er sollte zwar beim weiteren Aufstieg zum Plateau noch behilflich sein, danach aber nach Framheim zurückkehren, wobei ihn wegen seiner mangelhaften Navigationskenntnisse Hassel hätte begleiten müssen. In dieser vertrackten Situation tat Bjaaland den einzig möglichen Schritt, der den Chef noch einmal umstimmen konnte, und kroch »kleinlaut genug zu Kreuze und bat, ob der Kapitän seine Entscheidung noch einmal überdenken könnte, was Amundsen dann auch tat. Allerdings stellte er noch einmal klar, dass er keinen Widerspruch dulde.«

Wie ernähren sich die Teams heute

Für ihre Verpflegung sind die Teams selbst verantwortlich. Sie müssen sie vor dem Wettlauf zusammenstellen, wobei sie von erfahrenen Extremsportexperten beraten werden. Sie wissen, dass sie bei der extremen Kälte und in der Höhenluft bis zu 8000 Kalorien pro Tag verbrennen werden, und diese müssen irgendwie dem Körper wieder zugeführt werden. Alle haben sich im Laufe der letzten Monate auch schon ein kleines Sicherheitspolster angegessen. In der Antarktis angekommen, diskutieren die Wettläufer dann immer wieder, was sie zum Essen auf die eigentliche Reise mitnehmen sollen: Reichen die Rationen, die der Rennleiter vorschlägt: etwa 600 Gramm Nüsse, Trockenfleisch, Gummibärchen, dazu eine Packung Müsli für den Morgen und Trockennahrung für den Abend und noch ein paar Energieriegel? Oder sollten sie lieber auf Nummer sicher gehen und mehr einpacken? Doch mehr Essen bedeutet auch immer mehr Gewicht, das dann auf den Schlitten transportiert werden muss.

Die Österreicher entscheiden sich für die Sparvariante und reisen mit kleinem Gepäck. Dagegen nehmen die Deutschen nicht nur das normale Essen, sondern pro Tag und Person zusätzlich noch eine Tüte Peronin mit, ein Flüssignahrungsmittel mit 500 Kalorien – also fast eine richtige Mahlzeit. Abends vertilgen beide Teams Trockennahrung in Pulverform, die mit heißem Wasser aufgegossen wird. Es gibt Dutzende verschiedene Geschmacksrichtungen –

Morgens um halb zehn in der Antarktis: Markus Lanz beim Schokosnack.

Satt und zufrieden:
Die Österreicher
nach ihrem »Gröstl«.

Nudeln, Bœuf Stroganoff, Spicy Chicken usw. – doch sind sie alle nichts für verwöhnte Gaumen.

»Wenn du den ganzen Tag richtig hart geschuftet hast, zitternd und vollkommen ausgelaugt im Zelt sitzt, und dann wartet da Chili con carne auf dich – und zwar in einer Konsistenz und Form, wie du es nie für möglich gehalten hättest, dass ein Koch auf dieser Welt so etwas macht, dann ist das richtig hart«, schimpft Markus Lanz. »Das ganze Rennen würde sehr viel leichter fallen, wenn man was Ordentliches zu essen hätte: einen schönen Käse, einen schönen Speck – was auch immer! Einfach was Gutes, was Herzhaftes.«

Während der Akklimatisierungsphase erlaubt sich der österreichische Teamchef Hermann Maier den Luxus, auf seinem Schlitten je fünf Kilogramm Kartoffeln und Speck mitzuschleppen und eines Abends daraus ein »Gröstl« – Bratkartoffeln – zuzubereiten. Als ihnen einfällt, dass Markus Lanz in Deutschland auch eine Kochsendung moderiert, laufen die Österreicher mit einer kleinen Bratpfanne hinüber zum deutschen Zelt und präsentieren ihren Konkurrenten das Gericht. Die Deutschen dürfen probieren und sind über die unverhoffte kulinarische Abwechslung hoch erfreut.

Als es schließlich ernst wird, hat jedes Team Gepäck oder Essen für mehr als 20 Tage dabei – so lange wird das Rennen im Höchstfall dauern. Während die Deutschen weiter auf ihr Wundermittel Peronin setzen, haben die Österreicher zahlreiche Energieriegel eingepackt. Während des Marschs essen die Teams aus kleinen Day Bags, die Schokolade, Nüsse, Käse und Trockenfleisch enthalten. Dieses Biltong genannte Fleisch mit seiner fast kaugummiartigen Konsistenz bewirkt, dass die Rennteilnehmer den ganzen Tag am Kauen sind – was nicht nur den Hunger eindämmt, sondern auch über die Eintönigkeit des Gehens hinweghilft.

Wichtig ist aber nicht nur das Essen, sondern vor allem auch das Trinken, davor wurden sie im Vorhinein mindestens so sehr gewarnt wie vor Erfrierungen. Ohne ausreichende Flüssigkeitszufuhr droht den Wettkämpfern die Gefahr der Dehydrierung. Einfach einen Getränkekanister mit auf die Südpolreise zu nehmen, wäre freilich keine gute Idee: Abgesehen davon, dass die

Die tägliche notwendige Menge Schnee zu schmelzen ist ein mühsames Geschäft.

Flüssigkeit ohne ausreichende Isolierung sofort einfrieren würde, wäre es den Rennteilnehmern unmöglich, das zusätzliche Gewicht zu schleppen. Zudem gibt es ja genug bestes und sauberstes Wasser in der Antarktis – wenn auch in gefrorener Form.

So müssen die Teams einen Großteil ihrer Pausen darauf verwenden, Schnee zu schmelzen – und das braucht seine Zeit. Der äußerst trockene Schnee muss immer wieder in einen Topf gefüllt werden. Dann dauert es fast eine halbe Stunde, bis das Wasser endlich kocht – allerdings nur in einer Menge, die gerade für eine Person ausreicht. Mindestens zwei Liter benötigt jeder am Tag – für das Müsli, das mit Trockenmilch angerührt wird, für die Getränke im Zelt, für das Peronin und für die Thermosflasche unterwegs. Acht Liter Wasser aus geschmolzenem Schnee pro Team zu schmelzen – fürwahr keine leichte Aufgabe und wie so vieles bei diesem Rennen fürchterlich eintönig und eine echte Geduldsprobe.

18. November 1911: »Der schreckliche Aufstieg« der Norweger ins Gebirge, wie ihn sich der Illustrator Andreas Bloch als Postkartenmotiv vorstellte.

Sie drangen weiter in das Gebirge vor. Nach einem erneuten steilen Anstieg ging es zunächst wieder schräg nach unten, wobei Seile um die Kufen gewickelt werden mussten, damit die Schlitten nicht zu schnell wurden und mitsamt ihrer Fracht ins Tal sausten. »Die Kunst bestand darin, zu wissen, wie oft man das Seil herumwickeln musste, um die richtige Bremse zu haben«, so Amundsen. »Das gelang nicht immer, und die Folge davon war, dass mehrere Zusammenstöße erfolgten, ehe wir den Abstieg vollendet hatten. Besonders einer der Herren schien eine ausgesprochene Verachtung für diese Art Bremsen zu hegen; man konnte ihn mit Blitzesschnelle davonfahren und seinen Vordermann mit sich reißen sehen« – wobei klar war, dass er den tempoverliebten Skisportler Bjaaland damit meinte. Dieser konnte sich jedoch bald wieder auszeichnen, indem er auf den nun folgenden steilen Aufstiegen die Rolle des Vorläufers vor dem ersten Hundeschlitten übernahm. »Man merkte, er hatte schon mehr Höhen erstiegen«, so Amundsen anerkennend. Einmal mussten sogar alle 42 Hunde vor einen Schlitten gespannt werden, so steil ging es nach oben.

Noch immer hatten sie das Schlimmste nicht überstanden, denn bald mussten sie erkennen, dass sich quer zu ihrer Laufrichtung ein gewaltiger Gletscher mit zahlreichen großen, unheimlichen Spalten erstreckte. Doch es half nichts: Wollten sie das Plateau erreichen, so mussten sie diesen Gletscher – den Amundsen später nach Axel Heiberg, einem Gönner seiner Expedition, benannte – erklimmen. Zunächst mussten sie wieder bergab, und dann begann der mühevolle Aufstieg mit mehreren steilen Absätzen. »Die Hitze war geradezu lästig«, so Amundsen, »trotz der leichten Kleidung schwitzten wir, als wären wir an einem Wettlauf in den Tropen beteiligt.« Erneut kamen sie nur mit doppelten Gespannen voran; immer wieder mussten auch Kundschafter ausgeschickt werden, weil sich viele Wege in einem Gewirr von großen Gletscherspalten und wilden Zerklüftungen als nicht gangbar erwiesen. Dennoch gewannen sie an Höhe und schlugen am Abend des 20. November ihr Lager bereits auf 1650 Metern über dem Meeresspiegel auf.

Wieder unternahm Amundsen mit zweien seiner Männer eine Erkundungstour, und sie kletterten noch einmal 750 Meter empor, wo sie die beglückende Entdeckung machten, dass von dort aus die Hochebene schon zum Greifen nah war. Auf dem Rückweg zum Lagerplatz bot sich ihnen, wie Amundsen schrieb, »ein schauerlich großartiger Anblick dar. Auf allen Seiten von ungeheuren Spalten und gähnenden Abgründen umgeben, sah unser Zeltplatz wirklich nicht sehr einladend aus. Der Eindruck, den diese wilde Landschaft auf den Beschauer macht, lässt sich nicht mit Worten wiedergeben. Loch an Loch, Spalte an Spalte, dazwischen große Eisblöcke, alles durcheinander – unwillkürlich musste man denken, dass hier die Natur die größere Gewalt habe. Hier nützte kein Vordringenwollen! Nicht ohne eine gewisse Befriedigung betrachteten wir die Landschaft. Der kleine dunkle Fleck da unten – unser Haus – mitten in diesem Chaos, gab uns das Gefühl von Stärke und Kraft.« Das Donnern zahlreicher mächtiger Lawinen lieferte die passende Begleitmusik.

Der folgende Tag wurde für die Männer und die Hunde zu einer einzigen Schinderei. Im losen Schnee ging es nur mühsam voran; und noch wussten sie nicht, ob der letzte Teil der Strecke, den sie am Vorabend nicht hatten erkunden können, wirklich begehbar war. Die Freude war groß, denn er stellte sich als langer und gleichmäßiger, wenn auch streckenweise sehr steiler Anstieg heraus. »Die Hunde schienen förmlich zu verstehen, dass dies die letzte Riesenanstrengung war, die man von ihnen forderte«, schrieb Amundsen. »Sie streckten sich ganz flach aus und zogen, zogen, sie krallten sich fest und zogen sich hinauf. Aber ein klein wenig verschnaufen musste man sie doch lassen, und da wurden die Kräfte der Lenker auf eine harte Probe gestellt. Es ist wahrlich keine Kleinigkeit, einen so schwer beladenen Schlitten einmal ums andere in Gang zu setzen. Wie sie sich diesen Berg hinauf abschinden mussten, beide, Menschen und Tiere! Aber sie kamen doch vorwärts, Zoll für Zoll, bis der steilste Teil überwunden war.«

Erst um acht Uhr abends schlugen sie an diesem 21. November ihr Lager auf. In zwölf Stunden hatten sie 31 Kilometer zurückgelegt und einen Höhenunterschied von 1600 Metern überwunden – eine außerordentliche Leistung. Binnen nur vier Tagen war es ihnen gelungen, von der Eisbarriere zum Polarplateau hochzusteigen – und das in einem vollkommen unbekannten Gelände, das auf keiner Karte verzeichnet war. Amundsen hatte Glück, denn er war auf die Stelle getroffen, an der das Transantarktische Gebirge am schmalsten ist. Nur einige Kilometer zur einen oder anderen Seite hin – und das ermüdende Auf und Ab zwischen Berghängen und Gletschern hätte sich weitaus länger hingezogen. Dennoch hatte der Gipfelsturm mehr Mühen gekostet als notwendig: Wären die Männer auf ihrem ursprünglichen Kurs geblieben und hätten ihre Schlitten in die zunächst favorisierte Bucht gesteuert – die, wie sich nun herausstellte, vom unteren Ausläufer des Axel-Heiberg-Gletschers gebildet wurde –, so hätten sie sich die ersten beiden anstrengenden Tage des Aufstiegs wohl zumindest etwas erleichtern können. Amundsen war trotzdem zufrieden: Zehn Tage hatte er eingeplant, um auf das Polarplateau zu gelangen; nach nicht einmal der Hälfte der Zeit stand er mit seinen Männern schon dort oben.

Es war keine Frage, wer den größten Anteil an dieser Leistung hatte – seine Hunde. Und doch musste das längst beschlossene Urteil an ihnen vollzogen werden. Amundsen, der kein Gespann führte, verkroch sich ins Zelt. »Viel hurtiger als sonst wurde an diesem Abend der Primuskocher angezündet und bis zum Hochdruck Luft hineingepumpt. Ich hoffte, dadurch recht viel Lärm hier drinnen zu machen, damit ich die Schüsse nicht hören würde, die draußen bald knallen mussten. 24 unserer tüchtigsten Kameraden und treuen Gehilfen mussten den Tod erleiden. Das war hart, aber es musste sein. Darin stimmten wir alle überein, dass nichts gescheut werden durfte, was zur Erreichung unseres Ziels beitragen konnte«, schrieb er später. »Jetzt knallte der erste Schuss. Ich bin sonst nicht nervös, aber ich muss gestehen, da fuhr ich zusammen. Dann folgte Schuss auf Schuss. ... Bei jedem verlor ein treuer Diener das Leben. ... Es lag etwas Drückendes, Trauriges in der Luft – wir hatten unsere Hunde doch herzlich lieb gewonnen gehabt.« Die Männer nannten ihren Lagerplatz »Metzgerei«. Sie waren traurig an diesem Abend, doch der Sturmlauf zum Pol konnte weitergehen.

Scott im Kampf mit den Naturgewalten

Am selben Tag hatten Scott und seine Begleiter endlich den vereinbarten Treffpunkt bei 80°30' erreicht. Sie lagen damit fünf Breitengrade oder mehr als 550 Kilometer hinter Amundsen. Die vorangegangenen zwei Wochen seit dem Abmarsch vom Corner Camp waren zermürbend gewesen und hatten die Nerven aller Beteiligten auf eine harte Probe gestellt. Scotts Ponykarawane war nur im Schneckentempo vorangekommen – manchmal lediglich elf oder zwölf Kilometer am Tag. »Die Oberfläche war schauderhaft, das Wetter schrecklich, der Schnee wollte nicht aufhören und bedeckte alles mit weichen, flaumigen Flocken, Zoll für Zoll, Meile für Meile«, seufzte Cherry-Garrard. Und auch Scotts Aufzeichnungen strotzten vor Klagen über die miserablen Begleitumstände des Trecks. »Das Wetter war entsetzlich, bedeckt, trübe, schneereich«, hieß es am 12. November, und einen Tag darauf: »3 Uhr nachmittags. Seit einigen Stunden hat es beharrlich geschneit, und der Schnee auf der weichen Oberfläche ist Zoll um Zoll gestiegen! Was kann solch ein Wetter zu bedeuten haben? Dieses Übermaß an Niederschlägen muss auf irgendeine außen liegende Quelle zurückgehen, wie etwa das offene Meer. Wenn das aber ein Ausnahmezustand ist, dann wird unser Los furchtbar sein!« Am 19. November notierte er: »Heute sind wir auf eine wirklich schlechte Oberfläche gestoßen; die Schlitten glitten leicht darüber hin, aber die Ponys sanken sehr tief ein.«

Damit hatte er sich dem Kern des Problems bereits sehr angenähert – die tief verschneite Eisbarriere war einfach kein Ort, um mit Pferden vorwärtszukommen. Immer wieder brachen die Tiere mit ihren Hufen durch die Schneekruste, oft 20 oder 30 Zentimeter tief, und mühten sich unsäglich damit ab, die schweren Schlitten zu ziehen. Neben den Pferden her stapften Männer, deren Skier auf den Schlitten lagen – ein Widersinn. Es drängt sich die Frage auf, warum man aus den Erfahrungen der Depottour nicht gelernt hatte: Damals hatten sich Ponyschneeschuhe als probates Mittel auf dem weichen Untergrund erwiesen. Offenbar hatten Scott und seine Leute erneut zu wenige eingepackt, und man besann sich erst sehr spät wieder auf sie. »Wir probierten heute bei Nobby die Schneeschuhe aus«, notierte Scott am 1. Dezember, einen Monat nach Beginn des Trecks. »Vier Meilen kam er wunderbar auf ihnen voran, dann zerbrachen die verdammten Dinger. Es besteht kein Zweifel, dass diese Schneeschuhe *die* Sache für die Ponys sind, und wenn unsere sie von Anfang an getragen hätten, dann würde es ihnen sicherlich besser gehen als jetzt.«

Inzwischen hatte sich der Zustand der Tiere dramatisch verschlechtert. Einige zeigten schon Zeichen von Auszehrung. Die steten diesbezüglichen Klagen von Oates hatte Scott lange nicht ernst genommen, sich vielmehr

Wie alle ihre Vorratslager markierten die Norweger auch ihr Depot auf 85 Grad –
das vorletzte auf der Eisbarriere – äußerst sorgfältig.

Ein Depot der Scott-Expedition, deren Kennzeichnung nachlässiger war – was sich später
rächen sollte.

eingeredet, dass sie sogar den Gletscheraufstieg zum Polarplateau schaffen könnten. Nun wurde er angesichts der miserablen körperlichen Verfassung der Tiere zusehends nervöser. »Scott geht nun auf, was für Krüppel unsere Ponys sind, und macht ein langes Gesicht«, schrieb Oates mit einem makabren Anflug von Schadenfreude in sein Tagebuch. Und Cherry-Garrard notierte, dass Scott daran zu zweifeln begann, ob die Ponys ihre Aufgaben erfüllen könnten. Amundsen sei mit seinen Hunden viel besser dran. »Der Anblick eines Führers, der nicht nur seine Entschlüsse bereut, sondern obendrein nicht einmal die Beherrschung hat, das zu verbergen, ist nicht gerade erhebend«, so Cherry-Garrard niedergeschlagen.

Als am 15. November endlich das 240 Kilometer von Kap Evans entfernte One Ton Depot erreicht wurde, verabschiedete sich Scott endgültig von der Vorstellung, auch nur eines der Tiere den Gletscher hinauftreiben zu können. Stattdessen sollten die Ponys spätestens am Beginn des Aufstiegs getötet werden – wenn sie denn überhaupt so lange durchhalten würden. Die Ponyführer waren erleichtert, hatten sie sich doch seit Langem das Hirn zermartert, wie sie die bald bockigen, bald ungestümen Tiere durch das mit Spalten übersäte Gletschergebiet bringen sollten. Denn anders als beim Hundeschlittengespann, bei dem der Verlust einiger Tieren durchaus zu verkraften gewesen wäre, hätte der Ausfall eines Ponys fatale Folgen gehabt. Zudem schien es ein Ding der Unmöglichkeit zu sein, in einem solchen Fall die Verbindung zwischen Pferd und Schlitten zu lösen, sodass mit einem Pferd zugleich wohl auch der Schlitten verloren gegangen wäre.

Die Arbeit mit den Ponys war ein Knochenjob. Nicht nur das Temperamentsbündel Christopher ging gelegentlich durch, was dann regelmäßig den ganzen Haufen in Unordnung brachte. Doch das war noch das geringste Übel. Während die Hunde in der Kälte für sich selbst sorgen konnten und sich während der Marschpausen oder an den Lagerplätzen einfach Kuhlen in den Schnee gruben, brauchten die Ponys stets jemanden, der sich um sie kümmerte. Nach oftmals sieben, acht Stunden anstrengenden Trecks hieß das, dass die Männer die Tiere trockenreiben und ihnen Decken umhängen mussten, weil die Ponys sonst sofort froren. Sie bauten Schneewälle zum Schutz gegen den Wind, doch die Pferde stießen die Wände oft genug wieder um. An stürmischen Tagen mussten die Tiere regelmäßig aus dem Schnee gegraben werden. Auch die Fütterung verlief selten reibungslos: Einige Tiere schüttelten ihre Futtersäcke immer wieder ab, andere versuchten beharrlich, an das Futter ihrer Kameraden zu gelangen, was dann ebenfalls für Unruhe sorgte. Manchmal blieben den Männern kaum vier Stunden Schlaf.

Die allgemeine Misere mit den Ponys schlug schon bald auf die Laune. »Wir sind in sehr gedrückter Stimmung«, vertraute Scott bereits am 12. November seinem Tagebuch an, und einen Tag später notierte er: »Im Lager geht es schweigsam und niedergeschlagen zu, ein Zeichen, dass es schlecht steht.« Es kam zu Streitigkeiten, vor allem zwischen Scott und Oates. Aber auch Scotts treuer Diener Bowers musste sich plötzlich Vorwürfe seines Chefs gefallen lassen, er habe die Schlitten zu schwer beladen oder würde die Futterrationen der Pferde falsch zuteilen. »Als ich im Lager ankam, war ich nicht überrascht festzustellen, dass Scott an einer Depression litt«, so Bowers. »Er meinte, dass bei der Planung des Grünfutterverbrauchs seine eigene Einheit nicht auf die gleiche Weise behandelt worden wäre wie die unsere, ja, tatsächlich klagte er mich an, seine drei Pferde für mein eigenes zu opfern. Nach dem Essen gingen wir die Ladungen im Detail durch und beschlossen nach einer kleinen Streiterei, so weiterzumachen wie bislang. Ich kann seine Gefühle durchaus verstehen, denn nach unserer Erfahrung vom letzten Jahr bringt ihn ein schlechter Tag wie der heutige dazu, zu fürchten, dass unsere Tiere uns im Stich lassen werden.«

Am 21. November trafen Scott und seine Männer hinter dem 80. Breitengrad auf die ehemalige Motorgruppe. Teddy Evans und seine drei Begleiter hatten ihre Lasten seit dem Zusammenbruch ihrer beiden Motorschlitten am Corner Camp selbst gezogen und waren dennoch schon sechs Tage zuvor am vereinbarten Treffpunkt auf 80°30' angekommen. Die Wartezeit hatten sie sich mit dem Bau einer gewaltigen, viereinhalb Meter hohen Schneepyramide totgeschlagen, die scherzhaft »Mount Hooper« genannt wurde. Die Männer litten unter Hunger, da ihre Lebensmittelrationen nicht für das »Man-hauling«, das Schlittenziehen mit eigener Körperkraft, berechnet waren. Auch bei den Briten war Pemmikan die Grundlage der Ernährung und wurde meist mit Zwieback und weiteren verfügbaren Zutaten zu einem eintopfähnlichen sogenannten »Hoosh« verkocht. Die Rationen waren zwar nicht größer, doch abwechslungsreichen als die der

Norweger – so enthielten sie Zucker, Butter, Tee und Kakao. Scott schien erstaunt, dass die Verpflegung der Ponyführer oder Motorschlittenlenker nicht auch für die Männer ausreichte, die schwere Zugarbeit leisten mussten. Er gab sich dennoch optimistisch, dass die Rationen für den weiteren Vormarsch genügten, selbst wenn der Gletscher nun ohne Ponyunterstützung erstiegen werden musste. »Trotzdem werden wir zweifellos bald alle Hunger zu spüren bekommen«, notierte er lakonisch. Er konnte noch nicht ahnen, wie recht er mit seiner Prognose haben sollte.

Ab jetzt brach die Karawane, die 16 Mann in drei verschiedenen Transportkategorien – Menschen, Pferde und Hunde – umfasste, an jedem Tag zu fünf unterschiedlichen Zeiten auf. Zuerst gingen die Schlittenzieher der ehemaligen Motorgruppe los, dann folgten in den gewohnten Abständen die drei Ponyabteilungen, und Stunden später machten sich auch die beiden Hundegespanne auf den Weg. »Die Hunde erledigen den gesamten Marsch in drei Stunden, und für den Rest des Tages haben Meares und Dmitrij wenig anderes zu tun«, schrieb Bowers in sein Tagebuch. »Die Hunde leisten Hervorragendes. Wenn man sieht, wie gut unsere beiden

Die Ponys waren den Treibern zwar ans Herz gewachsen, mussten jedoch schon vor dem Aufstieg zum Gletscher erschossen werden.

Teams waren, muss ich sagen, dass Amundsens Chancen, uns mit seinen 120 Hunden zuvorzukommen, gut stehen.« Bowers war nicht der Einzige, der in diesen Tagen an Amundsen dachte, doch der offizielle Maßstab war ein anderer – Shackleton. Weil man die Ponys unbedingt über den Punkt hinausbringen wollte, an dem Scotts Rivale sein erstes Pony töten musste, wurde auch Jehu – das »abgewrackteste all unserer Wracks«, so Cherry-Garrard – weiter mitgeschleppt. Erst am 24. November bekam es den Gnadenschuss – ein paar Meilen südlich der ominösen Stelle.

Von diesem Punkt an wurde alle zwei, drei Tage ein Pony erschossen – was deren Treibern meist das Herz brach. »Der gute alte Viktor! Er bekam immer einen Zwieback aus meiner Ration, und er fraß seinen letzten, ehe ihn die Kugel ins Jenseits beförderte«, klagte Bowers, als sein Pony an der Reihe war. »Es tut mir leid um das Tier, das so lange Zeit mein ständiger Begleiter und meine ständige Sorge war. Auf jeden Fall hat er seinen Anteil an unserem Unternehmen, und ich hoffe, dass der meine ebenso gut sein wird, wenn ich mich jetzt ins Geschirr einspanne.« Auch Exzentriker Christopher sorgte noch einmal für Aufruhr, als sein letztes Stündlein schlug: Er riss sich während der Exekution los, galoppierte mit einer Kugel im Kopf durchs Lager und biss noch einem Mann in den Arm, ehe er eingefangen und endgültig liquidiert werden konnte.

Das Pferdefleisch besserte die kargen Rationen der Männer auf; der Rest wurde an die Hunde verfüttert, die nach Scotts ursprünglichen Plänen eigentlich längst hätten umkehren sollen. Doch da ihre Leistungsfähigkeit inzwischen auch ihm imponierte, beschloss er, sie zunächst weiter mit nach Süden zu nehmen. Diese Entscheidung hatte freilich Folgen, deren letztendliche Auswirkungen möglicherweise nicht richtig bedacht wurden. Zum einen war für die Hunde kein Futter mehr eingeplant – es mussten also Ponys getötet werden, um als Fleischlieferanten herzuhalten. Die stärksten und geduldigsten Ponys hatten sich kräftemäßig – so schien es – inzwischen jedoch einigermaßen erholt, sodass man durchaus hätte versuchen können, ihre Zugkraft zumindest für einen Teil des Gletscheraufstiegs zu nutzen. Da sich Scott jedoch zuvor gegen den Aufstieg mit den Ponys entschieden hatte, war auch der größte Teil des Pferdefutters im Norden zurückgelassen worden. Aus diesem Grund hatten die Ponys nun ebenfalls nicht mehr genug zu fressen und mussten schon allein deshalb getötet werden. Auch stand es in den Sternen, ob die

Erschöpfte Ponys der Briten, die ohne ihre »Schneeschuhe« tief in den Schnee einsanken und deshalb mit den Schlitten nur mühsam vorwärts kamen.

Hunde, wenn sie so weit nach Süden vordrangen, ihre eigentlich für sie vorgesehenen Aufgaben noch erfüllen konnten. Ihnen war nämlich eine wichtige Rolle bei der Ergänzung der Nahrungsmitteldepots für die Rückkehrergruppe vom Pol zugedacht. Dafür jedoch mussten die Tiere jedoch zunächst einmal heil nach Kap Evans zurückkommen.

Es war eine äußerst vertrackte Situation, die sich in den ersten Dezembertagen gleichwohl weiter zuspitzte. Am 3. Dezember schlug das Wetter nach einigen guten Tagen wieder um, und ein heftiger Sturm warf endgültig alle Planungen über den Haufen. »Wir erwachten heute früh bei wütendem Schneesturm«, trug Scott am 5. Dezember in sein Tagebuch ein. »Eine Minute im Freien, und man ist von Kopf bis zu Fuß mit Schnee bedeckt. Dabei ist die Temperatur so hoch, dass alles kleben bleibt. Die Ponys stehen tief im Schnee, und Kopf, Schwanz, Beine und jedes Fleckchen, das nicht durch die Decke geschützt wird, ist wie mit Eis überzogen. Die Schlitten sind fast unsichtbar, und hohe Schneewehen ragen über die Zelte. Nach dem Frühstück haben wir die Schutzwälle wieder aufgeschau-

Gegen die bittere Kälte: Edgar Evans, Bowers, Wilson und Scott wärmen sich bei einer Tasse Tee in ihrem Zelt.

felt und stecken jetzt von Neuem in unseren Schlafsäcken. Bei solchem Wetter zu marschieren, und nun gar dem Sturm entgegen, ist natürlich ausgeschlossen!«

Die Männer zogen sich in ihre Zelte zurück, doch bei Temperaturen um den Gefrierpunkt durchweichte sie der feuchte Schnee augenblicklich. Das Wasser tropfte von den Wänden und Zeltstangen; auf dem Boden bildeten sich große Lachen. Die Männer lagen in ihren durchnässten Schlafsäcken, die sich vollgesogen hatten wie Schwämme. Von Zeit zu Zeit kämpften sie sich nach draußen und gruben die bedauernswerten Ponys wieder aus. Weil wegen der Verzögerung die Nahrungsmittel knapp wurden, blieb ihnen nichts anderes übrig, als ihre »Gipfelrationen« anzubrechen, die eigentlich erst für die Zeit nach dem Gletscheraufstieg vorgesehen waren. Erstmals rächte es sich, dass Scott so gut wie keine Sicherheitsreserven eingerechnet hatte, während Amundsen stets äußerst großzügig plante.

Scott lief die Zeit davon. »Nichts kann so erbittern wie diese erzwungene Untätigkeit, wo jede Stunde von so ungeheurer Wichtigkeit ist! Ein schreckliches Los, immer nur die Wasserflecken an den grünen Zeltwänden, die glitzernd nassen Bambusstangen, die schmutzigen, klatschnassen Socken und was sonst, von Wasser durchweicht, von der Decke herabbaumelt, anstieren – ewig das Trommeln des herabfallenden Schnees und das Klatschen des aufgeblähten Zelttuches hören – die klebrig-feuchten Kleidungsstücke fühlen zu müssen, und dabei zu wissen, dass draußen rechts und links und vorne und hinten eine weiße, farblose Mauer uns entgegenstarrt! Und dann das niederschmetternde Gefühl, dass mein ganzer Plan misslingt – misslingen muss!« Wieder einmal haderte Scott mit seinem Schicksal: »Es ist mehr als Pech! Keine Voraussicht – keine Überlegung – keine Erfahrung – nichts hätte uns auf so etwas vorbereiten können! ... Mich durchschauert eine Hoffnungslosigkeit, der ich mich kaum noch erwehren kann.« In ihm nagte die Ungewissheit: Handelte es sich bei diesen so widrigen Bedingungen um großflächige Wetterturbulenzen, oder war er nur das Opfer außergewöhnlicher Witterungsumstände vor Ort? In seinen Träumen sah er die Norweger »lächelnd im Sonnenschein voranschreiten«. Und hatte nicht Shackleton zu dieser Zeit des Jahres beste klimatische Voraussetzungen vorgefunden? »Ich werde so bitter, wenn ich unser Wetter mit dem unserer Vorgänger vergleiche«, fasste er seine Niedergeschlagenheit in Worte.

Zahlreiche, vor allem britische Autoren sind Scott in seinen Einschätzungen gefolgt. Die Witterungsbedingungen in dieser Phase der Expedition seien in der Tat außerordentlich schlecht gewesen, lautete die einhellige Meinung. Scott sei mit Gegebenheiten konfrontiert worden, »die er niemals vorhergesehen und die er nicht für möglich gehalten hätte«, meint beispielsweise Diana Preston. Roland Huntford, der anhand der Tagebücher von Shackleton, Scott und Amundsen die Gut- und Schlechtwettertage der jeweiligen Expeditionen überprüft hat, kommt freilich zu anderen Ergebnissen: Von 34 Tagen habe Scott bis dahin 19 mit gutem Wetter zu verzeichnen gehabt, genauso viele wie Amundsen zum vergleichbaren Zeitpunkt. Shackleton dagegen habe nach 34 Tagen nur auf 17 Gutwettertage zurückblicken können – also sogar zwei weniger als Scott. Selbst wenn man berücksichtigt, dass Wettereinschätzungen immer subjektiv sind, ist die Behauptung, dass vor allem das außergewöhnlich schlechte Wetter schuld an den mannigfaltigen Schwierigkeiten von Scotts Expedition gewesen sei, wohl eine Legende.

Der Weg durch den Teufelsgletscher

Als Amundsen mit seinen Männern nach zwei Tagen, in denen sie laut Bjaaland »wundervolle Mahlzeiten von unseren guten, alten Grönländern« genossen hatten (»sie schmeckten ausgezeichnet, vielleicht ein wenig zäh«), vom »Metzgerei«-Lager aufbrechen wollte, hielt auch sie ein Schneesturm im Zelt gefangen. Noch war das kein Anlass zur Besorgnis, doch als sich auch nach weiteren zwei Tagen keine Änderung abzeichnete, wurde Amundsen unruhig. In seiner späteren Beschreibung der *Eroberung des Südpols* stellte er es so dar, als hätten seine Männer geradezu darum gebettelt, wieder aufzubrechen: »Sollten wir vielleicht einen Versuch machen, weiterzukommen?, meinte einer. Kaum war der Vorschlag gemacht, so war er auch unter Jubel einstimmig angenommen.« Tatsächlich handelte es sich wohl um den einsamen Entschluss eines Mannes, der sich nicht so kurz vor dem großen Ziel von einem Schneesturm bremsen lassen wollte.

Nur noch zur Hälfte sichtbar: Eines der norwegischen Zelte nach einem Schneesturm.

Ein Schneesturm in der Antarktis

Schon in der zweiten Nacht nach ihrer Ankunft erleben Hermann Maier, Markus Lanz und ihre Teams die Antarktis erstmals von ihrer stürmischen Seite: Wind mit bis zu 80 Stundenkilometern zerrt an ihren Zelten. Es ist ein höllischer Lärm, es klappert und scheppert. Die Neuankömmlinge schlafen sehr unruhig, wachen mehrere Male auf – eine derartige Geräuschkulisse macht ihnen Angst. Sie haben das Gefühl, dass die Welt bald untergeht, dabei handelt es sich für Antarktisverhältnisse noch um ein vergleichsweise laues Lüftchen.

Am nächsten Tag muss der Anorak hochgeschlossen getragen werden. Vor allem aber darf nichts herumliegen: Eine Isomatte, ein Handschuh oder auch ein Zelt sind in der Antarktis in »Windeseile« endgültig verloren – schließlich gibt es nichts, woran sie hängen bleiben könnten, wenn sie fortgeweht werden, und Ersatz ist während des Rennens nicht zu beschaffen.

Nachdem sich die Elemente dann für ein paar Tage von ihrer freundlichen Seite gezeigt haben – so werden in der Sonne im Zelt sogar manchmal Plusgrade erreicht –, bekommen die Rennteilnehmer am Ende der Akklimatisierungsphase dann einen Eindruck davon, wie sich Scott und Amundsen hundert Jahre zuvor gefühlt haben mussten, wenn ihnen Schneestürme wieder und wieder den Weitermarsch unmöglich machten.

Im Schneesturm zu marschieren ist nahezu unmöglich.

Am Himmel ziehen graue Wolken auf, starker Wind kommt auf, und die ersten Kristalle beginnen durch die Gegend zu wirbeln. Im Gegensatz zu anderen Gegenden auf der Welt ist ein Schneesturm in der Antarktis nicht mit Schneefall gleichzusetzen – die Antarktis ist die trockenste Wüste der Welt, es schneit hier seltener, als es in der Sahara regnet. Aber der bisweilen bis zu 300 Stundenkilometer schnelle Wind fährt unter Schnee- und Eiskristalle und fegt sie dermaßen durch die Luft, dass sie beim Aufprall auf menschliche Hautpartien ziemliche Schmerzen verursachen.

Bemerkenswerterweise gibt es auch stürmische Tage, die auf einem Foto aussehen wie jeder andere. Wenn der Schnee zu fest ist und nichts aufgewirbelt werden kann, ist der Wind natürlich nicht sichtbar: Keine Bäume biegen sich im Wind, keine Blätter fliegen umher. Nur wer selber in dem Getöse steht, weiß: Das hier ist ein Sturm, und was für einer!

Doch jetzt sind alle Schlitten im Nu zugeschneit – und die Teams dazu verdammt, in den Zelten auszuharren. Jeder Schritt ins Freie wird bei der eisigen Kälte zum Hasardspiel, bei dem schnell Erfrierungen drohen. Nur durch die dünne Zeltwand geschützt vor dem Orkan, der über das Eis fegt, sitzen die Wettläufer in ihrer engen Behausung. Alle erschauern bei der Vorstellung, dass gerade mal zwei oder drei Lagen Nylon und Fleecestoff sie von dem tobenden Inferno trennen – und dass sie ohne diese Spezialausrüstung schnell erfrieren würden. Die Teams kochen, präparieren, nähen, unterhalten sich und lernen sich in der Enge der Zelte näher kennen. 35 Stunden auf Standby – es ist schwierig, so lange so dicht aufeinanderzusitzen, aber alle sind guter Stimmung.

Währenddessen dringt der feine, trockene Schnee durch sämtliche Ritzen. »Der Schnee hier oben ist von einer so feinen Konsistenz – ein Zuckerbäcker würde sich freuen«, berichtet Markus Lanz per Satellitentelefon nach Deutschland. »Er kommt überall durch, das ist unglaublich. Jeden Reißverschluss durchdringt dieser ganz, ganz feine Schnee. Ich vermute, dass morgen früh hier im Zelt eine Menge Schnee liegen wird, draußen tobt ein unglaublicher Sturm, aber in diesem Zelt hier ist es irgendwie ganz gemütlich und schön.«

Mit dem Schnee im Zelt hält es sich dann zwar in erträglichen Grenzen, aber das Equipment unter dem Vorzelt und natürlich die Zeltwände sind am nächsten Morgen von einer dicken weißen Schicht bedeckt. Doch wer jetzt an die klamme Kleidung nach einem Aufenthalt im einem Schneegestöber unserer Breiten denkt, hat falsche Vorstellungen. Der Schnee in der Antarktis hat

Sich ohne schützendes Zeltdach dem Sturm auszusetzen wäre der sichere Tod.

einen so geringen Wassergehalt und ist derartig feinkörnig, dass er sich einfach abschütteln lässt. Was beim Wasserkochen so lästig ist, lässt wenigstens den Campabbau nach einem Schneesturm zu einer etwas angenehmeren Beschäftigung werden.

Obwohl der Wind noch heftiger als in den vorangegangenen Tagen blies und das Schneegestöber immer dichter wurde, brachen sie am Morgen des 26. November mit nur noch drei Schlitten auf in die weiße, unbekannte Weite. Die Männer konnten kaum die Hand vor Augen sehen, geschweige denn die anderen Schlitten, der Untergrund war zäh wie Wüstensand, Schneewehen behinderten das Vorwärtskommen. Noch unangenehmer freilich war die Tatsache, dass sie nicht erkennen konnten, auf welchem Gelände sie sich eigentlich bewegten. Immerhin bemerkten sie, dass es wieder bergab ging – ein merkwürdiger Sachverhalt, glaubten sie sich doch auf der Hochebene des Polarplateaus angekommen. Aber die Sichtverhältnisse sollten sich für die nächsten zehn Tage nicht mehr ändern – »Nebel, Nebel – Nebel und wieder Nebel!«, beklagte sich Amundsen im Tagebuch. Nur ganz selten riss der Schleier für einige Augenblicke einmal auf, und sie sahen ostwärts von ihnen hohe Berggipfel, aber dann senkte sich der weiße Dunst wieder über die Landschaft. »Am besten wäre es gewesen, wenn wir hätten haltmachen, unser Zelt aufschlagen und helles Wetter hätten abwarten können«, so Amundsen. »Weiterzugehen, ohne zu wissen, wie das Gelände sich anließ, war nicht angenehm. Aber wie lange hätten wir wohl auf besseres Wetter zu warten? Vielleicht acht, ja sogar vierzehn Tage, und so viel Zeit hatten wir nicht zu versäumen. Da lieber hinein ins Unbekannte und annehmen, was kam.«

Damals konnten sie nicht wissen, dass sich das Transantarktische Gebirge, das sie wenige Tage zuvor erklommen hatten, an dieser Stelle von Nordwesten nach Südosten hinzieht. Auf ihrem Südkurs liefen sie deshalb zunächst noch parallel zu dem Höhenzug, der mit seinen zahlreichen Gletschern den Abfluss des antarktischen Eiskaps vom Hochplateau auf das Schelfeis bewirkt. Rasch wurde den Männern klar, dass sie sich wieder im Einzugsbereich eines solchen Gletschers befanden, denn die Anzahl der Spalten und Risse nahm zu. Bald merkten sie auch, dass sie es mit einem besonders großen und scheußlichen Exemplar zu tun hatten. Sie gerieten in einen derartigen Wirrwarr tiefer Abgründe und gähnender Schlünde, dass es ratsam schien, umgehend haltzumachen und nur nach genauester Erkundung der Umgebung weiterzugehen. »Es sah aus, als wäre hier eine Schlacht geschlagen worden, bei der mit gewaltigen Eisblöcken geschossen worden war«, beschrieb Amundsen die Szenerie kreuz

Immer in Gefahr, in einer seiner Spalten zu verschwinden: Der »Teufelsgletscher« verlangte den Norwegern alles ab.

und quer übereinandergetürmter Eisplatten. Ein Durchkommen schien nahezu unmöglich. Entsprechend gaben die Männer dem monströsen Gebilde den Namen »Teufelsgletscher«.

Mühsam suchten sie sich in den nächsten Tagen einen Weg durch das Chaos. Unglücklicherweise hatten sie in der Annahme, dass das Schlimmste überstanden sei, ihre Steigeisen bei der »Metzgerei« zurückgelassen. Nun schlitterten sie über das blanke Eis in ständiger Furcht, im nächsten Moment in einer der gewaltigen Spalten zu verschwinden. Amundsen war außer sich: »Tausend Gedanken gingen mir durch den Kopf. Der Pol vielleicht verloren wegen eines so idiotischen Fehlers?« Zentimeter für Zentimeter tasteten sie sich voran und hatten Glück, nicht abzurutschen. Doch kaum war diese Gefahr überstanden, da gerieten sie am nächsten Tag in einen derart heftigen Schneesturm, dass Bjaaland diesen 2. Dezember mit »Namenstag des Teufels« titulierte. Die Bodenverhältnisse wechselten zwischen vollkommen vereisten Flächen und

Schneewehen, die klebten »wie Fischleim«, so Amundsen. »Wenn nun die Schlitten über diese Schneewehen hinübermussten, konnten die armen Hunde, die dann schon auf dem Glatteis waren und mit ihren Krallen keinen Halt bekamen, trotz allem guten Willen die Schlitten nicht hinüberziehen.« Nur mit den vereinten Kräften von Menschen und Tieren ging es voran – in der dünnen Höhenluft des Eiskaps eine Tortur.

Noch immer besserte sich das Wetter nicht. Schneesturm folgte auf Schneesturm, und als eine letzte Prüfung wartete noch eine besondere Herausforderung auf die Männer – der »Tanzsaal des Teufels«. Es war eine unheimliche Eisformation, die aus mehreren gefrorenen Bodenschichten bestand: Brach man – was den Männern häufig passierte – durch die dünne obere Schicht, so folgte etwa einen Meter darunter die nächste, die ihrerseits wieder zahlreiche Abgründe aufwies. »Der leere Raum zwischen den beiden Schichten machte, dass der Boden beim Darüberwegschreiten unter unseren Füßen einen unheimlich hohlen Ton von sich gab«, beschrieb Amundsen das Gebilde. Diese schaurige Geräuschkulisse war jedoch der letzte Gruß des Teufelsgletschers; nun hatten die Männer tatsächlich das Polarplateau erreicht.

Erst vier Tage später jedoch, am 8. Dezember, ließ der Wind nach, das Schneetreiben hörte auf, und die Sonne brach durch. Es waren die passenden Begleitumstände, um einen Rekord zu feiern. Am Vortag hatten sie den 88. Breitengrad passiert, und Shackletons südlichster Punkt bei 88°23' rückte in greifbare Nähe. Amundsen fungierte an diesem Tag als Vorläufer der kleinen Karawane. Plötzlich hörte er hinter sich einen Jubelschrei, und als er sich umdrehte, sah er die norwegische Fahne an Hansens Schlitten wehen. »Wir standen weiter südwärts, als je ein Mensch gewesen war. Kein einziger Augenblick auf der ganzen Fahrt hat mich so ergriffen wie dieser. Die Tränen traten mir in die Augen, ich konnte sie trotz Aufbietung aller meiner Kräfte nicht zurückhalten. Die flatternde Fahne dort war stärker als meine Willenskraft. ... Gegenseitige Glückwünsche und warme Händedrucke wurden zwischen allen gewechselt; nun waren wir in treuem Zusammenhalten so weit gekommen, nun würden wir auch noch weiter – würden ganz hingelangen.«

Immer häufiger geisterte nun Scott durch die Unterhaltungen der Männer. Die Nervosität nahm zu. Was würde man am Pol zu sehen bekommen? Nur eine endlose weiße Ebene? Oder doch etwas ganz anderes?

Die Norweger unterwegs in grandioser Umgebung – wer erreicht das Ziel als Erster?

Sollten die Engländer womöglich doch vor ihnen da gewesen sein? »Nein, nein, das war eine Unmöglichkeit! Bei der Eile, mit der wir vorgerückt waren, mussten wir das Ziel zuerst erreichen, darüber konnte kein Zweifel herrschen«, schrieb Amundsen beschwörend. »Und doch – und doch! Wo sich nur die allerkleinste Öffnung zeigt, da schleicht sich der Zweifel ein und nagt, und nagt und lässt so einem armen Menschen keine Ruhe mehr.« Angestrengt blickten die Männer jetzt immer wieder über die gleißende Fläche nach Süden. Auch die Hunde wurden unruhig, schienen Witterung aufzunehmen, ihre Nasen in südliche Richtung zu drehen. Da rief Hassel plötzlich: »Seht ihr dahinten das Schwarze?« Alle Augen hefteten sich auf den Punkt in der Ferne. Einer fragte bang: »Ist das Scott?«

Triumph und Tragödie

Am Abend des 9. Dezember trat Robert Falcon Scott aus seinem Zelt am Fuß des Beardmore-Gletschers. Der Schatten des Mount Hope, des von Shackleton benannten »Hoffnungsbergs«, fiel auf sein Gesicht, als »Titus« Oates langsam auf ihn zuging. Beide schwiegen. Schließlich gesellte sich noch Wilson zu ihnen. »Nun«, sagte dieser in die Stille hinein, »ich beglückwünsche Sie, Titus.« – »Und ich danke Ihnen, Titus«, fügte Scott hinzu. Kurz zuvor hatte Oates die letzten fünf Ponys der britischen Antarktisexpedition erschossen. Und so wie Amundsen sich in sein Zelt verkroch, als bei der »Metzgerei« seine Schlittenhunde geopfert wurden, hatte auch Scott der »Tötung der Unschuldigen« nicht beiwohnen wollen. Also war es wieder an Oates, den Gnadenakt an den geschwächten Tieren zu vollziehen. »Die armen Tiere!«, schrieb Scott in sein Tagebuch. »Sie haben sich wunderbar gehalten, wenn man die schrecklichen Bedingungen betrachtet, unter denen sie gearbeitet haben. Es ist hart, dass wir sie so früh töten mussten.«

Als am Morgen der Schneesturm nach vier langen Tagen endlich nachgelassen hatte, hatte man die Schlitten ausgegraben und versucht, die Ponys wieder anzuschirren. Doch die Tiere waren nur noch Schatten ihrer selbst. Seit Tagen hatten sie mit halben Rationen auskommen müssen, jetzt waren auch die letzten Futterreserven aufgebraucht. Bis zu den Bäuchen waren sie im weichen Schnee versunken und immer wieder vor Erschöpfung zusammengesackt. Nur mit Peitschenhieben und Schlägen war es schließlich gelungen, sie noch einmal vor die Schlitten zu spannen – eine Aufgabe, die den meisten Männern Gewissensbisse verursacht hatte. Es waren apokalyptische Bilder: »Hinter uns umringte eine konfuse Menge von Männern den führenden Ponyschlitten und schob ihn voran, obschon das arme Tier kaum in der Lage war, aus den Löchern herauszukommen, in die es beim Vorwärtsstürzen hineingesunken war. Die anderen wurden dazu gebracht zu folgen«, erinnerte sich Cherry-Garrard, der vorausgelaufen war, um im tiefen Schnee eine Spur für die Tiere anzulegen. »Stunde um Stunde mühten wir uns ein bisschen voran. Wir wagten nicht einmal zum Mittagessen anzuhalten, denn wir wussten, dass wir nicht von Neuem würden beginnen können. ... Wir hatten niemals gedacht, dass die Ponys nur eine Meile gehen würden – aber sie marschierten elf Stunden ohne Pause und legten eine Distanz von sieben Meilen zurück.« Es sollte das Letzte sein, was die Ponys, in die Scott so viele Hoffnungen gesetzt hatte, zustande brachten. Der Lagerplatz dieses Abends wurde »Shambles Camp«, »Schlachtbank-Lager«, genannt, und die Wenigsten dachten wie Wilson, der notierte: »Gott sei Dank, mit den Ponys ist es aus! Wir übernehmen nun selbst die schwerere Arbeit.« Vor den Männern, die zum Pol gehen würden, lagen immer noch drei Viertel der Strecke.

Am nächsten Morgen begannen die Vorbereitungen für das Man-hauling, das von Sir Clements Markham so hoch geschätzte und oft propagierte Schlittenziehen per Manneskraft. Drei Teams mit jeweils vier Mann wurden gebildet, von denen jedes in den folgenden Tagen mehr als 350 Kilogramm den Gletscher hinaufziehen sollte. Offenbar kamen aber selbst Scott jetzt leise Zweifel, ob seine bereits sichtbar geschwächte Mannschaft diese Tortur durchhalten würde. Er entschied, dass die beiden Hundeteams noch einen weiteren Tag mit vordringen sollten, um fast 400 Kilogramm zusätzliche Vorräte in ein am Fuße des Gletschers geplantes Depot zu schaffen. Damit freilich pokerte Scott erneut hoch, denn die sichere Rückkehr der Hunde nach Kap Evans geriet weiter in Gefahr. Damit wurde es immer fraglicher, ob sie der eigentlich für sie vorgesehenen Aufgabe, Lebensmittel für die Südpolgruppe zu den Barriere-Depots zu befördern, nachkommen würden können.

Der Schnee blieb tief und weich, wo Shackleton hartes Eis vorgefunden hatte, was Scott zu neuen Klageliedern über das »außergewöhnliche Glück« seines Konkurrenten veranlasste. Shackleton blieb der alleinige Maßstab, und Scott verglich seine Marschleistungen permanent mit denen seines Landsmanns, dessen Reisebericht er als Roadmap für die

»Mit den Ponys ist es aus«: Nachdem alle Tiere getötet sind, beginnt das »Man-hauling« – die Männer hängen sich in die Zugseile der Schlitten.

Rast vor grandiosem Panorama. Doch das Schlittenziehen am Beardmore-Gletscher trieb die Teams in die totale Erschöpfung.

eigene Expedition stets bei sich trug. »Wir sind etwa fünf oder fünfein-halb Tage hinter ihm«, notierte Scott am 12. Dezember, als kletterte er geradewegs in Shackletons Fußspuren den Gletscher hinauf. Sechs Tage Rückstand waren es am 16. Dezember; »wir holen auf«, frohlockte er tags darauf. Um den Abstand weiter zu verringern, trieb Scott seine Leute zu Höchstleistungen an. Er selbst verausgabte sich bis zum Letzten und er-wartete die gleichen Leistungen auch von seinen Männern. Wie Cherry-Garrard berichtete, artete das Schlittenziehen in einen geradezu »sinnlo-sen Wettbewerb« zwischen den Schlittenteams aus. Jede Gruppe kämpfte für sich und neidete der anderen ihre Erfolge. Ja, es ging sogar so weit, dass man versuchte, bestimmte Tricks beispielsweise bei der Bearbei-tung der Schlittenkufen voreinander zu verheimlichen, statt sich gegen-seitig zu helfen. Bald stellte sich das von Teddy Evans geleitete Team als das schwächste heraus. Das war insofern wenig verwunderlich, da zwei der vier Leute bereits hunderte Kilometer seit Corner Camp ihre Schlit-ten selbst gezogen hatten, was ihre weitere Belastbarkeit naturgemäß herabsetzte. Doch Scott beschuldigte seinen ungeliebten Stellvertreter, dessen langsames Vorankommen sei auf mangelnde Sorgfalt zurückzu-führen.

Scott war jetzt permanent mürrisch und gereizt und machte seinen Leu-ten eine ganze Reihe von ungerechtfertigten Vorwürfen. Skier seien ge-nau das Richtige für diese Bodenverhältnisse, notierte er beispielsweise. »Aber meine trägen Landsleute haben sich nicht auf die Sache vorberei-tet.« Dabei hatte er selbst es ihnen freigestellt, ob sie Skiunterricht bei dem Norweger Tryggve Gran nehmen wollten, den er zu diesem Zweck ja überhaupt erst mit ans Ende der Welt genommen hatte. Die Wenigsten nutzten die Gelegenheit, und auch Scott war alles andere als ein eifriger Schüler. Als zudem jetzt der Großteil der Leute von Schneeblindheit be-fallen wurde, machte Scott ihnen Vorhaltungen, sie seien unvorsichtig ge-wesen. Dabei hätte es zu seiner Sorgfaltspflicht als Leiter der Expedition gehört, die Männer beim Übergang von den Nacht- zu Tagesmärschen auf die Gefahren der verstärkten Sonneneinstrahlung hinzuweisen. Zu-dem erwiesen sich die mitgeführten Schneebrillen als vollkommen un-geeignet. »Die Gläser waren ständig vom Schweiß beschlagen, den man während des Marsches nicht wegwischen konnte, da jede Hand einen

Der Wettlauf beginnt

Haben Österreicher und Deutsche den Aufstieg zum Polarplateau noch im Gleichklang und gemeinsam mit den Ausbildern absolviert, so wird es auf 86°40' endlich ernst. Nun müssen die Teams selbst entscheiden, mit welcher Strategie sie das Rennen bestreiten. Ungestüm vorwärtsstürmen und versuchen, rasch viele Kilometer zu schaffen? Dann würde man sich vielleicht überanstrengen und einen Ausfall riskieren. Oder es lieber ruhiger angehen und dem Ziel in gemächlichem Tempo, aber stetig näher kommen? Dann könnte es womöglich sein, dass die Konkurrenten aus dem anderen Lager eher am Pol eintreffen.

Die Atmosphäre ist angespannt. Alle wissen, dass es hart werden wird, aber wie es sich dann allein in der weißen Einöde wirklich anfühlen wird, kann keiner vorhersehen. Die Route sieht vor, dass die Teams gemeinsam starten, sich dann aber auseinanderbewegen und aus den Augen verlieren. Nach einem vorgegebenen Wegpunkt geht es für beide wieder direkt auf den auf halber Strecke liegenden Midway-Checkpoint und von dort aus geradewegs Richtung Südpol. Werden die Kräfte für die geplante Strategie reichen?

Zwei in den Boden gerammte Skistöcke irgendwo im Nirgendwo markieren die Startlinie – eine kuriose Situation: Da das Filmteam mit Drehen beschäf-

Das Startsignal ist ertönt: Der Wettlauf zum Südpol beginnt.

Das Teamwork muss stimmen: Keiner darf zurückbleiben.

tigt ist, sind die einzigen Zuschauer in diesem eigentlich so besonderen Moment nur die sechs Expeditionsbegleiter. Der Rennleiter gibt allen noch ein paar Worte mit auf den Weg, schüttelt jedem Teilnehmer die Hand, dann hupen die beiden Begleitfahrzeuge einmal – das Rennen hat begonnen. Ein unspektakulärer Start, zumal die Wettläufer nicht wie wild losstürmen, sondern sofort in den Trott verfallen, mit dem sie in den nächsten zwei Wochen als erstes Team zum Pol gelangen wollen. Sie wissen: Das Rennen für sich entscheiden wird derjenige, der die Kräfte richtig einteilt, der die schnellste Zeltroutine entwickelt, der die richtige Balance zwischen marschieren und pausieren findet.

Das österreichische Team hat einen eindeutigen Chef – hier gibt der »Herminator« den Takt vor. Und dessen Schlagzahl ist hoch: Er will sofort Terrain gewinnen und fordert von seinem Team Höchstleistungen. »Wenn man über Hermann Maier spricht, dann spricht man über eine Urgewalt, wie ich sie so selten gesehen habe«, charakterisiert Markus Lanz seinen österreichischen Konkurrenten. »Das ist ganz enorm, was dieser Mensch körperlich leisten kann. Das ist ein absoluter Hochofen, das sind 100 Kilogramm Muskelmasse und ein Siegeswille, der unglaublich ist, und der ja auch dazu geführt hat, dass er einer der besten Skifahrer aller Zeiten geworden ist.« Doch werden auch Maiers Mitstreiter dessen Tempo durchhalten können?

Kampf gegen die Langeweile: Die Eislandschaft bietet keinerlei Abwechslung.

Bei den Deutschen sind die Rollen weniger klar verteilt. Markus Lanz und Joey Kelly sind als Sportler und Abenteurer eher Einzelkämpfer und scheuen sich, in der ungewohnten Umgebung der Antarktis das Kommando zu übernehmen. So schlüpft Dennis Lehnert immer mehr in die Rolle des Teamchefs. Als Bundeswehroffizier und Ausbilder bei der Luftwaffe ist er es gewöhnt, für andere zu entscheiden und seiner Truppe die Richtung vorzugeben. Er ist ähnlich ehrgeizig wie Hermann Maier und will den Wettlauf, den er als seine ganz persönlichen »Olympischen Spiele« ansieht, unbedingt gewinnen. Ganz konfliktfrei geht dies freilich nicht vonstatten, und so brauchen die Deutschen einige Tage, bis sie sich zu einem Team geformt haben.

Bald jedoch haben auch sie ihren Rhythmus gefunden und kämpfen sich voran Richtung Südpol. Wie bei den Österreichern wird während des Marschs wenig gesprochen. Jeder hängt seinen Gedanken nach. »Ich hatte schon lange nicht mehr so viel Zeit für mich ganz allein«, sagt Markus Lanz. »Es war sehr schön, einfach mal seine Gedanken fliegen zu lassen, keine Anrufe entgegenzunehmen zu müssen, keine E-Mails zu beantworten, keine Termine zu koordinieren, keine Unterlagen zu lesen, sondern einfach nur mal Zeit für sich ganz allein zu haben.«

Während er sich mitten im ewigen Eis auf die grünen Südtiroler Bergwiesen seiner Kindheit träumt, stehen kulinarische Genüsse im Mittelpunkt der Tag-

Es kommt drauf an, die richtige Marschgeschwindigkeit zu finden.

träume des österreichischen Teams. Von Schweinebraten und Schnitzel phantasiert Tom Walek, und Teamkollegin Sabrina Grillitsch hat die zahlreichen Mehlspeisen der österreichischen Küche vor ihrem geistigen Auget: Topfenstrudel, Sachertorte, Germknödel, Kaiserschmarrn und Palatschinken lassen ihr das Wasser im Mund zusammenlaufen und die Schinderei mit dem Schlitten vergessen.

Skistock hielt«, bemängelte Bowers. Das war einerseits wiederum auf die mangelhafte Vorbereitung zurückzuführen – Scott hatte einfach handelsübliche Schneebrillen bestellt, die für einen Tagesausflug ins Gebirge taugten, während Amundsen spezielle Brillen anfertigen ließ. Auf die Idee, die Brillen umzuarbeiten und individuell anzupassen, wie es die Norweger während des Winters getan hatten, war zudem niemand gekommen.

Das Schlittenziehen an den Hängen des Beardmore-Gletschers erwies sich als die befürchtete Qual. »Es ist die schlimmste Arbeit, die ich je getan habe«, so Bowers. »Es bricht einem das Kreuz. … In Gang zu kommen, war schlimmer als das Ziehen selbst, da es zehn bis 15 verzweifelte Rucke im Geschirr erforderte, um den Schlitten überhaupt vom Fleck zu bewegen. Ich habe mich noch nie so verausgabt wie hier, wo ich unablässig mit letzter Kraft an dem Leinengurt zerrte, der um meinen armen Bauch gebunden war.« Die Männer kämpften verzweifelt, doch immer wieder sackten die voll bepackten Schlitten im tiefen Schnee ein oder kippten mitsamt ihrer Ladung um. »Wir blieben schon zehn Meter vom Lager entfernt stecken«, notierte Bowers am 13. Dezember, »und neun Stunden später fand man uns kaum eine halbe Meile weiter. Ich habe noch nie einen Schlitten so tief einsinken sehen.« In einem solchen Fall begann die mühselige Arbeit des Anschiebens in die Gleitphase von vorne. An manchen Abschnitten gingen die Teams zu Relaisfahrten über – sie beförderten erst die halbe Last nach oben, liefen dann mit dem leeren Schlitten zurück und holten den Rest. Wenn die Männer nach neun, zehn Stunden mühseligen Ziehens in ihre Schlafsäcke krochen, waren sie todmüde und völlig erschöpft.

Der Beardmore-Gletscher, den sich die Engländer jetzt emporkämpften, war von anderer Natur als der Axel-Heiberg-Gletscher, den die Norweger erklommen hatten. Letzterer war kurz, steil und zerklüftet, der Beardmore dagegen stieg viel flacher über mehr als 150 Kilometer an und wies weniger dramatische Zerklüftungen auf. Tiefe Gletscherspalten und tückische Eisformationen waren freilich dennoch vorhanden. In diesem Punkt hatte Scott jedoch Glück: Derselbe frische Schnee, der die Schlitten so oft behindert hatte, füllte die zahlreichen schmalen Eisspalten aus und bildete einen einigermaßen sicheren Untergrund – auch wenn es natürlich trotzdem immer wieder zu Beinaheunfällen kam, indem Männer auf nicht so festem Terrain einbrachen. Vor größeren Unglücken blieben sie jedoch verschont – auch, weil Scott eine geradezu schlafwandlerische Sicherheit bewies, sich durch das Gewirr der Spalten zu lavieren. Bowers notierte anerkennend: »Er steuert oft direkt auf scheinbares Chaos zu und findet, wenn wir in einer Sackgasse gelandet scheinen, irgendwie doch einen gangbaren Weg.«

Am 21. Dezember hatten sich die Männer so weit emporgearbeitet, dass sie das sogenannte Obere Gletscherdepot anlegen konnten. In Scotts Planungen war dies der Punkt, an dem die nächste Unterstützergruppe umkehren musste. Wäre es nach dem körperlichen Zustand der Expeditionsteilnehmer gegangen, hätten eigentlich fast alle zurück ins Basislager gehen müssen, einschließlich Scott selbst. Ihm machten heftige Magenschmerzen zu schaffen, zudem hatte er beim Gehen große Probleme mit

Schaurig-schön: Die Überquerung des Beardmore-Gletschers bereitete den Briten erhebliche Schwierigkeiten.

seiner Ferse. Vor seinen Leuten wollte er sich freilich keine Blöße geben und biss die Zähne zusammen. Auch der Zustand von Oates war bedenklich – da seine Schuhe seit dem Aufbruch permanent durchnässt waren, hatten sich seine Füße entzündet, und er litt bei jedem Schritt große Schmerzen. Außerdem behinderte ihn eine Kriegsverletzung am linken Oberschenkel. Doch auch mit seiner Ehre als Offizier und Gentleman war es nicht zu vereinbaren, körperliche Schwächen einzugestehen – schon gar nicht vor Scott, der für ihn zu einer Art Intimfeind geworden war.

Scott hatte nun die, wie er sich ausdrückte, »herzzerreißende« Aufgabe, vier Männer für die vorzeitige Rückkehr auszuwählen. Er schwankte vor allem zwischen Cherry-Garrard und Oates und entschied sich schließlich dafür, Letzteren in seinem Polteam zu behalten, während der tief enttäuschte Cherry-Garrard umkehren musste. Scott gab den Männern einige Zeilen an seine Frau Kathleen mit: »Wir kämpfen uns gegen alle Schwierigkeiten voran. Das Wetter ist ein Quell ständiger Sorge, ansonsten aber laufen die Dinge wie geplant. ... Es ist schade, dass wir so wenig Glück haben, denn die Ausrüstung passt bis ins Detail. ... Wir sollten durchkommen.« Auch Scotts Stellvertreter Teddy Evans schrieb an seine Frau: »Dann und wann mache ich mir Gedanken darüber, was uns wohl bevorsteht und wohin uns all dies bringen wird. Amundsen ist sicherlich nicht hier entlanggekommen, obwohl Hunde hier mit Leichtigkeit hochkommen würden.« Wenn er auch nur die leiseste Ahnung gehabt hätte, wie weit die Norweger bereits vorgestoßen waren – seine Stimmung wäre wohl auf dem absoluten Nullpunkt gelandet.

Enttäuschung: Apsley Cherry-Garrard musste ins Basislager umkehren.

219

»Amundsen ist sicherlich nicht hier entlanggekommen.« Tatsächlich waren die Norweger bereits viel weiter, als die Briten vermuteten.

Amundsen am Pol

Bei Roald Amundsen und seinen Männern stieg die Spannung in dem Maße, in dem sie sich dem Südpol näherten. Von den Engländern war weit und breit nichts zu entdecken. Auch der ominöse schwarze Punkt in der Ferne hatte sich lediglich als harmlose Luftspiegelung herausgestellt. Amundsen war sich jetzt seiner Sache ganz sicher. Obwohl er durchaus hätte versuchen können, sein großes Ziel bei anhaltend gutem Wetter mit drei, vier Gewaltmärschen zu erreichen, entschied er sich, noch einmal zu rasten und ein letztes Depot anzulegen. Am 9. Dezember wurden die Schlitten abermals um 100 Kilogramm erleichtert, hauptsächlich, um die stark geschwächten Hunde nicht weiter zu belasten. Auch die fünf Männer hatten zunehmend mit den Strapazen des Trecks zu kämpfen. »Die Wärme der letzten Tage hatte unsere Frostbeulen sehr verschlimmert«, schrieb Amundsen. »Und wie sahen wir aus! Wisting, Hansen und mir hatte der letzte Schneesturm tüchtig zugesetzt. Die linke Seite unse-

220

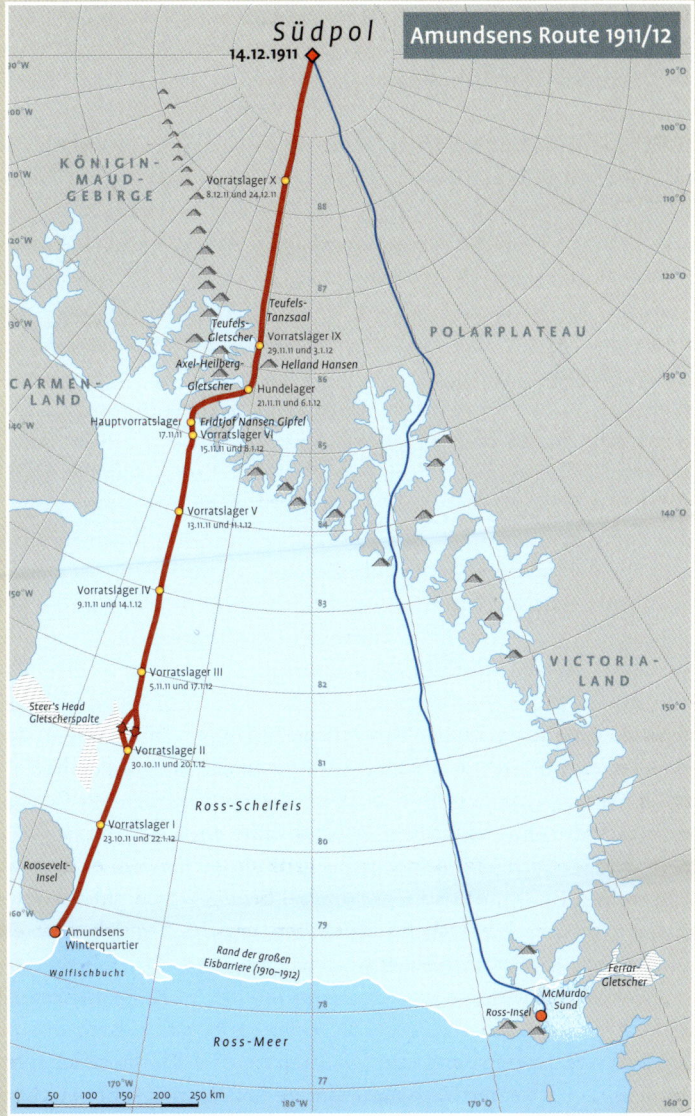

Südpol
14.12.1911

Amundsens Route 1911/12

KÖNIGIN-
MAUD-
GEBIRGE

Vorratslager X
8.12.11 und 24.12.11

88

87

Teufels-
Tanzsaal
Teufels-
Gletscher
Vorratslager IX
29.11.11 und 3.1.12
Helland Hansen
Axel-Heiberg-
Gletscher
Hundelager
21.11.11 und 6.1.12

86

POLARPLATEAU

CARMEN-
LAND

Hauptvorratslager
17.11.11
Fridtjof Nansen Gipfel
Vorratslager VI
15.11.11 und 8.1.12

85

Vorratslager V
13.11.11 und 11.1.12

140°O

Vorratslager IV
9.11.11 und 14.1.12

83

VICTORIA-
LAND

150°O

Vorratslager III
5.11.11 und 17.1.12

82

Steer's Head
Gletscherspalte

Vorratslager II
30.10.11 und 20.1.12

81

Ross-Schelfeis

Vorratslager I
23.10.11 und 22.1.12

80

Roosevelt-
Insel

Amundsens
Winterquartier

79

Rand der großen
Eisbarriere (1910–1912)

Ferrar-
Gletscher
McMurdo-
Sund

Walfischbucht

78

Ross-Insel

Ross-Meer

77

0 50 100 150 200 250 km
170°W   180°W   170°O   160°O

Amundsens Route zum Pol und zurück nach »Framheim«: Er musste sich seinen Weg durch vollkommen unbekanntes Terrain bahnen.

res Gesichts war eine einzige blutunterlaufene, eitrige Wunde. Wir sahen wirklich wie die schlimmsten Wegelagerer und Raufbolde aus und wären wahrscheinlich selbst von unseren nächsten Angehörigen nicht erkannt worden.«

Gemessenen Schritts tasteten sie sich weiter voran. Ein Viertel Breitengrad, das heißt 15 Seemeilen oder knapp 28 Kilometer am Tag, das musste trotz bester Wetterbedingungen genügen. Es war, als wollte Amundsen die Vorfreude auf den Pol bis zur letzten Neige auskosten. Am Abend des 14. Dezember rasteten die Männer auf 89°45' – jetzt fehlte nur noch ein letztes Viertelgrad bis zu ihrem großen Erfolg. Wie sich Amundsen später erinnerte, fühlten sich die Männer an diesem Abend wie kleine Kinder vor der weihnachtlichen Bescherung. »Jetzt können wir im Liegen zum Pol blicken, und ich kann die Erdachse schon knarren hören«, kritzelte Bjaaland gut gelaunt in sein Tagebuch, »und morgen wird sie geschmiert. Werden wir die englische Flagge sehen? Gott sei uns gnädig! Ich glaube es nicht.«

Es war wenig verwunderlich, dass kaum einer von ihnen in dieser Nacht ein Auge zubrachte. Schneller als sonst nahmen sie am Morgen ihr Frühstück ein, packten ihre Sachen zusammen und machten ihre Schlitten aufbruchbereit. Wie immer führte Hansens Gespann die kleine Karawane an. »Es wurde nicht viel gesprochen, aber die Augen wurden umso eifriger benutzt«, schrieb Amundsen rückblickend. »Hansens Hals war doppelt so lang wie an den anderen Tagen, so sehr drehte und reckte er ihn, um womöglich einige Millimeter weiter voraussehen zu können. Ich hatte ihn vor dem Abmarsch gebeten, sich ordentlich umzuschauen, und diesen Auftrag führte er nach Kräften aus. Aber wie sehr er auch guckte und guckte, er sah doch nichts als die unendliche, gleichmäßige Ebene ringsumher.« Um die Mittagszeit stoppte Hansen seinen Schlitten und rief den Chef nach vorn: Die Hunde würden schlecht laufen, sie bräuchten einen Vorläufer. Das war natürlich ein Vorwand – Amundsen sollte auf diese Weise die Ehre haben, als erster Mensch am Südpol anzukommen.

Gegen drei Uhr nachmittags ertönte plötzlich ein lautes »Halt!« von allen drei Schlittenlenkern. Sie hatten die an ihren Gefährten angebrachten Messräder nicht aus den Augen gelassen und festgestellt, dass den Zähl-

Der große historische Moment, wie der Illustrator Andreas Bloch ihn sah: Fünf Norweger beim gemeinsamen Setzen ihrer Flagge am Pol, 14. Dezember 1911.

werken zufolge der Pol erreicht war. Stumm drückten sich die Männer die Hand, lange und fest. »So sind wir nun angekommen und können unsere Fahne am geographischen Südpol aufstellen«, trug Amundsen lapidar in sein Tagebuch ein. »Gott sei dafür gedankt.« Und Bjaaland notierte: »Wir haben das Ziel unserer Wünsche erreicht, und das Großartige ist, wir sind die Ersten, hier weht keine englische Flagge, sondern nur die dreifarbige norwegische.« Das Aufpflanzen der Fahne sollte von allen fünf Expeditionsteilnehmern zusammen vorgenommen werden, so hatte Amundsen es bestimmt. »Dies war die einzige Weise, auf die ich an dieser einsamen verlassenen Stelle meinen Kameraden meine Dankbarkeit erweisen konnte«, so Amundsen. »Ich fühlte, auch sie fassten es in dem Geist auf, in dem es ihnen geboten wurde. Fünf raue, vom Frost mitgenommene Fäuste griffen nach der Stange, hoben die wehende Fahne auf und pflanzten sie auf – als die einzige und erste auf dem geografischen Südpol.« Zu Ehren seines Königs gab Amundsen der weiten Ebene den Namen »König Haakon VII.-Plateau«.

Danach wurden Fotos geschossen – mit Bjaalands persönlicher Taschenkamera, denn Amundsens »offizielle« Kamera war ausgefallen. Die

Südpolbezwinger mit Flagge: Links vier »Zweibeiner«, rechts die treuen Vierbeiner, die nicht unwesentlich zu ihrem Sieg beigetragen haben.

hatte der Mann, der sonst jeden Schritt minutiös plante, zwar auf die Reise mitgenommen, allerdings auf eine praktische Einweisung in die Technik des Fotografierens verzichtet. So brachte die norwegische Südpolexpedition, wie ein Vertrauter sagte, nur »elendes Amateurmaterial« mit nach Hause, was die mediale Verwertung des Projekts später erheblich erschwerte. Darüber zerbrach sich für den Moment allerdings noch niemand den Kopf. Und da sich, wie Amundsen bemerkte, die Gegend ohnehin nicht so sehr für lange Zeremonien eignete, begann bald danach wieder der Alltag: Hansens Lieblingshund Helge musste wegen Entkräftung geschlachtet werden und wurde anschließend an die übrigen Tiere verfüttert.

Abends im Zelt wurde zur Feier des Tages Seehundsteak kredenzt, zusammen mit einer Extraportion Pemmikan, Zwieback und Schokolade. »Ich kann nicht sagen – obgleich ich weiß, dass es eine viel großartigere Wirkung hätte –, dass ich vor dem Ziel meines Lebens stand«, schrieb Amundsen rückblickend über diesen Tag. »Dies wäre doch etwas zu sehr übertrieben. Ich will lieber aufrichtig sein und geradeheraus erklären, dass wohl noch nie ein Mensch in so völligem Gegensatz zu dem Ziel seines Lebens stand wie ich bei dieser Gelegenheit. Die Gegend um den Nordpol – ach ja, zum Kuckuck –, der Nordpol selbst hatte es mir von Kindesbeinen an angetan, und nun befand ich mich am Südpol! Kann man sich etwas Entgegengesetzteres denken?« Als er am Abend sein Tagebuch zuklappte und über diesen Tag nachdachte, der in die Geschichte der Polarforschung eingehen würde, fiel ihm auf, dass er sogar noch einen Tag früher am Pol eingetroffen war, als er dachte. Auf der Fahrt zur Antarktis hatte er mit der *Fram* die Datumsgrenze am 180. Längengrad von West nach Ost überschritten und hätte deshalb eigentlich einen Tag doppelt zählen müssen – was er nicht tat. Nach den allgemein gültigen Maßstäben wurde der Pol deshalb bereits am 14. und nicht am 15. Dezember 1911 erobert.

In den folgenden Tagen ging es nun darum, den Polpunkt möglichst genau zu bestimmen und den Nachweis zu erbringen, dass man tatsächlich den südlichsten Punkt der Erde erreicht hatte. Es war ein schwieriges Geschäft in einer Gegend, in der die sonst üblichen Berechnungen nach der Sonnenhöhe kaum möglich waren, da die Sonne hier Tag und Nacht in nahezu derselben Höhe über das Firmament wandert. »Es war eine ganz eigentümliche Empfindung, wenn man, nachdem man sich abends um sechs Uhr zu Bett gelegt hatte, nachts um zwölf Uhr beim Aufstehen die Sonne anscheinend noch ganz auf derselben Höhe fand und man sich morgens um sechs Uhr abermals mit der Sonne auf derselben Höhe schlafen legte«, so Amundsen. Erste Messungen ergaben, dass das norwegische Lager einige Meilen vom Pol entfernt lag, noch aber war die genaue Richtung unbekannt. Amundsen schickte deshalb am frühen Morgen des 16. Dezember drei Männer auf Skiern los, die im Umkreis von knapp 20 Kilometern quer zur Ankunftsroute und in deren Fortsetzung gewissermaßen schon einmal das Terrain markieren sollten, innerhalb dessen sich der Pol in jedem Fall befinden musste. Gleichzeitig hielten sie nach Lebenszeichen der britischen Expedition Ausschau, doch wie Bjaaland befriedigt bemerkte, gab es »nirgends eine englische Flagge zu sehen«. Die Aktion war nicht ungefährlich, da die Skiläufer keinen der schweren Schlittenkompasse mitnehmen konnten und darauf angewiesen waren, in ihren eigenen Spuren zum Lagerplatz zurückzufinden. Bei einem Wetterumschwung wären sie in großer Gefahr gewesen, doch alles ging gut.

»Leb wohl, Polheim!« Das Zelt mit Flagge und *Fram*-Wimpel, von dem sich die Polbezwinger am 17. Dezember 1911 feierlich verabschieden.

Inzwischen hatten Amundsen und Hansen ihre Messungen fortgesetzt und dabei festgestellt, dass man noch etwa zehn Kilometer vom eigentlichen Polpunkt entfernt war. Am Morgen des 17. Dezember brachen die Männer erneut auf. An der Spitze lief Skichampion Olav Bjaaland, der seinen Schlitten zurücklassen und nun endlich den ungeliebten Job als Hundeführer aufgeben durfte. Amundsen hatte ihm die ehrenvolle Aufgabe überlassen, zum eigentlichen Polpunkt voranzugehen – »als Zeichen meiner Dankbarkeit gegen die mutigen Leute daheim in Telemark, die auf dem Gebiet des Skilaufs so viel leisten«, wie er bemerkte. Am späten Vormittag war die bezeichnete Stelle erreicht, die »Polheim« genannt wurde. Wieder wurden einen ganzen Tag lang im stündlichen Rhythmus Messungen vorgenommen, ehe man ausreichende Sicherheit hatte.

Nach dem Mittagsmahl erwies sich einmal mehr Bjaaland als Mann der großen Geste: Er hielt eine Tischrede und fischte danach ein Zigarrenetui aus seinem Gepäck, klappte es auf und reichte den Inhalt herum. Als sich alle bedient hatten, blieben drei Zigarren übrig – und jeder wusste, für wen sie bestimmt waren: eine für Prestrud, eine für Johansen, eine für Stubberud. Allein Bjaaland hatte den Mut zu einer solchen Spitze, doch an diesem Tag war niemandem nach Streit zumute. Bjaaland sprach noch einige humorvolle Worte und schenkte seinem Chef zu guter Letzt das Etui »zur Erinnerung an den Pol«.

Nun wurden die Vorbereitungen zur Abreise getroffen. Die Männer stellten ein Ersatzzelt auf und befestigten an der Zeltstange einen etwa vier Meter langen Bambusstab, an dessen Spitze eine kleine norwegische Fahne und ein Wimpel der *Fram* gebunden wurden. Im Zelt selbst hinterließen sie einige überflüssig gewordene Ausrüstungsgegenstände und zwei Briefe – einen an den norwegischen König Haakon VII. und einen an Scott. »Der Weg nach Hause war weit, und vieles konnte uns zustoßen, was uns möglicherweise verhindern könnte, selbst von unserer Fahrt zu berichten«, so Amundsen, und Scott würde vermutlich der Erste sein, der das Zelt der Norweger fände. »Nachdem wir mit allem fertig waren, verließen wir das Zelt, schnürten die Tür fest zu, damit der Wind nicht hineinfahren konnte, und dann: Leb wohl, Polheim! Das war ein feierlicher Augenblick, als wir unsere Häupter entblößten und von unserem Heim und unserer Flagge Abschied nahmen. Alsdann wurde unser Reisezelt abgeschlagen und die Schlitten gepackt. Jetzt sollte die Heimreise ihren Anfang nehmen – heim, heim, Schritt für Schritt, Meile für Meile. … Wir fuhren gleich in unseren alten Spuren und folgten diesen unentwegt. Oft, oft wendeten wir den Blick zurück, um Polheim noch einen letzten Gruß zu senden. Dann kam die dampfartige weiße Luft wieder dahergezogen, und es dauerte nicht lange, bis das letzte Zeichen von Polheim – die kleine Flagge – aus unserem Gesichtskreis verschwunden war.« Vor der Abreise hatte Amundsen zu Hansen gesagt, Scott werde vielleicht schon am nächsten oder übernächsten Tag eintreffen. »So wie ich die Engländer kenne, geben sie nicht auf, was sie einmal begonnen haben.«

Weihnachten am Beardmore-Gletscher

Mit dieser Vermutung sollte der Norweger recht behalten – mit dem Datum freilich nicht. Scott und seine nur noch sieben Gefährten waren noch immer damit beschäftigt, ihre schweren Schlitten mit zwölf Wochenrationen Lebensmittel- und Brennstoffvorräten den Beardmore-Gletscher hinaufzuziehen. Noch einmal forcierte Scott das Marschtempo. Am 22. Dezember schafften die Männer elf, in den nächsten Tagen zwischen 14 und 15 Meilen. Das reichte nahe an Amundsens tägliches Pensum heran, doch wurden die Leistungen der Briten um den Preis der Auszehrung der Teammitglieder erreicht. Ruhetage und geregelte Marschzeiten von fünf bis sechs Stunden gab es bei Scott nicht – die Männer mussten mindestens neun Stunden schuften, um ihr Tagessoll zu erfüllen. Selbst an den Weihnachtstagen kannte er kein Erbarmen. »Zum Ende des Nachmittags drehte Scott noch einmal mächtig auf und peitschte uns weiter und weiter«, erinnerte sich Bowers an den 25. Dezember. »Schließlich blieb er stehen und wir rechneten aus, dass wir 14¾ Meilen marschiert waren. Er sagte: Was haltet ihr von 15 Meilen, weil Weihnachten ist?, und wir machten bereitwillig weiter – irgendein Ziel ist immer noch besser als dieses vage Dahinschleppen.«

Am Vormittag hatte es beinahe eine Katastrophe gegeben, als das Team von Teddy Evans und Bowers in ein Gebiet mit Gletscherspalten geriet und Lashly plötzlich in einer tiefen Spalte verschwand. Den anderen Männern gelang es, sich zu retten und den Schlitten zu stabilisieren, doch Lashly baumelte am Ende seines Zugseils in dem Eisloch. »Das war natürlich kein besonders schönes Gefühl am ersten Weihnachtstag, der zugleich auch mein Geburtstag war«, berichtete Lashly, der an diesem Tag 44 Jahre alt wurde. »Es kam mir vor, als wäre unendlich viel Zeit vergangen, ehe ich das Seil neben mir herunterkommen sah, mit einem Bügel darin, wo ich meinen Fuß hineinstellen und mich herausziehen lassen sollte. Es war nichts, was ich gerne noch einmal durchmachen möchte, denn in der Gletscherspalte war ich ausgekühlt und hatte mir Frostbeulen an den Händen und im Gesicht zugezogen, die es mir schwer machten, mir selbst zu helfen.« Den anderen drei Teammitgliedern gelang es, Lashly langsam aus der Spalte herauszuziehen. Danach wünschte Crean

Die prachtvolle Szenerie am Beardmore-Gletscher animiert den künstlerisch begabten Edward Wilson, sie auf seinem Skizzenblock festzuhalten.

Eine bitter nötige Ruhepause: Das Ziehen der vollgepackten Schlitten ließ für die Briten bald jeden Schritt zur Qual werden.

Weihnachten in der Antarktis

Es ist eigentlich ein Tag wie jeder andere: Camp abbauen, losgehen, Camp aufbauen. Doch in den Köpfen sieht es anders aus: Am Heiligen Abend sind die Gedanken der Rennläufer bei ihren Lieben in der Heimat. Weihnachten im ewigen Eis – ein echtes Kontrastprogramm zur gewohnten Festidylle im Kreise der Familie. Es ist eine merkwürdige Situation. Nur das Datum auf den Uhren sagt den Rennteams, dass es der 24. Dezember ist. Während man sich in der Heimat vor weihnachtlichen Bezügen kaum verstecken kann, gibt es hier keinen einzigen: Weder wird es gemütlich dunkel, noch flackern irgendwo festliche Beleuchtungen, es gibt keinen Einkaufsstress und kein Kirchenläuten. Wann man im Laufe des Tages »Frohe Weihnachten« zueinander sagt, ist ebenso frei wählbar – zu irgendeiner Zeitzone auf der Welt wird es schon passen. Doch die Racer müssen nicht komplett auf weihnachtliche Gefühle verzichten: Als die Filmcrew an diesem Tag die Teams besucht, bringt sie ein Telefon und Nachrichten von zu Hause mit. Vor dem Rennen hat die Expeditionsleitung die Familien kontaktiert und um kleine Überraschungen gebeten, die den Wettläufern jetzt ausgehändigt werden. Es sind kurze E-Mails oder Bilder, welche die Familien der Rennleitung geschickt haben und die sie für die Rennteams und auch die Filmcrew ausgedruckt und mitgenommen haben

Tränen der Rührung: Claudia Beitsch mit ihrer Weihnachtsüberraschung.

Die Nachrichten freuen und rühren Lanz, Maier und Co. Der Anruf zu Hause sorgt auch hier und da für feuchte Augen: Die Vorstellung, fernab der Strapazen in warmen, weihnachtlichen geschmückten Zimmern zu sitzen, ist verführerisch – und doch unbegreiflich weit weg. Aber die aufmunternden Worte am Telefon geben auch neue Kraft für den Schlussspurt zum Pol.

Auch Dennis Lehnert erhielt einen familiären Weihnachtsgruß.

Ansonsten begehen die Teams den Tag auf ihre mittlerweile schon gewohnte Weise. Hermann Maier wandelt ganz offensichtlich in den Spuren von Robert Falcon Scott, wenn er ankündigt: »Also, wir werden mal ganz was Besonderes machen, wir werden 45 Kilometer im Schnee marschieren – mal ganz ein anderer Weihnachtsabend als sonst.« Doch auch der »Herminator« bekennt: »Ich war noch nie am Heiligen Abend weg von der Familie. Ein komisches Gefühl.« Und Markus Lanz erklärt, in Zukunft werde es für ihn ganz ausgeschlossen sein, Weihnachten noch einmal getrennt von seiner Familie zu verbringen.

Am Abend gibt es im deutschen Zelt bayerische Knödel, die Dennis Lehnert mitgebracht hat. Claudia Beitsch stellt dazu eine Kerze auf – das war's. Todmüde wie an den anderen Tagen kriechen die Wettläufer in ihre Schlafsäcke, und Weihnachten in der Antarktis ist vorbei.

Zwieback, Pemmikan (Dörrfleisch), Butter, Zucker, Kakao und Tee: Die übliche (viel zu geringe) Tagesration für einen Schwerstarbeiter im Zuggeschirr eines Schlittens.

seinem Mitstreiter, dass er noch viele ähnlich schöne Geburtstage erleben möge, was dieser mit einem derben Fluch beantwortete, und alle lachten. Doch die Fröhlichkeit verging ihnen, als sie bemerkten, dass Scotts Team noch nicht einmal angehalten hatte, um den Kameraden zu helfen. Erst beim Mittagslager erkundigte Scott sich beiläufig, ob mit Lashly alles in Ordnung sei und er weitermachen könne, was dieser natürlich schlecht verneinen konnte.

Immerhin fand dieser Weihnachtstag doch noch einen versöhnlichen Abschluss – mit einem üppigen Festmahl am Abend, dessen Zutaten Bowers heimlich mit ins Gepäck geschmuggelt hatte. Es gab einen »guten fetten Hoosh« aus Pemmikan, Ponyfleisch und Zwiebackkrümeln, einen Schokoladen-Hoosh aus Kakao, Zucker, Zwieback und Rosinen, dazu ein großes Stück Plumpudding und einen Becher Kakao. Den Abschluss bildeten vier Karamelbonbons und fünf Ingwerplätzchen. »Ich konnte meine Portion nicht ganz aufessen und legte mich mit dem Gefühl zu Bett, als ob ich mich in einen Vielfraß verwandelt hätte«, so Bowers danach, und selbst Scott musste zugeben: »Wir haben alle wunderbar geschlafen und fühlten uns herrlich warm. Was volle Verpflegung doch be-

Körperliche Belastungen

Spätestens mit Beginn des Rennens ist allen Akteuren klar: Der Marsch zum Südpol »ist keine Kinderjause« (Tom Walek), sondern verlangt den zwei Frauen und sechs Männern alles ab. An die Strapazen des Gletscheraufstiegs schließt sich unmittelbar die mühsame Überquerung der Hochebene auf dem Polarplateau an. Dort lässt die dünne Höhenluft schon die kleinste Anstrengung zur Tortur werden, zudem behindern immer wieder Sastrugi das Vorwärtskommen.

Sastrugi sind Eisverwehungen, die außer auf den wenigen Blaueisfeldern und dem einen Prozent, das nicht von Schnee und Eis bedeckt ist, die Oberfläche der gesamten Antarktis bestimmen. Im Gegensatz zu Wechten entstehen Sastrugi dadurch, dass durch den Wind der weichere und lose Schnee weggeweht wird. Sie können knochenhart sein und stellen für die Skifahrer ernsthafte Behinderungen dar – gerade wenn der Weg im rechten Winkel zur Windrichtung verläuft. Immer wieder fallen Schlitten um und müssen dann mühsam aufgerichtet werden.

Unter diesen Umständen geraten die meisten Rennteilnehmer rasch an die Grenze ihrer Belastbarkeit. Claudia Beitsch aus dem deutschen Team ist nach einigen Tagen dermaßen körperlich erschöpft und nervlich so am Ende, dass alle sich und sie fragen, ob und wie es weitergehen wird. Auch Joey Kelly hat Schmerzen an den Füßen, ein Knöchel drückt gegen den Schuh. Er leidet Qualen, doch er beißt sich durch. Dennis Lehnert ist ebenfalls völlig überanstrengt, er hat Claudia viel Gewicht abgenommen und deshalb einen sehr schweren Schlitten zu ziehen.

Den Österreichern geht es kaum besser. Auch sie sehen bald so aus, als hätten sie zwei Wochen lang nicht geschlafen. Alexander ist kaputt, Tom Walek dagegen hat immer noch Zeit und Kraft für ein kleines Späßchen, aber auch seine Augen sind sehr gerötet.

Doch egal, wie belastet sie sind: Sie müssen sich rund um die Uhr weiterhin konzentrieren. Rund um die Uhr muss alles bedacht werden: Sind, wenn der Wind pfeift oder die Sonne von vorne kommt, alle Körperteile ausreichend geschützt? Hat sich irgendwo, zum Beispiel in den Schuhen, Schweiß gesammelt, der jetzt zu Eis gefroren ist und damit schleichend zu Erfrierungen führen kann? Es ist so verführerisch, vor Schwäche einfach mal »Passt schon!« zu sagen, kann aber schnell fatal enden.

Selbst der bärenstarke Hermann Maier spürt die Strapazen.

Sie alle wissen, dass sie Raubbau mit ihrem Körper betreiben. Wie zu Zeiten von Amundsen und Scott kann der menschliche Organismus selbst mit der heutigen energiereichen Nahrung nicht so viele Kalorien am Tag aufnehmen, wie er durch die Anstrengungen des Marschs verliert. Er baut das im Gewebe eingelagerte Fett ab, um die benötigte Energie für die Muskeln bereitzustellen. Ein tödlicher Kreislauf beginnt: Mit der fehlenden Fettschicht geht der Kälteschutz des Körpers verloren, und die Muskeln benötigen wiederum mehr Energie, um zusätzliche Wärme zu erzeugen. Am Südpol angekommen, werden die Rennteilnehmer bis zu zehn Kilo abgenommen haben.

»Die Kälte kriecht langsam den Zelteingang herein, den Zeltboden entlang, in die Schuhe hinein. Dann kriecht es dir in die innerste Schicht, und irgendwann merkst du, das Eis ist wirklich überall, diese Landschaft macht dich zu einem Teil von ihr«, beschreibt Markus Lanz die extremen Bedingungen in der Antarktis. »Je näher du zum Pol kommst, desto kälter wird es – Kilometer für Kilometer. Du merkst es erst gar nicht, denn es geht so ganz, ganz langsam, denn diese Landschaft hat etwas, was wir nicht haben: Unendlich viel Zeit, hier ist alles stehen geblieben, hier ist alles wie vor hundert Jahren. Die Sonne scheint, und du denkst, es ist doch alles ganz schön, aber es ist unglaublich hart. Und es ist kein Zufall, dass es nicht einmal die widerstandsfähigsten Lebewesen, die es auf diesem Planeten gibt, die Bakterien, in diesem Boden aushalten, hier ist nichts. Das muss man sich immer klarmachen.«

Sastrugi, Schneeverwehungen, machen den Wettläufern zu schaffen.

Körperlicher Ausnahmezustand: Das deutsche Team auf dem Marsch.

Auf den letzten Kilometern des Rennens trifft es die Wettkämpfer dann noch einmal hart: Whiteout! Dichter Nebel und Wind machen jede Orientierung unmöglich: Alles ist weiß. Wo ist der Boden, wo ist der Horizont, wo ist oben und wo unten? Allen ist schwindlig, sie haben das Gefühl, seekrank zu sein. Als es wieder aufklart, haben einige Wettläufer in der schneeglitzernden Weite Halluzinationen: Claudia Beitsch erblickt Häuser, die sie aus ihrer Heimat kennt. Markus Lanz geht es ähnlich: Er sieht Vögel, wo keine sein können. Der Marsch zum Südpol ist nicht nur eine physische, sondern auch eine psychische Ausnahmesituation.

wirken kann!« Natürlich schweiften die Gedanken der Männer an diesem Abend in die Heimat, sie sprachen über die Rückkehr zu ihren Lieben und ihre Zukunftspläne. Bowers erklärte Teddy Evans, er werde zum nächsten Weihnachtsfest alle armen Kinder, deren er habhaft werden könne, reich beschenken. Niemand zweifelte daran, dass er gesund wieder nach Hause zurückkehren würde.

Obwohl die Männer an diesem Abend endlich einmal wieder satt und zufrieden in ihre Schlafsäcke krochen, waren doch viele Symptome von Mangelerkrankungen unübersehbar. Die üblicherweise ausgegebene tägliche Ration aus 455 Gramm Zwieback, 340 Gramm Pemmikan, 57 Gramm Butter, 85 Gramm Zucker, 16 Gramm Kakao und 20 Gramm Tee bot keinen Schutz gegen Skorbut und lieferte außerdem viel zu wenig Kalorien für die Schwerstarbeit des Schlittenziehens. »Wir alle werden sichtlich dünner«, stellte Bowers beunruhigt fest. Auch der Flüssigkeitshaushalt der Männer war nicht in Ordnung. Weil Brennmaterial knapp war, konnte kein Eis in ausreichender Menge geschmolzen werden. Stattdessen steckten sich die Männer dann und wann eine Handvoll Schnee in den Mund – viel zu wenig, um in der dünnen Höhenluft der Gefahr des Austrocknens zu entgehen. Die unausgewogene Ernährung hatte aber nicht nur körperliche Erschöpfung und eine immer weiter zunehmende Kälteempfindlichkeit zur Folge, sondern wirkte sich auch in einer andauernden Niedergeschlagenheit und allgemein depressiven Stimmung aus.

Ein Teil von Scotts Launenhaftigkeit lässt sich wohl aus diesem Krankheitsbild erklären. Wie schon zuvor reagierte er sich vor allem an Teddy Evans und dessen Team ab, das in seinen Augen noch immer zu wenig leistete – »dabei habe ich ihnen deutlich genug gesagt, dass ihnen große Anstrengungen abverlangt werden, mit denen sie ohne fremde Hilfe fertigwerden müssen«. Am 28. Dezember machte er die Probe aufs Exempel und ließ sich mit vor Evans Schlitten spannen. Tatsächlich musste er feststellen, dass dieser bedeutend schwerer zu ziehen war als sein eigener, doch er tat dies mit dem Hinweis darauf ab, dass der Schlitten eben schlecht beladen war. Außerdem, so Scott in seinem Tagebuch, fehlten dem Team einfach die »seemännische Sorgfalt« und der richtige Schwung. »Die Gruppe ist nicht erschöpft«, schrieb er in sein Tagebuch. »Ich habe ihnen klipp und klar gesagt, dass sie das Problem selbst anpacken und

Im britischen Team (hier am Silvestertag 1911 im sogenannten Drei-Grad-Depot) wurde die Frage, wer der Südpolgruppe angehören sollte, immer akuter.

auch selbst lösen müssten. Es gibt keinen erdenklichen Grund, weshalb sie nicht so leicht vorankommen sollten wie wir.«

Nachdem am Silvestertag ein weiteres Depot angelegt wurde, befahl Scott den vier Männern des zweiten Schlittenteams plötzlich, sich dort ihrer Skier zu entledigen und zu Fuß weiterzugehen. Eine mehr als merkwürdige Entscheidung, befand man sich doch jetzt in den flacheren oberen Abschnitten des Gletschers, in denen Skier die besten Dienste leisteten – zumal sich die Männer nach dem Prinzip learning by doing inzwischen zu passablen Skiläufern entwickelt hatten. Scotts Befehl lässt sich nur so interpretieren, dass er seinen Stellvertreter Teddy Evans, dem er von Beginn an versprochen hatte, der Polgruppe anzugehören, weiter demoralisieren und schwächen wollte. Vielleicht hoffte er, dass Evans dann von sich aus auf den Marsch zum Pol verzichten würde. Wieder einmal tat sich Scott schwer, seinen Männern reinen Wein einzuschenken. Noch immer hatte er nicht bekannt gegeben, wer von den acht Männern für den Weg zum Südpol vorgesehen war, obwohl die Entscheidung nicht mehr lange hinausgeschoben werden konnte.

Nachdem die Männer am selben Tag etwa sieben Meilen weit gekommen waren, ordnete Scott an, beide Schlitten von 12 Fuß Länge
(ca. 3,65 Meter) auf 10 Fuß (ca. 3,05 Meter) zu verkürzen, um ihr Gleit-
vermögen zu verbessern. Für die Mannschaftsdienstgrade Lashly, Crean
und Edgar Evans war das eine harte Arbeit bei Temperaturen um minus
20 Grad Celsius, die zudem viel mehr Zeit in Anspruch nahm, als Scott es
sich ausgerechnet hatte. Erst gegen zwei Uhr morgens krochen die Männer todmüde in ihre Schlafsäcke. Während des Umbaus hatte sich Edgar
Evans durch einen Schnitt in die Hand verletzt – eine an sich belanglose
Sache, die sich jedoch im weiteren Verlauf der Reise noch tragisch auswir-
ken sollte.

Am 2. Januar 1912 hatten sie endlich die letzten Ausläufer des Beardmore-Gletschers hinter sich. Vor ihnen lag die gewaltige Ebene des Polarplateaus. Der Pol war nur noch etwa 270 Kilometer entfernt. Am nächsten
Morgen trat Scott ins Zelt der Gruppe von Teddy Evans. Das Zelt war voller Tabakqualm, und Crean hustete in dem Moment zufällig. »Mit so einer
Erkältung muss man vorsichtig sein«, bemerkte Scott, doch Crean durch-
schaute ihn: »Wenn so durch die Blume gesprochen wird, dann muss man
es wohl verstehen.« So beiläufig wie möglich teilte Scott danach den Männern mit, dass er mit seinem eigenen Team zum Pol gehen werde. Nach
den Erfahrungen der vorangegangenen Wochen war das keine wirkliche
Neuigkeit mehr, doch dann ließ Scott die Bombe platzen: Er schickte alle
bis auf Teddy Evans aus dem Zelt und fragte diesen, ob er für seine eigene
Rückreise auf Bowers verzichten könne. Evans blieb keine andere Wahl
als zuzustimmen, hätte er sich doch andernfalls dem Vorwurf ausgesetzt,
die Polreise zu gefährden.
     Bowers würde nun also zu den vier Mann von Scotts Truppe hinzusto-
ßen, was die Lage weiter verkomplizierte. Die gesamte Logistik der Expedition war auf Vier-Mann-Einheiten aufgebaut: Die Lebensmittel- und
Brennstoffrationen waren für vier Mann pro Woche ausgelegt, die Zelte
boten vier Männern Platz, die Kochausrüstung umfasste je vier Becher,
vier kleine Pfannen und vier Löffel. Nicht nur, dass die Rationen der
Polgruppe damit plötzlich für einen Mann mehr reichen mussten; die Entscheidung stellte auch Teddy Evans auf dem Weg zurück vor nahezu unlös-
bare Schwierigkeiten: Er durfte in den Depots die Rationen seines Teams

Ohne Navigator zum Pol? Scotts Stellvertreter Teddy Evans (hier im Oktober 1911 neben einem Theodoliten stehend) musste am 4. Januar 1912 umkehren.

nur noch zu drei Vierteln aufbrauchen, hatte aber keine Mittel, die bis aufs letzte Gramm berechneten Portionen genau abzuwiegen. Scott schien sich darüber keine Gedanken zu machen – er hatte festgestellt, dass er zum ersten Mal auf seiner Reise Shackleton tatsächlich voraus war. »Wir haben 5½ Lebensmitteleinheiten, mehr als eine Monatsration für jede Person; damit müssen wir auskommen«, machte er sich und seiner Gruppe Mut. Und die Rückkehrer? Die würden sich schon irgendwie durchschlagen.

Es ist viel über diese völlig überraschende Entscheidung Scotts spekuliert worden. Warum sollten plötzlich fünf Leute zum Pol – und warum gerade diese fünf? Dass Scott selbst die Gruppe trotz all seiner körperlichen Beschwerden anführen würde, darüber konnte kein Zweifel bestehen. Auch dass Wilson ihn begleiten würde, war keine Überraschung, bestand doch zwischen beiden Männern seit der *Discovery*-Expedition eine enge Beziehung. Wie damals hatte der stets stoische Gelassenheit ausstrahlende Wilson auch diesmal immer wieder als Vermittler zwischen dem launischen Chef und seinen Untergebenen fungieren müssen.

Begleitet wurde der Offizier Evans auf dem Rückweg von den Mannschaftsdienstgraden William Lashly (links) und Tom Crean (rechts).

Doch was war mit den anderen? Scott hegte die Vorstellung, dass seine Polgruppe ein Spiegelbild der britischen Gesellschaft sein müsse. Neben seiner eigenen Person als führendem Vertreter der Navy und Wilson als Repräsentant der Wissenschaft musste deshalb auch die Army gebührend berücksichtigt werden. Für diese Rolle stand allein Oates zur Verfügung. Dessen Aufgabe war es eigentlich gewesen, die Ponys über die Eisbarriere zu bringen, und mit dem Aufstieg zum Polarplateau war auch sein persönlicher Ehrgeiz befriedigt. Aufgrund seines schlechten körperlichen Zustands wäre es nun dringend geboten gewesen umzukehren, doch einmal mehr verbot es ihm seine Erziehung, Schwächen offen zuzugeben und aus dem Prinzip von Befehl und Gehorsam auszubrechen.

Es war für die Außenwirkung der Expedition ebenso wichtig, auch einen Vertreter des Mannschaftsdecks, das zu diesem Zeitpunkt noch durch Edgar Evans, Lashly und Crean repräsentiert wurde, mit zum Pol zu nehmen. Scott hatte sich früh auf Evans, der schon die *Discovery*-Reise mitgemacht hatte, festgelegt. Evans war ein Hüne und schien über gewaltige Körperkräfte und eine unermüdliche Ausdauer zu verfügen. Wilson war anderer Meinung. Er kannte Evans' fatale Neigung zu übermäßigem Alkoholgenuss und hielt ihn in Stresssituationen für wenig belastbar. Er plädierte für Lashly, der ebenfalls zu den *Discovery*-Veteranen auf der Expedition gehörte. Doch Lashly war schon seit dem Zusammenbruch der Motorschlitten gezwungen gewesen, seinen Schlitten selbst zu ziehen. Deshalb stand zu befürchten, dass er bald am Ende seiner Kräfte sein würde. Auch der bärenstarke Crean, der die Strapazen der vorangegangenen zwei Monate von allen Männern vielleicht am besten überstanden hatte, fand vor Scotts Augen keine Gnade: Letztendlich setzte er sich durch, und Edgar Evans war weiter mit dabei.

Weshalb aber sollte Bowers nun diese Vierergruppe verstärken? Sicherlich nicht, um die Engländer Scott, Wilson und Oates sowie den Waliser Evans nun auch noch durch einen Schotten zu ergänzen. Der erst 28 Jahre alte Bowers hatte ursprünglich nicht einmal zur Landungsgruppe gehört, dann aber eine regelrechte Blitzkarriere hingelegt und war aufgrund seiner organisatorischen Fähigkeiten rasch zur unentbehrlichen rechten Hand des Chefs avanciert. Bowers' Talente wurden jetzt aber auch noch auf anderen Gebieten benötigt. Irgendwann in diesen Tagen war Scott aufgefallen, dass ihm auf dem Polarplateau ein Navigator fehlen würde. Den eigentlichen Fachmann Teddy Evans wollte er aus den bekannten Gründen nicht mitnehmen. Wilson, Oates und die drei Matrosen hatten keine Erfahrung auf diesem Gebiet, seine eigenen Kenntnisse waren verkümmert. Es blieb also nur Bowers übrig, der fähig war, die Gruppe sicher durch die Einöde des Plateaus, in der es keinerlei landschaftliche Anhaltspunkte für eine Routenführung gab, zu lotsen.

»Dennoch handelte es sich bei der Entscheidung für Bowers wahrscheinlich vor allem um einen spontanen Beschluss«, schreibt Scott-Biografin Diana Preston. Es sei eine Eigenart von Scott gewesen, »Entscheidungen rasch und ohne vorherige Beratung zu treffen«. Möglicherweise habe er sich vom Einsatz eines fünften Mannes auch einfach nur mehr Kraft für das Ziehen des Schlittens erhofft. Sollte Scott darauf gesetzt haben, so hatte er sich jedoch selbst zuvor einen Bärendienst erwiesen: Bowers hatte seine Skier wie die übrigen Mitglieder des Teams von Teddy Evans am Silvestertag im Depot zurücklassen müssen. So gab das Schlittenteam, das schließlich am Mittag des 4. Januar aufbrach, ein bizarres Bild ab: Vier dick vermummte Männer mit wettergegerbten Gesichtern und eisverkrusteten Bärten zogen auf Skiern einen schwer beladenen Schlitten durch die Eiswüste, dazwischen stapfte ein fünfter mit viel zu kurzen Beinen durch den Schnee. Bowers war im wahrsten Sinne des Wortes das fünfte Rad am Wagen – »zum Glück wirft er uns nicht alle aus dem Takt«, notierte Scott.

An diesem Tag lief die Rückkehrergruppe noch einige Meilen mit ihnen in Richtung Pol: für den Fall irgendeines Missgeschicks, so hatte es Scott bestimmt. Dann stoppten die beiden Schlitten, und die acht Männer schüttelten sich ein letztes Mal die Hände. »Teddy Evans ist schrecklich enttäuscht, hat aber alles gut weggesteckt und sich wie ein Mann verhalten. Der gute alte Crean weinte, und selbst Lashly war gerührt«, schilderte Scott die Abschiedsszene in seinem Tagebuch. Keiner dachte daran, dass es ein Abschied für immer sein würde. Und weil die Männer auf der bisherigen Route, die sie als die einzig mögliche zum Pol hielten, keinerlei Spuren der Norweger entdeckt hatten, waren sie sich sicher, dass die britische Flagge bald als erste am Pol wehen würde. Die Rückkehrer brachten drei laute Hurrarufe auf die Polfahrer aus, dann wendeten sie ihren Schlitten und machten sich auf den Heimweg. Teddy Evans notierte: »Wir sahen uns oft um, bis die kleine Gruppe nur noch ein winziger schwarzer Punkt am südlichen Horizont war, und schließlich war sie ganz verschwunden.«

Amundsen auf dem Rückweg

Die Norweger hatten dem Pol inzwischen längst den Rücken gekehrt. Auf ihrem Weg nach Norden waren sie auch noch einmal an ihrem ersten Lager zehn Meilen vom Pol entfernt vorbeigekommen. In der Nähe des Platzes rammten sie eine große schwarze Fahne in den Boden, ungefähr in der Richtung, aus der Scott vom Beardmore-Gletscher heraufkommen musste. Dann aber ging es los. Wieder einmal liefen die Hunde wie von selbst, als witterten sie den Nachhauseweg. Die Männer hatten nun den beständig wehenden Südwind im Rücken, ebenso die Sonne, da sie sich auf Nachtmärsche verlegten. Sie hatten keine Schwierigkeiten, ihren Heimweg zu finden – »die Schneewarten leuchten wie elektrische Ampeln«, so Bjaaland.

Amundsen hatte es eilig. Der Wettlauf zum Pol war noch nicht gewonnen, wenn es ihm nicht gelang, die sensationelle Nachricht als Erster publik zu machen. In einer Zeit, in der die Funktechnik noch in den Kinderschuhen steckte und an heutige Satellitentelefone noch nicht einmal im Traum zu denken war, hieß das, dass er so schnell wie möglich in die zivilisierte Welt zurückkehren und eine Telegrafenstation aufsuchen musste. Dennoch achtete er darauf, in der Höhenluft des Plateaus weiterhin sein bewährtes Tempo beizubehalten – 15 Meilen am Tag mussten genügen, und Menschen und Tiere ruhten sich für den Rest der Zeit aus. Trotzdem waren weitere Verluste zu beklagen: Bis zum Erreichen der Eisbarriere starben noch vier Hunde an Erschöpfung – sie wurden natürlich sofort an ihre Artgenossen verfüttert.

Am ersten Weihnachtsfeiertag erreichten Amundsen und seine Gefährten ihr erstes Depot auf der Höhe von 88°25'. Auch die Norweger feierten Weihnachten, doch auf ein Festmahl wie die Briten mussten sie

Die Norweger hatten es auf dem Rückweg eilig – auf Kosten der treuen Hunde, die sich bis zur Erschöpfung vor den Schlitten verausgabten.

verzichten. Niemand hatte heimlich Karamelbonbons oder Ingwerplätzchen ins Gepäck geschmuggelt, und so blieb eine aus Zwiebackkrumen und Milchpulver hergestellte Masse, die entfernt an die traditionelle norwegische Weihnachtsgrütze erinnerte, die einzige Überraschung dieses Festtags. Dennoch waren die Männer zufrieden. »Ich bezweifle sehr, dass irgendjemandem daheim in Norwegen seine Weihnachtsgrütze besser geschmeckt hat als die unsere da unten im Zelt auf der antarktischen Hochebene«, berichtete Amundsen, der sich anschließend mit seinen Männern die von Bjaaland spendierte Zigarre schmecken ließ. Während bei den Briten schon auf dem Hinweg zum Pol das Essen knapp wurde, erhöhte Amundsen aufgrund der günstigen Begleitumstände des Rückmarschs noch einmal die Rationen: von 350 Gramm Pemmikan auf 400, wenige Tage später sogar auf 450 Gramm pro Mann.

Am Neujahrstag des Jahres 1912 kamen sich die beiden Kontrahenten so nahe wie niemals sonst. Nur gut 150 Kilometer trennten Scott, der eben auf der Höhe des 160. östlichen Längengrads die letzten Ausläufer des Beardmore-Gletschers bezwang, von Amundsen, der sich auf 170 Grad West an den Abstieg vom Polarplateau machte. Die Voraussetzungen hätten unterschiedlicher nicht sein können: Dort die bereits jetzt ausgelaugten Briten, die ihre Schlitten im Schweiße ihres Angesichts nach Süden beförderten, hier die aufgekratzten Norweger, die ihren Job erledigt hatten und nun in Richtung Norden stürmten. Nur einige unangenehme Schneewehen, sogenannte Sastrugi, behinderten die zügige Fahrt. »Wisting hat ein Segel an seinem Schlitten befestigt«, trug Amundsen am 29. Dezember in sein Tagebuch ein, »und mit der frischen Brise ging es traumhaft voran, auch wenn die Sastrugi ziemlich groß waren. Wisting gelang es sogar, mit Hansen Schritt zu halten, und die Hunde stimmten ein wahres Freudengeheul an.«

Allerdings lief auch bei den Norwegern nicht alles glatt. Auf der Höhe des 88. Breitengrads hatte Bjaaland ihre alten Spuren verloren, und bald entdeckten die Männer auch keine der Schneewarten mehr, die sie auf dem Hinweg so fleißig errichtet hatten. Unglücklicherweise hatte Amundsen seit dem Aufbruch vom Pol auf astronomische Messungen verzichtet und geglaubt, sich auf dem Rückweg an den charakteristischen Landmarken des Transantarktischen Gebirges orientieren zu können.

Das Auffinden ihrer Depots war für Amundsens Männer vor allem deshalb wichtig, damit sie ihre Hunde mit frischem Fleisch versorgen konnten.

Doch die zahlreichen Berge, die auf dem Hinweg oftmals nur für einige Momente im Nebel zu erkennen gewesen waren, sahen nun bei anderen Wetter- und Lichtverhältnissen ganz anders aus. Weil Amundsen zudem wichtige Peilungsangaben verwechselt hatte, befanden sich die Männer bald wieder auf unbekanntem Terrain. »Wir laufen durch einen Irrgarten. Es ist unmöglich festzustellen, wo wir sind«, hieß es dementsprechend auch am 1. Januar.

Zunächst sorgte noch ein anderes Problem für Ablenkung: Wisting hatte starke Zahnschmerzen. Weil es, wie er sarkastisch bemerkte, etwas weit bis zum nächsten Zahnarzt war, mussten die Männer selbst damit fertig werden. Wisting bat Amundsen, der immerhin einige Semester Medizin studiert hatte, sich mit der Angelegenheit zu befassen. »Er war auch sofort bereit, und wir holten die Zange heraus. Sie war so kalt, dass sie erst über dem Primusofen gewärmt werden musste«, erinnerte sich Wisting später. »Dann kniete ich mich in meinen Schlafsack, er setzte sich in seinen eigenen vor mich und zog dann mit allen Kräften. Nach einer fürchterlichen Prozedur war die Operation schließlich mit Erfolg beendet, und im selben Moment waren auch meine Schmerzen vorbei.«

Am 2. Januar erreichten sie die Ausläufer des Teufelsgletschers, doch zu ihrer großen Freude zeigte dieser jetzt ein äußerst freundliches Antlitz. Das Gewirr aus Spalten und Abgründen, das sie auf dem Hinweg drei gefahrvolle Tage gekostet hatte, war nun in wenigen Stunden bezwungen. Der unheimliche »Tanzsaal des Teufels« blieb ihnen sogar gänzlich erspart. Nun erkannte Amundsen auch seinen Fehler: Wegen der falschen Peilungen war er nicht zu weit nach Osten geraten, wie er gemeint hatte, sondern im Gegenteil zu weit nach Westen. Deshalb war der Übergang über den Teufelsgletscher, der sich in nordöstlicher Richtung zur Eisbarriere erstreckte, nun auch so problemlos vonstatten gegangen. Freilich wollte er das am Rand des Gletschers niedergelegte Depot nicht einfach so aufgeben. Zwar hatte er genug Lebensmittel, um mit seinen Männern auf die Eisbarriere zu kommen, doch um das Futter für die Hunde war es weniger gut bestellt. Würde nun auch noch das »Metzgerei«-Depot verfehlt, so hätten die Norweger ihre Hunde töten und die Schlitten selbst ziehen müssen – eine Aussicht, die ihnen wenig verlockend erschien.

Zu allem Überfluss legte sich nun auch noch dicker Nebel über die Landschaft, der die Orientierung zusätzlich erschwerte. Nur in den wenigen lichten Momenten, wenn die Sonne einmal durchbrach, konnten sie ihre Umgebung erkennen – und sie hatten Glück: Sie entdeckten den Grat, auf dem sie sich wenige Wochen zuvor ihren Weg durch das Gletschergewirr gebahnt hatten, und beschlossen, die Vorräte aus dem Depot zu bergen. Bjaaland und Hansen brachen um fünf Uhr morgens mit einem Schlitten in die vermutete Richtung auf. »Der Kapitän meinte, es seien acht Meilen, aber ich habe gleich gesagt, das ist dummes Zeug«, notierte Bjaaland. »Wir liefen elf Meilen im Nebel und Treibschnee, ohne etwas zu sehen. Glücklicherweise klarte es auf, und kurz danach sahen wir das Depot in zweieinhalb Meilen Entfernung. Unsere Freude war groß, das brauche ich wohl nicht zu sagen.« Nachmittags gegen drei Uhr kamen sie wieder im Lager an, wo ihre Kameraden sie sehnsüchtig erwarteten. Insgesamt hatte Hansen mit seinen Hunden an diesem Tag 42 Meilen zurückgelegt, also mehr als 75 Kilometer. »Da sage noch einer, dass Hunde in diesem Gelände wertlos sind«, frohlockte Amundsen einmal mehr.

Menschen und Tiere stillten ihren Hunger und ruhten sich aus, dann brachen sie erneut auf in Richtung Norden. Es galt jetzt, das Depot bei der »Metzgerei« mit seinem frischen Fleisch zu finden, das für den Gesundheitszustand der Hunde von großer Bedeutung war. Der Hundepemmikan, so nahrhaft er auch sein mochte, konnte niemals frische Nahrung ganz ersetzen. Amundsen hatte sich jetzt entschieden, den starren Tourplan mit 15-Meilen-Märschen und festen Ruhepausen ad acta zu legen und fortan ohne Rücksicht auf Tag oder Nacht immer dann zu fahren, wenn es am besten passte. Am 4. Januar stießen sie erneut auf die Linie ihrer Schneewarten und kamen am Morgen des folgenden Tages in den Bereich der »Metzgerei«. Wieder einmal sah die Umgebung jedoch ganz anders aus, als sie es in Erinnerung behalten hatten. »Damals hatten wir Berge im Westen und Norden gesehen, aber sie waren sehr weit entfernt gewesen«, wunderte sich Amundsen. »Jetzt schien dieser ganze Teil des Horizonts von ungeheuren Gebirgsstöcken eingenommen zu sein, die ganz dicht an uns heranreichten. Was in aller Welt bedeutete denn das? War es Hexerei? Darauf hätte ich hoch und heilig schwören können, dass ich diese Landschaft mit keinem Auge so gesehen hatte.«

Auch das so wichtige Depot war zunächst unauffindbar, obwohl die Männer die errechnete Entfernung seit der letzten Warte zurückgelegt hatten. Wieder und wieder hielten sie an und beratschlagten, was zu tun sei. Da rief Hansen plötzlich: »Da drüben sind vor uns schon Leute gewesen!« – »Ja, wahrhaftig«, bestätigte Wisting, »dort steht wirklich mein abgebrochener Ski, den ich beim Vorratslager hineingesteckt habe!« Erneut war das Glück den Norwegern hold – Gott sei Dank hatte der umsichtige Wisting den Ski auf die Spitze der Schneepyramide, die auf den ersten Blick kaum anders aussah als die zahlreichen übrigen Schneehügel in der Umgebung, gesteckt, und dort war er von den scharfen Augen Hansens entdeckt worden. Nun konnten sich die Hunde endlich wieder einmal an frischem Fleisch sattfressen; und nun hatte Amundsen auch den besten Ausgangspunkt für den folgenden Abstieg zur Eisbarriere gefunden – wenn es in der gedachten Richtung momentan auch noch so aussah, als würde das Gelände geradewegs nach oben in das Gebirge übergehen, statt abzufallen.

Die »Metzgerei« war auch diesmal kein besonders einladender Ort, obwohl das Wetter nicht so schlecht war wie bei ihrem ersten Aufenthalt. Deshalb machten sich die Männer gleich auf die Weiterreise und erreichten bald die oberen Ausläufer des Axel-Heiberg-Gletschers. In rasender

Fahrt ging es die Hänge hinab, und Bjaaland war ganz in seinem Element: »Das Skilaufen war herrlich«, trug er am 6. Januar in sein Tagebuch ein. »Ich hatte mehrere wunderschöne Abfahrten und bin mit dem Kapitän um die Wette gelaufen.« Auch Amundsen war begeistert: »Ein Hang steiler als der andere. Wir sausten schnell wie ein Wirbelwind zu Tal. Ein wundervoller Sport.« Weniger Freude an diesen rasanten Abfahrten hatten freilich die Schlittenlenker, war es doch nahezu unmöglich, die Gefährte bei höheren Geschwindigkeiten sicher zu beherrschen. Wieder mussten die Kufen mit Seilen umwickelt werden, um die Schlitten zumindest etwas abzubremsen. Zudem war die Gefahr durch Gletscherspalten und plötzlich auftauchende Abgründe noch längst nicht vorüber. doch Amundsen und seine Männer kamen durch. Am Abend des 7. Januar hatten sie wieder das Schelfeis unter ihren Füßen. Innerhalb von nur zwei Tagen hatten sie den Abstieg vom Polarplateau geschafft. Alle waren froh, endlich der dünnen und kalten Höhenluft entronnen zu sein und wieder richtig durchatmen zu können.

Kurz vor Mitternacht erreichten sie ihr Depot auf 85°5'. Die Schneepyramide, die sie gut sieben Wochen zuvor als Orientierungspunkt extra groß und hoch aufgeschüttet hatten, war in der Sonne des antarktischen Sommers zu einem kleinen Schneehügel zusammengeschmolzen. Zum Glück waren keine Vorräte verdorben, nur eine kleine Menge Pemmikan, die außerhalb der Vorratskisten lagerte, erwies sich als ungenießbar. Was für Scotts Männer einer Katastrophe gleichgekommen wäre, bereitete Amundsen keinerlei Kopfschmerzen. »Wir haben jetzt Lebensmittel für 35 Tage auf den Schlitten«, zog er erfreut Bilanz, nachdem das Umpacken der Vorräte abgeschlossen war. »Außerdem warten die Depots auf jedem Grad nordwärts. Wir leben nun wahrhaftig wie an den Fleischtöpfen Ägyptens. Jetzt heißt es nur noch, so viel wie möglich zu essen, um die Schlitten so schnellstens leichter zu bekommen.«

Scott erreicht den Pol

Ganz anders lagen die Dinge bei Scott und seinen Gefährten, die sich nach dem Abschied von der letzten Unterstützergruppe am 4. Januar weiter in Richtung Südpol vorarbeiteten. Zwar litten sie noch keinen wirklichen Hunger, doch allen war klar, dass sie äußerst diszipliniert haushalten mussten, wollten sie bis zum Pol und zurück gelangen. Größere Sicherheitsreserven gab es nicht. Zudem zeigte sich rasch, dass die Entscheidung, einen fünften Mann mitzunehmen, völlig unerwartete Folgen zeitigte. »Das Kochen für fünf Personen dauert viel länger als für vier; vielleicht eine halbe Stunde am Tag. Daran hatte ich bei der Neuordnung meiner Gesellschaft gar nicht gedacht«, notierte Scott am 5. Januar betreten. Längere Kochzeiten aber bedeuteten auch einen erhöhten Brennstoffbedarf – und das, wo der Brennstoff ohnehin schon knapp war.

Zu fünft in einem Vier-Mann-Zelt zu schlafen, war ebenfalls keine angenehme Sache. Die Schlafsäcke der beiden außen Liegenden befanden sich nicht mehr auf dem Bodentuch, sondern zum Teil auf dem blanken Schnee. Weil die Schlafsäcke wegen der Enge nun häufig die Zeltwände berührten, nahmen sie den Raureif auf, der sich dort bildete. Der Schlitten, erst wenige Tage zuvor um mehr als einen halben Meter verkürzt, war zu klein für die Ausrüstung von fünf Leuten. Er wurde kopflastig und drohte immer wieder umzukippen. Das größte Problem bestand jedoch darin, das schwer beladene Gefährt mit vier Leuten auf Skiern und einem Mann zu Fuß in gleichmäßigem Tempo durch den Schnee zu ziehen. Es funktionierte eigentlich nur, weil Bowers so tapfer die Zähne zusammenbiss und alle Strapazen klaglos ertrug aus lauter Dankbarkeit, mit zum Pol gehen zu dürfen. »Es ist eine ziemliche Plackerei mit dem gutbeladenen Schlitten, und es ermüdet mich mehr als die anderen, da ich keine Skier habe«, klagte er am ersten Tag der Fünferreise. »Solange ich den Tag über meinen Anteil beitragen und fit bleiben kann, macht mir das nichts aus, so oder so.«

Auch Scott war jetzt sehr zuversichtlich. Der schwierigste Teil der Polarreise schien hinter ihm zu liegen. Er hatte dem als äußerst schlecht empfundenen Wetter auf der Barriere getrotzt, die Ausfälle der Motorschlitten überstanden und war, obwohl die Ponys schlappgemacht hatten,

Nach Verlassen ihres Drei-Grad-Depots quälen sich die verbliebenen Briten mit ihrem Schlitten weiter Richtung Südpol. Das Foto wurde von Bowers aufgenommen.

glücklich den Gletscher heraufgekommen. Sein Zeitplan war annähernd eingehalten worden, und auch die ganze verzwickte Organisationsarbeit mittels Tabellen, Rationen und Durchschnittswerten schien sich zumindest einigermaßen auszuzahlen. Er war jetzt mit Männern zusammen, denen er vertraute und die er in seinem Tagebuch in den höchsten Tönen lobte. Alle fünf – damit schloss er sich ganz unbescheiden selbst mit ein – seien »so glücklich gewählt, wie man es sich nur vorstellen kann«, schrieb er am 8. Januar. Wilson erfülle seine Pflichten als Arzt und lindere rasch alle Wehwehchen, außerdem sei er in den Zuggurten zäh wie Leder. Evans sei ein gewaltiges Arbeitstier, habe jedoch zudem Köpfchen und viele gute Ideen. Ebenfalls ertrage Oates alle Entbehrungen und marschiere so stramm wie alle anderen. Der kleine Bowers dagegen sei geradezu ein Wunder. »Ich überlasse ihm sämtliche Dinge, die mit dem Proviant zu tun haben…, er hat noch keinen einzigen Fehler gemacht. Zusätzlich zu den Vorräten kümmert er sich auch gründlich und gewissenhaft um die meteorologischen Aufzeichnungen, und dazu kommt jetzt noch die Pflicht des Navigators und Fotografen.« Am 9. Januar erreichte die Hochstimmung Scotts den Gipfelpunkt, als er seinen Tagebucheintrag triumphierend mit einem Wort in Großbuchstaben begann: »RECORD«. Er hatte mit seinen Männern Shackletons südlichsten Punkt überschritten – auf den Tag genau drei Jahre, nachdem sein Rivale den Rückzug angetreten hatte. Nun wähnte er sich endgültig auf der Siegerstraße.

Eine Reihe von Umständen zeigte jedoch, dass der Vormarsch mit zunehmend größeren Schwierigkeiten verbunden war. Schon drei Tage zuvor hatte wieder einmal eine von Scotts irrationalen Ad-hoc-Entscheidungen für eine Verzögerung gesorgt, als er bei der Durchquerung eines Gebiets mit zahlreichen Sastrugi befahl, die Skier abzulegen und wegzuwerfen. Kaum zwei Kilometer später ließen die Schneewehen plötzlich nach, und jemand musste umkehren und die Skier wieder holen. Doch auch mit ihnen kamen die Männer auf dem stumpfen Schnee immer schlechter voran. »Wieder auf dem Marsch, musste ich zu meinem Entsetzen feststellen, dass wir den Schlitten auf Skiern kaum bewegen konnten. Die erste Stunde auf diesem entsetzlichen, lockeren und sandigen Schnee war fürchterlich. Wir gaben jedoch nicht auf, und gegen Ende unseres ermüdenden Marsches kamen wir besser voran. Trotzdem war es ein hartes Stück Arbeit.« Die Klagen über den schlechten Untergrund rissen in den folgenden Tagen nicht ab. »Ein schrecklich mühsamer Marsch«, hieß es am 10. Januar in Scotts Tagebuch, und einen Tag später: »So etwas habe ich noch nicht erlebt! Der Schlitten schrammte und krachte beängstigend. Wir schafften sechs Meilen, aber um welchen Preis? ... Am Nachmittag weiter geschunden und weitere fünf Meilen geschafft. Noch 74 Meilen bis zum Pol – können wir das noch sieben weitere Tage durchhalten? Es schlaucht uns wie sonst etwas! Keiner von uns hat je zuvor so hart arbeiten müssen.«

Das war ein Hinweis darauf, dass die Kräfte der ohnehin bereits geschwächten Männer weiter rapide nachließen. Die Mangelerscheinungen, die ihnen schon während des Aufstiegs am Beardmore-Gletscher zu schaffen gemacht hatten, verstärkten sich zusehends. Die Schnittwunde, die sich Edgar Evans während des Umbaus der Schlitten zugezogen hatte, wollte nicht heilen und bildete immer wieder neue Eiterherde – ein deutlicher Hinweis auf beginnenden Skorbut. Auch die zunehmende Kälteempfindlichkeit der Männer war wohl eine Folge des akuten Vitaminmangels. »Beim Zelten heute Nacht kühlten wir alle aus«, notierte Scott am

12. Januar. »Wir nahmen einen Kälteeinbruch an, aber zu unserer Überraschung war die tatsächliche Temperatur höher als letzte Nacht, als wir in der Sonne bummeln konnten. Es ist unerklärlich, warum wir die Kälte plötzlich so intensiv spüren.« Kälte, Hunger und Erschöpfung waren jetzt immer wieder Thema und schlugen auch auf das Gemüt der Männer.

Nur eines gab Scott und seinen Gefährten stets von Neuem Auftrieb: Allen Schwierigkeiten und Beschwernissen zum Trotz rückten sie dem Pol immer näher. »Es ist wunderbar, sich vorzustellen, dass wir mit zwei langen Märschen am Pol sein können«, jubelte Scott am Abend des 15. Januar, nur noch 50 Kilometer entfernt

Trotz des Schocks fertigte Wilson akribische Skizzen von den Relikten der Norweger an.

vom ersehnten Ziel. »Wir haben heute unser Depot für neun Tage niedergelegt, sodass es jetzt Gewissheit werden sollte – mit der einzigen entsetzlichen Möglichkeit, sehen zu müssen, dass die norwegische Flagge der unseren zuvorgekommen ist.« Doch genau dies war geschehen, wenn es auch nicht die dreifarbige Fahne mit dem skandinavischen Kreuz war, die ihm die Niederlage anzeigen sollte.

Am Morgen des 16. Januar waren die Männer zuversichtlich aufgebrochen. Schnell ging es an diesem Tag voran, bis zum Mittag waren 14 Kilometer geschafft. Die Aussicht, vielleicht schon am Abend des folgenden Tages am Pol zu stehen, beflügelte ihre Schritte. Doch plötzlich bemerkte ausgerechnet Bowers, der sich zu Fuß in der Mitte des Gespanns abmühte, etwas Ungewöhnliches in der Ferne. Erschrocken redete er sich selbst und den anderen ein, dass es sich bei dem Gebilde um eine Schneewehe handeln müsse, aber bald entpuppte sich die vermeintliche Naturerscheinung als ein schwarzer Punkt, der unmöglich einen natürlichen Ursprung haben konnte. In atemloser Spannung machten sich die Männer dorthin auf den Weg und fanden an einem Schlittenständer eine schwarze Flagge. In der Nähe entdeckten sie einen verlassenen Lagerplatz, Spuren von Schlitten und Skiern und die Abdrücke von Hundepfoten – »vieler Hundepfoten«, wie Scott festhielt. »Die Norweger sind uns zuvorgekommen und sind die Ersten am Pol! Eine furchtbare Enttäuschung! Aber nichts tut mir dabei so weh wie der Anblick meiner armen, treuen Gefährten! All die Mühsal, all die Entbehrungen, all die Qual – wofür?«

Die Briten waren genau dort entlanggekommen, wo Amundsen kurz vor Beginn seiner Rückreise zum Pol noch die schwarze Wegmarkierung angebracht hatte. Auch wenn es nicht so gedacht gewesen war – schließlich verwendete Amundsen ausschließlich schwarze Flaggen –, wirkte das dunkle Tuch auf die Engländer doch wie ein Trauerflor. Es war ein ungeheurer Schock für die fünf Männer. Alle Wünsche, alle Träume, alle Hoffnungen mussten sie an dieser Stelle in der trostlosen weißen Einöde begraben. Hatte die freudige Erwartung eben noch sämtliche körperli-

Die Niederlage ist besiegelt: Dies bezeugen die versteinerten Mienen von Oates, Bowers, Scott, Wilson und Edgar Evans vor dem Union Jack.

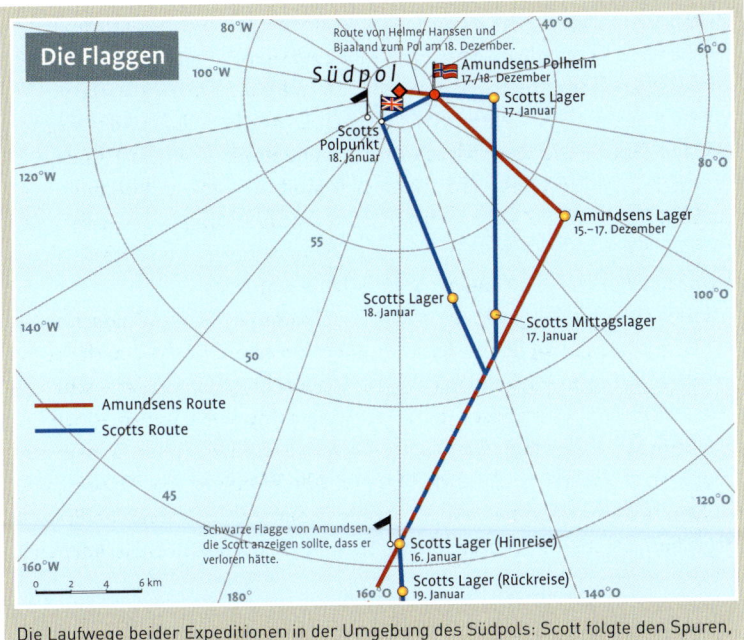

Die Flaggen

80°W 100°W 120°W 140°W 160°W 180° 40°O 60°O 80°O 100°O 120°O 140°O

Route von Helmer Hanssen und Bjaaland zum Pol am 18. Dezember.

Südpol

Amundsens Polheim
17./18. Dezember

Scotts Lager
17. Januar

Scotts Polpunkt
18. Januar

Amundsens Lager
15.–17. Dezember

55

Scotts Lager
18. Januar

Scotts Mittagslager
17. Januar

50

Amundsens Route
Scotts Route

45

Schwarze Flagge von Amundsen, die Scott anzeigen sollte, dass er verloren hätte.

0 2 4 6 km

Scotts Lager (Hinreise)
16. Januar

Scotts Lager (Rückreise)
19. Januar

Die Laufwege beider Expeditionen in der Umgebung des Südpols: Scott folgte den Spuren, die Amundsen einen Monat zuvor hinterlassen hatte.

chen Schmerzen und psychischen Belastungen überlagert, so traf sie jetzt die schlagartige Erkenntnis, den Wettlauf verloren zu haben, mit voller Wucht. Plötzlich spürten sie wieder den eisigen Wind in den von Frostbeulen übersäten Gesichtern, und die feuchtkalte Luft drang scharf durch Mark und Bein. In dieser Nacht bekam kaum einer der Männer ein Auge zu. »Alle Tagträume sind dahin«, schrieb Scott bitter. »Es wird ein mühseliger Rückmarsch werden.«

Am nächsten Morgen folgten sie den Spuren der Norweger weiter nach Süden und schlugen am Abend ihr Lager am Pol auf. Es war der 17. Januar 1912 – 35 Tage, nachdem Amundsen und seine Männer dort angekommen waren. »Der Pol. Ja, aber unter ganz anderen Umständen als erwartet«, trug Scott konsterniert in sein Tagebuch ein. »Großer Gott! Dies ist ein entsetzlicher Ort und schrecklich genug für uns, weil wir uns bis hierher

gekämpft haben, ohne dadurch belohnt zu werden, die Ersten zu sein.«
An diesem Abend gab es endlich wieder einmal genügend zu essen, und
als besonderer Hochgenuss machte eine Zigarette die Runde. Naturgemäß wollte im Zelt dennoch keine Feierstimmung aufkommen. Alle hingen ihren eigenen Gedanken nach, die Männer suchten nach Ursachen
für ihren Fehlschlag oder dachten an die norwegischen Konkurrenten.

Amundsen müsse wohl einen leichten Aufstieg aufs Polarplateau gefunden haben – so bog sich Scott die Sache zurecht. »Er hat uns insofern geschlagen, als er einen Wettlauf veranstaltet hat. Wir haben getan,
was wir uns vorgenommen haben, und genau unser Programm erfüllt«,
gab sich Wilson gewohnt sachlich. Bowers dagegen suchte Trost in künst-
lich überhöhten Idealvorstellungen nach dem Muster von Sir Clements
Markham: »Es ist traurig, dass die Norweger uns zuvorgekommen sind,
aber ich bin froh, dass wir es auf die gute britische Art, den Schlitten
selbst zu ziehen, geschafft haben. Das ist die traditionelle britische Methode, sich mit dem Schlitten zu bewegen, und dies ist die größte Reise,
die Menschen je unternommen haben.« Für Oates dagegen war derart he-
roische Selbstüberhöhung blanker Unsinn. Amundsen habe ganz einfach
seine fünf Sinne beisammen gehabt, schrieb er. »Die Norskies ... scheinen
mit ihren Hundegespannen einen bequemen Ausflug gemacht zu haben,
ganz im Gegensatz zu unserer elenden Schlittenzieherei mit menschlicher Muskelkraft.«

Nachdem sie einige Messungen vorgenommen hatten, liefen die Männer am Morgen des 18. Januar in Richtung Südosten, wo sie den genauen
Polpunkt vermuteten. Unterwegs entdeckten sie das »Polheim«-Zelt der
Norweger, das sie ob seiner genial einfachen Konstruktion beeindruckte.
Im Inneren stießen sie auf die beiden Briefe Amundsens an König Haakon und an Scott: »Sehr geehrter Herr Kapitän Scott! Da Sie wahrscheinlich der Erste sind, der nach uns dieses Gebiet erreicht, möchte ich Sie
freundlich bitten, diesen Brief an König Haakon VII. weiterzuleiten.
Wenn etwas von dem, was wir im Zelt zurückgelassen haben, für Sie von
Nutzen sein kann, zögern Sie nicht, es zu gebrauchen. Ich wünsche Ihnen eine gesunde Heimkehr und bin mit freundlichen Grüßen Ihr ergebe-
ner Roald Amundsen.« Diese »Degradierung« Scotts »vom Forscher zum
Briefträger«, wie ein Teilnehmer der Expedition später schrieb, hatte eine
zutiefst deprimierende Wirkung auf die Briten. Dennoch nahm Scott das

blue sky.
White cirrus
FRAM.
Jan. 18. 12.
Noon.
grey
White

»Ein entsetzlicher Ort…«: Edward Wilsons Zeichnung des von den Norwegern zurückgelassenen »Polheim«-Zelts.

Beeindruckende Konstruktion: Vier Briten und das Zelt der Norweger, von Henry Bowers mit der Kamera festgehalten.

Schreiben an den norwegischen Monarchen an sich und legte es zu seinen Unterlagen – er würde später noch entscheiden können, was er damit anfangen sollte.

Die zurückgelassenen Ausrüstungsgegenstände der Norweger dagegen kamen in der Tat gerade recht – Bowers freute sich über die Fäustlinge aus Rentierfell, da er seine eigenen aus Hundefell verloren hatte; Wilson nahm eine Spirituslampe mit, die er zur Herstellung von desinfizierenden Salben benötigte. Amundsen hatte zwar erwogen, auch einen Kanister mit Paraffin im Zelt zurückzulassen, doch sich nicht recht vorstellen können, dass ausgerechnet der in der Eiswüste so lebensnotwendige Brennstoff bei den Briten knapp sein sollte. In der Tat wäre dieser Kanister das gewesen, was Scott und seine Männer für ihren Rückmarsch am dringendsten gebraucht hätten.

Nachdem sie eine Notiz mit der Mitteilung hinterlassen hatten, dass sie ebenfalls vor Ort gewesen waren, zogen die Männer weiter zu einem Punkt, den ihre wenig systematischen Messungen am Morgen als Pol ergeben hatten. Hier bauten sie eine Schneepyramide, stellten, so Scott, den »armen, geschundenen Union Jack« auf und schossen Fotos. »Es sind die traurigsten Bilder der ganzen Expedition, und zwar nicht nur, weil man weiß, dass das Urteil über sie gesprochen war – die Erschöpfung und das Gefühl der Vergeblichkeit stehen ihnen ins Gesicht geschrieben«, schreibt Diana Preston. »Aus ihren verhärmten und vom Wetter gegerbten Gesichtern spricht keine Freude.« Nachdem erneute Messungen veränderte Werte erbracht hatten, gingen sie noch einmal eine halbe Meile weiter und wiederholten die Zeremonie. Roland Huntford zufolge beruhten jedoch beide Messungen auf Berechnungsfehlern. In Wahrheit hätten sie sich nicht zum Pol hin-, sondern schon wieder von ihm wegbewegt. Auf diese Weise seien sie niemals ganz bis zum Pol gelangt. Wenig später machten sie sich auf den Rückweg. Es gab in dieser Einöde nichts mehr für sie zu tun. Zudem drängte die Zeit. »Jetzt geht es an den Rückmarsch und an den verzweifelten Kampf, die Nachricht als Erste herauszubringen. Ich frage mich, ob wir das schaffen«, schrieb Scott. Er glaubte offenbar tatsächlich immer noch, es ginge weiterhin nur um Ruhm und Ehre. Tatsächlich aber hatte längst der Kampf auf Leben und Tod begonnen. Nach der Mittagspause brachen die Männer auf. Sie wollten weg von Pol,

Fram-Expeditionen

15 dcbr 1911.

Deres Majestæt.

Hermed tillater jeg mig at meddele, at 5 mand av hovedexpeditionen
– mig selv deriunder – ankom her til sydpolsområdet – nøiagtig 89° 57' 30'' S.Br.
– igår den 14 dcbr – efter en vellykket sledetur på vort underskib "Framheim".
Vi forlot dette den 20 octbr. med 4 sleder, 52 hunde og proviant for
4 måneder. Vi har på vor vei bestemt den store "Ross barriers" utstræk-
ning mot syd – ca 86° S.Br. – samt Kong Edward VII ° Land's og Victoria land's
sammenslutning på samme sted. Victoria land ophører her, men
Kong Edward's land fortsætter i S W. retning indtil ca 87° S.Br. med en mæktig
fjeldryg med topper indtil 22000 fod h. Disse sammenstøtende fjeldside
har jeg tillatt mig at kalde – som jeg håper med tilladelse – Dronning Maud's
fjeldryg. – Det store indlandsplateau fandt vi – på ca 88° S.Br. – at gå over i
en het flat høislette, som atter ved 89° S.Br. ganske svakt begyndte at skråne
ned mot den anden side. Slettens høide ca. ca 10750'. –

Vi har idag med en radius av 8 Km indcirklet den geografiske sydpol,
hvis det norske flag og teltet den svake skrånende slette, hvorpå det har
lykkes os at bestemme den geografiske sydpols beliggenhed ga "Kong
Håkon VII's Vidde med – som jeg håper – Deres Majestæts tilladelse.
Vi begynner tilbakereisen imorgen med 2 sleder, 16 hunde og vel ud-
styrt med proviant.

Ærbødigst

Roald Amundsen

Halvorsen & Larsen Ld., Kristiania

»Vom Forscher zum Briefträger degradiert«: Im »Polheim«-Zelt entdeckten die Briten
eine schriftliche Nachricht Amundsens für Scott mit der Bitte, sein Schreiben, datiert
vom 15. Dezember 1911, an den norwegischen König Haakon VII. weiterzuleiten. Ein Fund,
der nicht gerade zur Steigerung des britischen Selbstbewusstseins beitrug.

weg von der Enttäuschung ihres Lebens. »Wir haben dem Ziel unseres Ehrgeizes nun mit schmerzlichen Gefühlen den Rücken gekehrt«, schrieb Scott am Abend dieses 18. Januar, »und müssen uns nun der 800 Meilen langen, ununterbrochenen Schinderei stellen – und die meisten Tagträume begraben.«

Der eisige Tod

Am 26. Januar 1912 kurz vor vier Uhr morgens öffneten fünf Männer vorsichtig die Hüttentür von Framheim und schlichen sich leise ins Innere der Behausung. Drinnen war es ganz still. Die vier übrig gebliebenen Insassen des norwegischen Basislagers schliefen tief und fest. Es war ein erfreulicher Anblick für Amundsen, der meinte, dass seine erfolgreiche Polreise mit einem kleinen Knalleffekt zu Ende gehen müsste. »Guten Morgen, lieber Lindstrøm!«, rief er deshalb plötzlich laut, »ist der Kaffee fertig?« Die Reihe der Schläfer geriet in Bewegung. Ein Gesicht nach dem anderen tauchte aus den Schlafkojen auf und starrte die fünf Eindringlinge an, als wären sie Gespenster. »Großer Gott«, stammelte einer, »sind Sie es?« Doch dann brach der Jubel los, und alle freuten sich, dass die Polreisenden wohl und gesund zurückgekehrt waren. Der wichtigste Punkt freilich war noch offen. Wie sich Wisting erinnerte, stellte irgendjemand dann die entscheidende Frage: »›Wart ihr da?‹ – ›Ja, wir waren da‹, antwortete Roald Amundsen, und dann gab es ein großes Hallo. Kurz danach saßen wir alle am Tisch und genossen Lindstrøms Pfannkuchen und himmlischen Kaffee. Wie gut eine Tasse Kaffee schmecken kann, wird einem erst klar, wenn man so lange wie wir darauf verzichten musste.« Genau 99 Tage waren die Männer unterwegs gewesen, fast 3000 Kilometer hatten sie zurückgelegt. Während des gemeinsamen Frühstücks hielt Amundsen eine kurze Rede. Er dankte seinen Mitstreitern und pries das große Glück, dass sie heil zurückgekommen waren. Alle waren froh und zufrieden. »Dieses gemeinsame Frühstück in Framheim am Ende der Fahrt gehört zu den Augenblicken im Leben, die man niemals vergisst«, schrieb Helmer Hansen später. Zum Abschluss gab es ein großes Glas Schnaps, das alle in wenigen Schlucken leerten.

»Framheim« nach der Ankunft der Rückkehrer vom Pol: Friedlich und tief verschneit.
Nur die norwegische Flagge weht triumphierend im Wind.

Der Rückweg über die Eisbarriere war für die Männer wie im Flug vergangen. Amundsen hatte endgültig alle Reisebeschränkungen aufgehoben, und die Männer waren mit ihren Schlitten gefahren, soweit es die Kräfte der Hunde zuließen – manchmal mehr als 50 Kilometer am Tag. Dann hatten sie gerastet, bis die Tiere sich erholt hatten, und waren weitergezogen – egal, ob tagsüber oder nachts. Am 11. Januar verschwand im Süden der letzte Berg aus ihrem Gesichtsfeld, und als Boten des Meeres, dem sie sich stetig näherten, wurden zwei Skua-Möwen gesichtet. Das Wetter verschlechterte sich, Schneetreiben, Stürme und Nebel kamen auf, doch die Männer konnten sich an ihren Wegmarken orientieren und fanden alle ihre Depots. Große Teile der Vorräte konnten nicht mehr verbraucht werden und wurden einfach zurückgelassen. Schritt für Schritt kamen sie näher an Framheim heran, und doch dachten sie bereits mit Wehmut an das, was hinter ihnen lag. Jede Schneewarte wurde verabschiedet wie ein guter Freund.

Nach der Rückkehr war Amundsen natürlich begierig auf Neuigkeiten. Er war erfreut zu hören, dass Prestrud, Johansen und Stubberud ihre Osttour erfolgreich hinter sich gebracht hatten. Zwar war das Unternehmen aufgrund der beschränkten Mittel nüchtern betrachtet wenig mehr als eine Alibiveranstaltung, doch immerhin konnte man damit punkten, dass Menschen erstmals ihren Fuß auf Edward VII.-Land gesetzt und einige Gesteinsproben von dort mitgebracht hatten. Einige Tage vor der Rückkehr der Polgruppe war außerdem ein Schiff mit einer japanischen Antarktisexpedition unter dem Forscher Shirase Nobu in der Bay of Whales erschienen. Die Japaner waren Ende 1910 in Tokio ebenfalls mit dem Ziel aufgebrochen, für ihr Land den Südpol zu erobern. Im Frühjahr 1911 hatten sie wegen schlechter Wetterbedingungen allerdings schon vor Erreichen der Antarktis umkehren müssen und dann in Australien erfahren, dass sie in den Wettlauf um den Pol nicht mehr würden eingreifen können. Nun waren sie auf der Suche nach einem Landepunkt, von dem aus sie zumindest den Versuch wagen wollten, nach Süden vorzudringen. Die Beziehungen zwischen Norwegern und Japanern gestalteten sich freundlich, auch wenn sie sich aufgrund sprachlicher Probleme kaum verständigen konnten.

Die wichtigste Nachricht war für Amundsen jedoch, dass bereits am 9. Januar die *Fram* wieder in der Bucht der Wale eingetroffen war. Der Eisgang hatte sie zwar noch einmal aufs offene Meer hinausgetrieben, doch am Morgen des 27. Januar lief sie wieder in die Bucht ein und ließ triumphierend das Schiffshorn ertönen. In Windeseile zogen sich die Framheimer die Pelzkleider über und rasten mit den Hundeschlitten hinunter zur Eiskante. »Alle sahen froh und vergnügt aus«, erinnerte sich Amundsen später an das Wiedersehen mit der Schiffsmannschaft, »aber keiner fragte nach dem Pol. Schließlich bemerkte Gjertsen: ›Sind Sie dort gewesen?‹ Das Gefühl, das mir dabei aus den Gesichtern meiner Gefährten entgegenstrahlte, kann kaum mit dem Wort ›Freude‹ bezeichnet werden, es war viel mehr als Freude.«

Amundsen wurde nun von Kapitän Nilsen darüber informiert, wie sein Südpolcoup in der Weltöffentlichkeit zunächst aufgenommen worden war. Dass man in Großbritannien wegen des von ihm angezettelten Wettlaufs zum Pol nicht unbedingt Sympathie für ihn empfand, hatte er sich denken können. Dass es freilich auch in der Heimat Kritik gehagelt hatte, erzürnte ihn im höchsten Maße: »Eine Reihe von Leuten scheint über unsere Tätigkeit hier unten entrüstet zu sein – ein Bruch der Etikette? Sind diese Leute irre? Sind jetzt Polarfragen ausschließlich Scott zur Lösung überlassen? Diese Pappnasen können mir gestohlen bleiben. Nansen hat wie üblich mit seinem kalten, klaren Verstand die Lage beruhigen müssen. Ja, die Menschen sind nun mal verrückt.« Vor allem drei Männer hatten es in Amundsens Augen ermöglicht, dass die Expedition letztlich erfolgreich durchgeführt werden konnte. Fridtjof Nansen hatte mit seiner Autorität als Forscher und Diplomat unschätzbare PR-Arbeit geleistet und verhindert, dass die *Fram* per Parlamentsbeschluss nach Norwegen zurückbeordert wurde. König Haakon VII. war der Expedition trotz der unerwarteten Kursänderung wohlgesonnen geblieben und hatte weitere inoffizielle Zuschüsse gewährt.

Dem aus Norwegen stammenden argentinischen Großgrundbesitzer Pedro Christophersen jedoch war es zu verdanken, dass das auf der Kippe stehende Unternehmen finanziell in sicheres Fahrwasser geriet. Christophersen hatte ursprünglich lediglich angeboten, die *Fram* in Montevideo oder Buenos Aires auf seine Kosten versorgen zu lassen, wenn sie auf ihrer Fahrt ins Nordpolarmeer dort Station machen würde. Da

Roald Amundsen und Pedro Christophersen (links), der die Südpolreise quasi allein finanzierte.

sich die Ziele der Reise dann aber komplett geändert hatten, war diese Hilfe zunächst nicht in Anspruch genommen worden. Als Kapitän Nilsen freilich im Frühjahr 1911 auf dem Rückweg von der Antarktis in Buenos Aires eintraf, um die *Fram* für die vorgesehene ozeanografische Forschungsreise überholen zu lassen, war das dafür vorgesehene Konto in Norwegen leer. Es blieb nichts anderes übrig, als den verhinderten Gönner um eine Finanzspritze zu bitten – letztlich erfolgreich: Christophersen sprang in die Bresche und übernahm in der

Folge die gesamte Finanzierung des Unternehmens praktisch allein. »Ich schulde dem König, Nansen und Christophersen mehr, als ich sagen kann«, versuchte Amundsen seine Dankbarkeit in Worte zu fassen. »Als alle sich von mir abwandten, reichten sie mir die Hand. Gott segne sie!«

Nun aber kam es darauf an, schnellstmöglich aufzubrechen. Der Wettlauf war noch nicht gewonnen, solange die Weltöffentlichkeit nicht von der Eroberung des Südpols unterrichtet war. »Zeit ist kostbar«, so Amundsen, »und wir müssen vor allen anderen die Zivilisation erreichen.« Er konnte nicht wissen, dass Scott noch immer oben auf dem Polarplateau unterwegs war und dort einen verzweifelten Kampf gegen Hunger, Kälte und Entkräftung führte. Die Norweger brachten nur die Hunde und die allernotwendigsten Ausrüstungsgegenstände auf das Schiff, der große Rest blieb in Framheim zurück. Am Sonntag nach der Rückkehr der Polgruppe gab es noch ein großes Abschiedsessen, doch am Abend des 30. Januar 1912 schlossen die Männer zum letzten Mal die Tür ihres so lieb gewonnenen Winterquartiers hinter sich. »Es war ein schwerer Augenblick, Framheim zu verlassen«, schrieb Amundsen, an diesem Abend zum ersten Mal wieder an Bord der *Fram*, in sein Tagebuch. »Es war das beste und gemütlichste Winterquartier, das es je gab. Es sah funkelnagelneu aus, als wir auszogen, denn Lindstrøm hatte es von oben bis unten gescheuert. Wir wollten uns nicht nachsagen lassen, es unordentlich oder schmutzig zurückgelassen zu haben, falls jemand Gelegenheit haben sollte, dorthin zu kommen und nachzusehen.«

Die Männer ergriff ein tiefes Gefühl der Wehmut. Mehr als ein Jahr lang war die Hütte hoch oben auf der Eisbarriere ihre Heimat gewesen. Mit Grammofon, Küchenherd und Luxlampe hatte sie gewissermaßen den letzten Vorposten der zivilisierten Welt in der Eiswüste der Antarktis dargestellt. Die Sorgen und Nöte dieser Welt waren dabei weit weg gewesen, und es gab einige Männer, die dem nun wieder drohenden Alltag in Beruf und Familie am liebsten ganz entronnen wären. Doch letztendlich siegte die Vorfreude: Schließlich kamen sie nicht als geschlagene Verlierer zurück, sondern hatten der Welt einen Sieg zu verkünden. Gegen zehn Uhr abends lichtete die *Fram* ihre Anker und verließ die Bucht der Wale. So als wollten die Naturgewalten verhindern, dass sich der Abschiedsschmerz allzu lange hinzog, senkte sich dichter Nebel über die Bucht und die Eisbarriere. Amundsen schrieb später: »Das hinter uns liegende Panorama, das sich bei hellem Wetter so wundervoll ausgenommen hätte und auf dem wir so gerne noch den Blick hätten ruhen lassen, bis es schließlich in der Ferne verschwunden wäre, war und blieb verhüllt.«

Kampf auf Leben und Tod

Wie die letzten Überlebenden einer verlorenen Schlacht schleppten sich die fünf Briten nach ihrem Abschied vom Pol nordwärts. Sie folgten den Spuren ihres Hinwegs und erreichten schließlich nach einigen Meilen wieder die verhängnisvolle schwarze Flagge der Norweger, die ihnen drei Tage zuvor die Niederlage angezeigt hatte. Sie nahmen die Fahnenstange an sich, um sie als Mast für ein Segel zu nutzen, denn auch sie hatten nun den beständig aus Süd oder Südwest wehenden Wind im Rücken. Doch anders als bei Amundsen war die Luftbewegung mit einem bald feinen, bald dichteren Schneegestöber verbunden, das den Untergrund einmal mehr stumpf und schwer machte. Dennoch kamen sie zunächst mit einem auf dem Schlitten gesetzten Segel gut voran. »Wir hissten das Segel und legten vor dem Mittagessen in flotter Fahrt 8¾ Meilen zurück«, notierte Bowers am 23. Januar. »Am Nachmittag war der Wind sogar noch stärker, und ich musste auf den Schlitten steigen und als Führer und Bremser fungieren. Wir mussten das Segel tiefer setzen, doch selbst dann flog der Schlitten dahin wie ein Vogel.« Es war eine bitterböse Ironie der Geschichte, dass sie sich mit der passenden Ausrüstung vom Wind in geradezu rasantem Tempo nach Norden hätten tragen lassen können. Doch für fünf Mann war ein Schlitten viel zu klein; und um dem flott dahingleitenden Gefährt ebenso zügig auf Skiern folgen zu können, dazu fehlte den Männern die Übung.

Da die Rationen mehr als knapp bemessen waren, kam nun alles darauf an, dass sie ihre in den Weiten der Eiswüste angelegten Depots auf Anhieb fanden. »Wir sind hundertprozentig auf unsere Depots angewiesen, um lebend wieder vom Plateau herunterzukommen«, notierte Bowers, »und deshalb begrüßen wir die einsamen kleinen Schneewarten jedes Mal mit Freuden.« Doch bald mussten sie feststellen, dass die zumeist während der Rastpausen errichteten Warten viel zu niedrig gebaut

Mühseliger Rückmarsch auf längst verwehten Spuren: Die Briten waren unbedingt darauf angewiesen, ihre Depots in der vorher berechneten Zeit zu finden.

waren und zu weit auseinanderlagen, als dass sie im Schneegestöber als sichere Orientierung hätten dienen können. Auch die eigenen Fuß- und Schlittenspuren vom Hinweg waren oft genug zugeweht, sodass die Männer eine Menge Zeit mit der Suche nach dem richtigen Weg vergeudeten. Der Rückmarsch in den alten Spuren war aber auch deshalb mühsam, weil sie auf dem Hinweg oft Schneewehen oder anderen Hindernissen ausgewichen waren, die inzwischen längst weggeweht waren. So liefen sie jetzt oftmals unnötigerweise im Zickzackkurs über die Ebene. Die Depots selbst waren nicht annähernd so gut markiert wie die norwegischen – ihre Kennzeichnung bestand aus einer einzigen, auf die Spitze der Schneepyramide gesteckten roten Flagge. Hatten die Männer die Lager glücklich entdeckt, so begann die mühsame Arbeit, die Vorräte mit eiskalten Händen auszugraben und auf dem Schlitten zu verstauen.

Die Kälte setzte ihnen allen immer mehr zu. Obwohl ihnen der eisige Wind jetzt nicht mehr ins Gesicht blies wie noch auf dem Hinweg, verschlimmerten sich die Erfrierungen der Männer zusehends. Vor allem

Sein stetiger körperlicher Verfall bereitete Scott Sorgen: Edgar Evans.

mit Oates und Evans ging es dramatisch bergab. »Zweifellos ist Evans ziemlich fertig – seine Finger sind mit Blasen übersät, und seine Nase ist voller Frostbeulen«, schrieb Scott am Abend des 23. Januar ins Tagebuch. »Er hadert mit sich, was kein gutes Zeichen ist. Ich glaube, Wilson, Bowers und ich selbst sind so fit, wie die Umstände es erlauben. Oates bekommt kalte Füße.« Vor allem der stetige körperliche Verfall des hünenhaften Evans bereitete Scott Sorge, hatte er dessen bärenstarke Kräfte doch stets für unerschöpflich gehalten. »Zu meiner Überraschung scheint er den Mut zu verlieren – worüber ich sehr enttäuscht bin«, hieß es eine Woche später. Doch für Evans war am Pol eine Welt zusammengebrochen. Für den einzigen verbliebenen Angehörigen der Mannschaftsdienstgrade wäre der Ruhm der Poleroberung der Schlüssel zum gesellschaftlichen Aufstieg gewesen, zu Geld und Beförderung und einer sorglosen Zukunft. Dass er nun mit dem Makel des Verlierers zurückkehren würde, traf ihn deshalb empfindlicher als die anderen vier Männer. Der Schock schwächte seine Psyche und beförderte in der dünnen Höhenluft des Plateaus den physischen Niedergang. Noch immer machte ihm die eiternde Wunde an seiner Hand zu schaffen, zudem magerte er immer mehr ab. Obwohl er größer und schwerer war, musste er mit den gleichen Rationen auskommen wie die anderen in der Gruppe. Er litt daher noch stärker als seine Kameraden unter dem Hunger und unter der nachlassenden körperlichen Leistungsfähigkeit. Vor den Offizieren fühlte er sich als Versager.

Doch Zeit, anzuhalten und Verletzungen auszukurieren, blieb den Männern nicht: Zum einen neigte sich der antarktische Sommer stetig sei-

Auch heute eine Gefahr: Erfrierungen

Obwohl die Teilnehmer des deutsch-österreichischen Wettlaufs zum Südpol unter ständiger Beobachtung stehen und auch ein Arzt die Expedition begleitet, ist die Reise auch heute nicht ohne Risiko. Nicht nur Gletscherspalten oder Schneestürme können den Teams gefährlich werden. Wie vor hundert Jahren sind es die extremen Temperaturen von bis zu minus 35 Grad Celsius und darunter – gerade der Windchillfaktor kann unangenehme Folgen haben –, die eine große Gefahr darstellen. Denn trotz des modernen Hightech-Equipments genügt schon die kleinste Unachtsamkeit, um sich Erfrierungen zuzuziehen – etwa wenn beim Wasserkochen oder Toilettengang die schützende Hülle der Polarkleidung abgelegt wird.

Besonders gefährdet sind alle Körperteile, die sich weit vom Herzen entfernt befinden und weniger stark durchblutet werden, wie Hände, Füße, Gesicht und Ohren. Im ersten Stadium einer Erfrierung ist nur die oberste Hautschicht betroffen, sie wird blass und taub. Werden die betroffenen Stellen rasch behandelt, so sind keine bleibenden Schäden zu erwarten. Breitet sich die Erfrierung jedoch weiter aus und gefrieren größere Hautpartien, so bilden sich beim Auftauen größere Blasen. Man spricht jetzt von Erfrierungen zweiten Grades. Auch diese können noch behandelt werden. Richtig gefährlich wird es ab Stufe drei, wenn eine Erfrierung die tieferen Hautschichten erreicht. Das Gewebe wird von Eiskristallen zerstört, und die Zellen sterben ab – eine Behandlung ist nicht mehr möglich, für die betroffenen Körperteile bleibt nur noch die Amputation.

So weit darf es natürlich nicht kommen, deshalb werden alle Rennteilnehmer am Midway-Checkpoint noch einmal eingehend vom Rennarzt untersucht. Bei Markus Lanz, der sich beim Feuermachen Benzin über die Finger gegossen hat und nun darüber klagt, kein Gefühl mehr in den Fingerspitzen zu haben, und bei Joey Kelly, dessen Lippe geschwollen ist, gibt der Mediziner Entwarnung.

Dagegen scheint es beim österreichischen Teilnehmer Alex Serdjukov ernstere Komplikationen zu geben. Nach einem genauen medizinischen Check-up steht fest: Der Verdacht auf Erfrierungen ersten Grades an sieben Fingern hat sich bestätigt. Alex Serdjukov muss das Rennen abbrechen. »Das war natürlich ein herber Schlag für mich. Ich hätte mir gedacht, dass es allen anderen passiert, nur mir nicht«, sagt der Mann aus der Steiermark. »Die Erfrierungen sind wie kleine Glassplitter; wenn ich etwas angreife, würden sie mir das gesunde Gewebe zerschneiden.«

Der Österreicher
Alex Serdjukov
musste das
Rennen abbrechen.

Dabei ist bei Erfrierungen besonders kritisch, dass sie unbemerkt auftreten können und sich der Betroffene grundsätzlich gut fühlt – oder gut zu fühlen glaubt, bis es schnell zu spät ist. Da ist Teamwork gefragt: Die Expeditionsteilnehmer sollten einander immer genau beobachten und sich gegenseitig auf plötzlich schneeweiße Nasenspitzen oder Ohrläppchen sofort hinweisen – und nicht mit einem »Ach, da ist nichts« zur Tagesordnung übergehen.

Die im Grunde banale Ursache bei Alexanders Verletzung war offenbar ein Unterziehhandschuh, in dem sich im warmen Zelt Feuchtigkeit angesammelt hatte. Zurück im Freien bei minus 30 Grad, gefror die Feuchtigkeit und zog auf diese Weise die Finger in Mitleidenschaft. So banal – so typisch, feuchte Kleidung ist die Ursache Nr. 1 für Unterkühlungen. Doch Serdjukov hat Glück im Unglück – weil die Erfrierung in einem frühen Stadium bemerkt wurde, drohen ihm keine ernsthafteren Verletzungen, die zu einer Amputation führen können. Er muss lediglich für einige Tage einen Verband tragen und wird die Reise zum Südpol statt im österreichischen Rennteam in einem Betreuerfahrzeug mitmachen.

Als Allererstes bekommt er allerdings eine heiße Suppe, dann wird er, komplett in Daunen eingehüllt, ins Zelt gesteckt und dazu verdonnert, sich zuerst einmal richtig auszuschlafen: Auch in der Antarktis gehört Schlaf zur besten

Markus Lanz wird vom Arzt auf Erfrierungen untersucht.

Medizin. Nur, um etwas wehmütig sein Team auf die zweite Hälfte der Reise zu schicken, wird ihm erlaubt, einmal kurz das Zelt zu verlassen.

Auch die restlichen sieben Rennläufer haben Glück: Die eine oder andere Nasenspitze ist zwar etwas malträtiert, doch sie kommen ohne größere Blessuren am Ziel ihrer Reise an. Letzten Endes gilt in Bezug auf Erfrierungen das Gleiche wie in allen anderen Belangen einer Antarktisexpedition: Jeder Teilnehmer muss jederzeit auf sich achtgeben, sonst kann es fatale Folgen haben. Doch wer zum Südpol reisen möchte, sollte sich das vorher auch genau überlegt und sich gewissenhaft darauf vorbereitet haben.

nem Ende zu, was die Temperaturen nur noch weiter in den Keller treiben würde. Zum anderen hätte jeder Tag Rast bedeutet, dass die äußerst
knappen Schlittenvorräte an Lebensmitteln und Brennmaterial unter
Umständen nicht mehr bis zum nächsten Depot reichen würden. Anfangs
hatte Scott das Tempo forciert, weil er glaubte, die Anfang Februar am
McMurdo-Sund zurückerwartete *Terra Nova* noch mit der Nachricht von
seiner Ankunft am Pol erreichen zu können. Doch bald waren die Männer aus reinem Selbsterhaltungstrieb gezwungen, sich jeden Tag bis weit
über die Grenzen der Erschöpfung vorwärtszuschleppen. »Wir müssen
marschieren, um auf der vollen Ration bleiben zu können, und wollen
doch Ruhe, aber dennoch müssen wir weiter voran«, war Scott gezwungen zuzugeben.

Es war kein Wunder, dass sich dabei immer wieder Unfälle und Bei-
nahekatastrophen ereigneten, die ihre Belastungsfähigkeit weiter be-
einträchtigten. Am 29. Januar zog sich Wilson bei einem ungeschickten
Schritt eine schmerzhafte Zerrung am linken Unterschenkel zu, sodass
er sich einige Tage lang nur noch humpelnd fortbewegen konnte. Ähnlich erging es Oates, dessen erfrorene Zehen sich langsam blauschwarz
verfärbten. Am 2. Februar war Scott selbst der Leidtragende, als er an
einem der ersten Berghänge des Beardmore-Gletschers den Halt verlor
und sich böse die Schulter prellte. »Es tut höllisch weh heute Nacht, und
damit ist ein weiterer Kranker im Zelt dazugekommen – drei von fünf
sind verletzt, und die unangenehmsten Oberflächen stehen uns noch bevor. Wir können froh sein, wenn wir ohne größere Verletzungen durchkommen«, schrieb er am Abend ins Tagebuch. »Es ist wirklich Zeit, dass
wir von der Höhe herunterkommen – ich bete zu Gott, dass wir es in vier
Tagen hinter uns haben. Unsere Schlafsäcke werden sehr nass, und wir
sollten mehr Schlaf bekommen.«

Ausgerechnet jetzt, zu Beginn des Gletscherabstiegs, entschloss sich
Scott, das mühselige Suchen der alten Spuren und Wegmarkierungen
vom Hinweg aufzugeben. Dabei wäre es nun gerade sinnvoll gewesen, die
eigenen Fußstapfen zurückzuverfolgen, da der Weg durch tückisches, von
Spalten und Irrwegen durchsetztes Gelände verlief. Offenbar vertraute
Scott auf seine traumwandlerische Sicherheit, mit der er einige Wochen
zuvor seine Leute den Gletscher heraufgebracht hatte, doch seine For-
tune in dieser Beziehung war aufgebraucht. Statt schneller voranzukom-

men, blieben die Männer immer wieder in Sackgassen gewaltiger Eisblöcke stecken und mussten sich tagelang durch ein grauenvolles Chaos von Gletscherspalten quälen. Problematisch war dieses Umherirren auch deshalb, weil sie zwingend darauf angewiesen waren, zum sogenannten Oberen Gletscherdepot zu kommen. Hätten sie sich weiterhin bemüht, ihren alten Markierungen zu folgen, so wäre die Chance groß gewesen, auf direktem Weg dorthin zu gelangen. Nun aber mussten sie versuchen, gewissermaßen im Blindflug bei der richtigen Stelle einzutreffen.

Die Nerven der Männer waren zum Zerreißen gespannt. Es war deshalb wenig verwunderlich, dass es bei der erstbesten Gelegenheit zur Explosion kam. Am Morgen des 7. Februar stellten sie fest, dass eine komplette Tagesration Zwieback fehlte. Was bei den Norwegern kaum ins Gewicht gefallen wäre, erwies sich für die geschwächten Briten als lebensbedrohliche Situation. Scott war außer sich und ließ seinen Zorn an Bowers aus, der sich seinerseits furchtbar aufregte. Wieder einmal musste Wilson schlichten. Zum Glück erreichten sie am Abend dieses Tages das Depot und hatten damit erst einmal wieder genug Lebensmittel – für gerade einmal fünf Tage. In dieser Zeit mussten sie zum nächsten, dem Mittleren Gletscherdepot, gelangen.

Es mutet deshalb geradezu wie eine Wahnsinnstat an, dass sie am folgenden Tag die Rückreise unterbrachen, um zu »geologisieren«. Bereits am Morgen sammelte Bowers unterhalb des Mount Darwin einige Gesteinsproben ein und lud sie auf den Schlitten, und am Nachmittag rastete die ganze Gruppe bei einer Moräne unter den großen Sandsteinklippen des Mount Buckley, um die dortigen Gesteinsformationen zu untersuchen. Es ist nicht ganz klar, wer von den Männern die Idee hatte, hier haltzumachen und wissenschaftlich zu arbeiten – die treibende Kraft war jedoch keinesfalls Scott allein. Ihm dürfte der Zwischenstopp vor allem deshalb zupass gekommen sein, weil Shackleton in der Nähe Kohle gefunden hatte, was die geologische Bedeutung des Orts unterstrich. In Scotts imaginärem Wettkampf mit seinem britischen Rivalen ließen sich weitere Punkte sammeln, wenn er nun auch einige Fossilien finden und damit endgültig beweisen könnte, dass die Antarktis vor Urzeiten einmal mit üppiger Vegetation bedeckt gewesen war. Seine Begeisterung war groß, als Wilson rasch zahlreiche eindrucksvolle Fundstücke von Pflanzenfossilien beisammenhatte – »ein hochinteressanter Nachmittag«, notierte

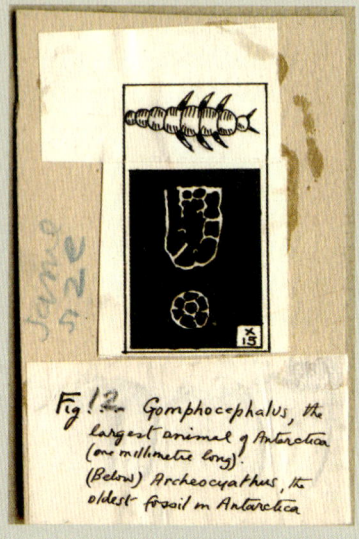

Dass in der Antarktis vor Urzeiten einmal vielfältiges Leben existiert hatte, sollten die Zeichnungen winziger fossiler Krea-turen (links) demonstrieren.

Fig!?.. Gomphocephalus, the largest animal of Antarctica (one millimetre long)! (Below) Archeocyathus, the oldest fossil in Antarctica

1 cm

1 cm

Trotz aller Beschwerden wurde noch »geologisiert«: Bowers' »Errungenschaften« Quarzdolerit (oben rechts) vom Mount Darwin und Kohle (oben) vom Mount Buckley am Beardmore-Gletscher.

Scott erfreut. »Ob es sich bei Scotts Geologisieren um ein großartiges Beispiel für den Dienst an der Sache oder um eine törichte Zeitvergeudung handelte, hängt vom jeweiligen Standpunkt des Betrachters ab«, schreibt Diana Preston. Immerhin habe sich Scott nach der Schmach der verspäteten Ankunft am Pol mit dieser planvollen wissenschaftlichen Arbeit auch von »Amundsens opportunistischem Wikingerüberfall« abheben können, was für die Moral der Truppe wichtig gewesen sei. Doch Moral hin oder her – nüchtern betrachtet hatten die Männer am Abend 16 Kilogramm mehr zu ziehen.

Schon 24 Stunden später hatte sie der Alltag wieder. Erneut verliefen sie sich im Labyrinth der Eisfälle des oberen Beardmore-Gletschers und irrten halbe Tage lang orientierungslos durch das endlose Gewirr der riesenhaften Spalten und bodenlosen Abgründe. »Der furchtbarste Tag, den wir auf der ganzen Reise erlebten«, trug Scott am 11. Februar ins Tagebuch ein. »Sechs Stunden marschierten wir in der Hoffnung, eine stattliche Entfernung zurückzulegen, was wir auch jedenfalls getan haben, aber die beiden letzten Stunden führten uns in eine regelrechte Falle. Da wir schließlich doch noch auf gute Oberfläche kamen, dachten wir, es werde so bleiben, und schränkten unser zweites Frühstück nicht ein. Eine halbe Stunde später staken wir in dem größten Eistrümmergebiet, das mir je vorgekommen ist. Drei Stunden lang suchten wir auf Skiern vergebens einen Ausweg und glaubten schließlich, einen Weg gefunden zu haben. Aber das Eis wurde immer härter, unwegsamer und rissiger, und wir gaben schon alle Hoffnung auf, je aus diesem Eislabyrinth hinauszukommen. Die Skier mussten wir ablegen, wir konnten uns kaum mehr auf den Füßen halten; alle Augenblicke fiel einer von uns in eine Spalte hinein. Zuletzt erblickten wir eine glattere Fläche – also dorthin, wenn es auch noch so weit ist! Das Trümmerfeld veränderte jetzt seinen Charakter; statt der zerfetzten Oberfläche umgaben uns riesige Schlünde, kaum noch zu überschreiten. Aber eine andere Rettung gab es nicht – also vorwärts! Die Verzweiflung lieh uns Mut und Kraft, und um zehn Uhr abends waren wir in Sicherheit. Ich schreibe dies nach zwölfstündigem Marsch. Ich *glaube*, dass wir jetzt auf dem richtigen Wege sind, oder doch ungefähr; aber das Depot ist noch viele Kilometer entfernt! Wir haben deshalb heute Abend unsere Ration verringert. Morgen müssen wir etwas für übermorgen aufsparen, wenn wir nicht sehr große Fortschritte machen. Die heutige Probe zeigte uns, was wir immer noch aushalten können. Wenn nur der Wind morgen so bleibt! – Eine kurze Nacht nur. So früh wie möglich müssen wir fort!«

Die Lage spitzte sich weiter zu, bis sie am Morgen des 13. Februar an Verpflegung nur noch eine Notration Pemmikan und etwas Tee besaßen. Noch immer wusste Scott nicht, wo sie sich befanden. Nur durch Zufall entdeckte Wilson dann die Depotfahne, und die Männer waren vorerst gerettet. Scott nannte es »die schlimmste Erfahrung der ganzen Reise, und uns alle hat ein schauerliches Gefühl der Unsicherheit gepackt. Jetzt sind wir wieder obenauf. Aber wir müssen künftig mit den Vorräten so haushalten, dass wir nicht wieder in solche Notlage geraten, auch wenn das Wetter uns aufhalten sollte.« Doch für solche wohlfeilen Überlegungen war es mittlerweile zu spät. Sie hatten jetzt Nahrung für dreieinhalb Tage auf dem Schlitten, und der hoffnungslose Wettlauf gegen die Zeit begann erneut.

Inzwischen dürfte allen klar gewesen sein, dass es fortan um Leben oder Tod gehen würde. Der taumelnde Riese Edgar Evans sollte das als Erster am eigenen Leib spüren. Nachdem er am 4. Februar zusammen mit Scott in eine Gletscherspalte gefallen war, hatte sich sein Gesundheitszustand weiter verschlechtert. Er lief nur noch stumpfsinnig und apathisch vor dem Schlitten her und murmelte unablässig unverständliche Sätze vor sich hin. Seine Erfrierungen sahen mit jedem Tag schlimmer aus, die Finger eiterten, er klagte über eine riesige Blase am Fuß. »Ihm sind die Kräfte ausgegangen. Er benimmt sich wie ein altes Weib und schlimmer«, notierte Oates am 12. Februar mitleidlos. »Er ist völlig erschöpft von der Arbeit, und wie er die 400 Meilen, die noch vor uns liegen, schaffen will, weiß ich nicht.« Der endgültige Zusammenbruch erfolgte am 16. Februar. An diesem Tag sackte Evans zusammen und musste aus dem Geschirr genommen werden. Er schwankte umher und war zu weiterer Zugarbeit nicht mehr fähig, ja nicht einmal mehr zu gehen, weshalb seine ärgerlichen Gefährten beschlossen, ihr Lager an Ort und Stelle aufzuschlagen. »Wenn er bis morgen nicht besser dran ist, weiß Gott, wie wir ihn nach Hause bringen sollen. Auf dem Schlitten können wir ihn unmöglich mitnehmen«, so Oates, der den in seinen Augen poltrigen und wichtigtuerischen Evans nie gemocht hatte. Doch auch Scott verlor jetzt die Geduld mit seinem Protegé. Evans sei geisteskrank, er habe zweimal »unter lächerlichen Vorwänden« haltmachen lassen – und das, obwohl die Lebensmittel knapp seien und der Weg zum nächsten Depot noch weit, schrieb er in sein Tagebuch.

Am nächsten Tag schien es Evans zunächst wieder besser zu gehen, er nahm seinen Platz im Geschirr ein und begann zu ziehen. Doch dann hatte er immer wieder Probleme mit seinen Schuhen, weshalb er schließlich abgekoppelt wurde und die Anweisung erhielt, die Angelegenheit zu richten und dann nachzukommen. Als er am Mittag immer noch nicht wieder aufgetaucht war, liefen die Männer zurück, um nach ihm zu sehen. Scott war vom Anblick des Mannes entsetzt: »Er kniete da, mit unordentlichen Kleidern, mit bloßen und erfrorene Händen und einem wirren Blick in den Augen.« Gefragt, was ihm widerfahren sei, stammelte Evans, dass er glaube, das Bewusstsein verloren zu haben. Er konnte nicht mehr gehen und musste mit dem Schlitten ins Zelt gebracht werden. Dabei wurde er erneut ohnmächtig, und er starb in der Nacht, ohne das Bewusstsein wiedererlangt zu haben. Scott schrieb: »Furchtbar, einen Kameraden so verlieren zu müssen! Aber bei ruhigem Nachdenken mussten wir uns sagen: immer noch ein Glück, dass die entsetzlichen Aufregungen der letzten Woche so endeten.« Bis heute ist die genaue Todesursache von Evans unbekannt. Vermutlich hatten sich die Mangelerscheinungen und Erfrierungen bei dem großen und kräftigen Mann verheerender ausgewirkt als bei den anderen. Möglicherweise wurde der rapide körperliche und geistige Verfall aber auch durch eine Kopfverletzung beschleunigt, die er sich beim Sturz in eine Gletscherspalte zugezogen hatte. Zwei Stunden hielten Scott und seine Gefährten Totenwache, dann brachen sie wieder auf. Was mit Evans' Leiche geschah, ist nicht bekannt.

Die Sensation wird verkündet

Unterdessen hatte die *Fram* die Antarktis schon lange hinter sich gelassen und nahm Kurs auf Tasmanien. Zwar hatte Amundsen in seinem Brief an Nansen vom Juni 1910 erklärt, dass er nach Ende der Reise ins näher gelegene Neuseeland fahren wollte, doch das war eine jener typischen Not-

März 1912: Stolz präsentiert sich die *Fram* nach ihrer Rückkehr in Hobart auf der australischen Insel Tasmanien.

Nicht minder selbstbewusst blicken die fünf Poleroberer Hassel, Wisting, Amundsen, Bjaaland und H. Hansen an Deck ihres Schiffs.

Doch ohne die Unterstützung der restlichen *Fram*-Besatzung wäre es ihnen sicher nicht gelungen, ihr großes Ziel zu erreichen.

lügen, mit denen er glaubte, sein Unternehmen vor Schaden von außen bewahren zu müssen. Allerdings war Amundsen in dieser Beziehung ein gebranntes Kind – hatte er doch 1906 in Alaska ein Telegramm mit der Meldung über die erfolgreiche Bewältigung der Nordwestpassage nicht bar bezahlen können und es auf Kosten des Empfängers an Nansen geschickt. Doch ein besonders pflichteifriger Telegrafenbeamter hatte die unverschlüsselte Nachricht unterwegs abgefangen und an die Presse weitergegeben – weshalb sich der Exklusivvertrag, den Amundsen mit der Londoner *Times* und anderen Blättern geschlossen hatte, in Luft auflöste. Die Folge war, dass Amundsen statt einer hübschen Summe auf dem Konto plötzlich einige tausend Kronen Schulden hatte. Das sollte ihm nicht noch einmal passieren. Diesmal würde er als Barzahler das Telegrafenamt betreten und seinem Bruder Leon nach einem zuvor vereinbarten Code eine Nachricht senden, deren Inhalt niemand anderer als nur sie beide verstanden.

Am 6. Februar hatte das Schiff das Packeis glücklich hinter sich gebracht und kämpfte sich mühsam voran. Die für das Eis gebaute *Fram* schaukelte in offenem Gewässer wie eine Nussschale auf den Wellen, zumal sie jetzt nur noch leicht beladen war. »Diese Wochen waren eine harte Geduldprobe für die vielen an Bord, die vor Eifer brannten, mit unseren Neuigkeiten an Land zu kommen«, schrieb Amundsen, und er meinte wohl zuallererst sich selbst. Zu tun hatte er immerhin genug: Jeden Tag saß er in seiner Kajüte und verfasste Telegramme, Presseartikel und ein erstes Vortragsmanuskript über die Eroberung des Pols. Außerdem ließ er eine Liste herumgehen, in der er seine Männer fragte, ob sie ihn nach dem »Abstecher« nach Süden auch weiter in Richtung Norden begleiten würden – Johansen selbstverständlich ausgenommen. Alle bis auf einen Matrosen sagten ab, ein erschütterndes Ergebnis für den Kapitän. Er griff nun zu seiner bewährten Taktik und knöpfte sich seine Leute in Einzelgesprächen vor, und bald war das Bild komplett umgekehrt: Nur noch Bjaaland blieb bei seinem endgültigen Nein.

Am 4. März kam zum ersten Mal Land in Sicht, doch erst drei Tage später kreuzte die *Fram* vor dem Hafen von Hobart. Der erste Kontakt mit der Außenwelt bestand in einem Lotsenboot, dessen Crew Amundsen gleich von der größten Sorge befreite – von der Rückkehr der *Terra Nova* hatte niemand etwas gehört. Also nahmen die Dinge ihren lange ge-

Aftenposten

KRISTIANIA BÖRS

| Nr. 125 | Morgennummer | Lørdag 9de Marts 1912 | Morgennummer | 53. Aarg. |

Sydpolen naaet!

Roald Amundsens egen Beretning.

Det norske Flag plantet paa Sydpolen. — Gjennemsnitlig daglig Fart paa Sydturen 25 Km. og paa Nordturen 36 Km. — "Fram" længst Syd og længst Nord. — Leir i 10,750 Fods Høide. — Optil 60 Gr. Kulde.

Roald Amundsen paa Ski.

Professionelle Vermarktung: In großen Lettern verkündete die Tageszeitung *Aftenposten* aus Kristiania, mit der Amundsen neben zwei anderen Blättern einen lukrativen Exklusivvertrag über einen Reisebericht abgeschlossen hatte, bereits am 9. März 1912 die Sensation, die ihr der Poleroberer telegrafisch übermittelt hatte.

planten Verlauf: Die *Fram* verzichtete auf die Lotsendienste und warf außerhalb des Hafens Anker. Mit dem Zollboot, das wenig später am Schiff festmachte, ging Amundsen von Bord, in der Hand eine Mappe mit Unterlagen – »ich würde schwören, dass er sie nicht aus der Hand gibt«, meinte Hassel. Am Pier hatte sich unterdessen eine stattliche Menschenmenge eingefunden, wusste man doch auch in Tasmanien, mit welchem Ziel die *Fram* anderthalb Jahre zuvor aufgebrochen war. Doch Amundsen ließ sich keinen Satz entlocken, sosehr ihn die Reporter der lokalen Presse auch belagerten; und auch seine Männer, die an Bord der *Fram* ausharren mussten, blieben stumm. Er mietete sich im Orient Hotel ein, wo er mit seiner Schirmmütze und seinem Wollpullover für einen Landstreicher gehalten wurde und nur ein »schäbiges kleines Zimmer« bekam. Nachdem er im Büro des norwegischen Konsuls vorgesprochen und die ihm nachgesandte Post durchgesehen hatte, kam endlich der große Moment: Kurz vor vier Uhr nachmittags Ortszeit gab er drei Telegramme auf – das erste an König Haakon, das zweite an Nansen, das letzte an seinen Bruder Leon. Alle waren chiffriert, und der Text ergab für Außenstehende keinen Sinn, da einstweilen nur die beiden Amundsen-Brüder den Schlüssel besaßen – doch der Inhalt war eine echte Sensation: »Pol erreicht vierzehnter Dezember neunzehnelf. Alles wohlauf. Roald Amundsen.« Danach ging er in sein Hotel und wartete auf die Rückantwort seines Bruders.

Leon Amundsen hatte einen Exklusivvertrag mit dem Londoner *Daily Chronicle* und zwei norwegischen Blättern geschlossen. Es entbehrte nicht einer gewissen Ironie, dass ausgerechnet Ernest Shackleton den Kontakt zu der britischen Zeitung vermittelt hatte – »Shackles« hatte kaum Zweifel daran gehabt, dass Amundsen im Wettlauf zum Pol mit seinem Erzfeind Scott die Nase vorn haben würde. 2000 Pfund brachte der Deal mit den Briten, 4000 Kronen bezahlten *Tidens Tegen* und *Aftenposten* aus Kristiania dafür, dass Roald Amundsen ihnen am Morgen des 8. März 1912 exklusiv die ersten Details über seinen Sturmlauf zum Südpol telegrafierte. An diesem Tag ging die Nachricht um die Welt.

In Norwegen war der Jubel groß – die Dampfer im Hafen von Kristiania ließen ihre Sirenen erklingen, Flaggen wurden gehisst, Feiern abgehalten. »Die Tat ist einzigartig als Leistung, als Entdeckungsreise«, erklärte Nansen und war voll des Lobes über den »klugen, wohlüberlegten Plan, die

Endlich am Ziel

Am Silvestertag stehen beide Teams im Ziel. Völlig am Ende mit ihren Kräften, aber gesund und froh, dass es vorbei ist – und sehr stolz auf die erbrachte Leistung. Am Pol anzukommen, sei für ihn ein »seltsam unemotionaler Moment« gewesen, wundert sich Markus Lanz. »Ich habe gedacht: War's das jetzt, ist es jetzt vorbei? Ich glaube, du bist irgendwann so erschöpft, dass du gar nicht mehr zu großen Gefühlen in der Lage bist.« Auch bei den übrigen Rennteilnehmern ist von jubelnder Begeisterung über die vollbrachte Leistung wenig zu spüren. »Wir sind endlich erlöst«, so Joey Kelly, »es war eine harte Nummer.«

Hermann Maier sagt: »Man marschiert hunderte Kilometer dahin und erwartet sich einen großen Genuss, aber den kriegt man einfach nicht.« Eigentlich stellt er sich nach einer Skitour zur Belohnung eine Abfahrt vor – und hier müsste es nach zwei Wochen Dauertour eigentlich die spektakulärste Abfahrt der Welt geben. Das Besondere sei jedoch, sich an einem historischen Ort zu befinden. Die letzten Kilometer waren für beide Teams die schwersten. Man habe die glitzernde Silhouette der US-amerikanischen Amundsen-Scott Base schon von Weitem vor sich gesehen, aber die Station sei einfach nicht näher gekommen, erzählt Claudia Beitsch.

Die Österreicher am Ziel. Sind sie die Ersten?

Der Zieleinlauf ist ohnehin – wie bereits der Start – ein fast schon kurioser Moment: Da gehen zwei Teams auf eine wirklich spektakuläre Reise, doch weit und breit bekommt es niemand mit, nur die Film- und die Expeditionscrew stehen Spalier. An der Amundsen-Scott-Station gesellen sich noch ein paar Wissenschaftler dazu, zwei aus Deutschland sind darunter – das war's! Den Moment wirklich zu genießen, das wird bei allen noch ein bisschen dauern, dafür ist er vielleicht auch anfangs noch zu ungewöhnlich.

Immerhin sind die Wettläufer jetzt am Ziel ihrer Reise angekommen und müssen nicht, wie Amundsen und Scott hundert Jahre zuvor, auch noch den Rückweg durch Schnee und Eis antreten. Die amerikanische Polstation bietet dagegen schon fast allen Luxus der Zivilisation – jedenfalls den einer modernen Jugendherberge. Es gibt ein Fernsehzimmer mit Videospielen, einen Fitnessraum, eine Turnhalle, einen Bandprobenraum, natürlich eine Küche mit kleiner Kantine, ein Laden mit ein paar Souvenirs und einem Postschalter und jede Menge Labors.

Im Gegensatz zum futuristisch anmutenden Äußeren sieht es innen allerdings nicht aus wie in einem Raumschiff mit vielen blinkenden Lämpchen, sondern eher nüchtern und robust. Am faszinierendsten ist das kleine Gewächshaus, in dem über den antarktischen Winter Salat, Karotten und einiges anderes Gemüse mit einem erdlosen Hydrokultur-System gezüchtet werden. Am Eingang steht eine kleine Couch, damit sich die Forscher ab und zu an echten, grünen Pflanzen erfreuen können.

Obwohl sich die Wettläufer nach fast vier Wochen in der Kälte alle auf eine heiße Dusche, ein warmes Bett und ausreichend Schlaf freuen, gibt es noch einen kleinen Rundgang, ein paar Kekse und die Gelegenheit, ein bisschen zu staunen. Doch dann müssen sie schon wieder raus – was auch nachvollziehbar ist, da es eine aktive Forschungsstation und keine Touristenattraktion ist. Allzu lange hätte sich das Team in der Station ohnehin selbst nicht mehr ertragen, denn während Gerüche in der Kälte eliminiert werden, fällt in der Station doch rasch auf, dass alle schon seit einer Weile dieselben Sachen auf dem Leib tragen…

Den Jahreswechsel feiern dann alle mit einigen Wissenschaftlern aus der amerikanischen Station am Südpol. Zu neuseeländischer Zeit stoßen sie bei strahlendem Sonnenschein und minus 35 Grad an – mit Dosenbier, das schon gefroren ist, bevor man die Dose ausgetrunken hat. Am Neujahrstag dann werden die Teams Zeugen der jährlichen Zeremonie, bei welcher der geografische Südpol neu markiert wird. In hundert Jahren ist der Pol über zwei

Das deutsche Team an der Metallkugel, die den Südpol markiert.

Kilometer »gewandert«, tatsächlich befinden sich sogar noch immer in dieser Entfernung vom heutigen Pol und in gut 35 Meter Tiefe Amundsens Zelt sowie einige seiner Ausrüstungsgegenstände wie der Sextant, mit dem er die Position des Südpols bestimmt hat. Für 2011 wird der Pol mit einer Kopie von Amundsens Sextanten markiert sein. Diese Zeremonie stellt im »Südpoljahr« anlässlich des hundertjährigen Jubläums der Entdeckung durch Amundsen und Scott einen ganz besonderen Anlass und einen würdigen Abschluss des »Wettlaufs zum Südpol« dar.

glänzende Ausführung durch entschlossenen Mut, Ausdauer und männliche Kraft«. Durch die britische Brille betrachtet sah das freilich ganz anders aus: Für große Teile der englischen Öffentlichkeit war Amundsen weiterhin kein Held, sondern ein Trickser und Betrüger. Es habe nie ein Wettlauf stattgefunden, betonte beispielsweise ein Leitartikler in der *Pall Mall Gazette*. »Kapitän Scott ... wurde von der Admiralität nicht freigestellt, um an einem Marathonlauf teilzunehmen. Auf Fragen von größter wissenschaftlicher Bedeutung sucht er die Antwort. ... Die Botschaft gehört zu jenen, auf die Kapitän Scotts Landsleute stolzer sein dürfen als darauf, dass er ihnen hätte mitteilen können, er habe kurz vor Amundsen den Pol erreicht.« Ins selbe Horn stieß Sir Clements Markham, der weiter erklärte, man habe damit rechnen müssen, dass Amundsen so schnell fahren würde, um sich als Erster zu Wort zu melden. »Die Wahrheit aber werden wir erst erfahren, wenn die *Terra Nova* zurückkommt.«

Letzte Hoffnungen

Die Wahrheit war bitter, doch noch sollte sie der Welt lange verborgen bleiben. Nur Stunden, nachdem Scott und seine drei Gefährten den toten Edgar Evans zurückgelassen hatten, fanden sie am frühen Morgen des 18. Februar ihr unteres Gletscherdepot und konnten nach fünf Tagen endlich wieder eine vollwertige Lebensmittelration zu sich nehmen. Sie gönnten sich fünf Stunden Schlaf und zogen weiter zum wenige Meilen entfernten Shambles Camp, wo sie eines der getöteten Ponys ausgruben und ihrem Hoosh zum ersten Mal nach mehr als zwei Monaten wieder einmal frisches Fleisch beifügen konnten. »Mit der reichlicheren Nahrung kehrte auch fast augenblicklich neues Leben in uns zurück«, notierte Scott erfreut, dachte jedoch im gleichen Augenblick mit Sorge an die Oberfläche auf der Eisbarriere.

Leider sollte er mit seinen Befürchtungen recht behalten. Denn als sie nach dem Umpacken des Schlittens am Mittag des nächsten Tages endlich weiterzogen, kamen sie nur äußerst mühsam voran. Der Schnee war weich und sandig, und es bereitete ihnen unendliche Mühen, den im Vergleich zum Hinweg geradezu federleichten Schlitten auch nur einige Mei-

»Schreckliche Plackerei den ganzen Tag ...«: Eine endlose wellige, windgepeitschte Schneewüste, in der Scott und seine Kameraden sich kaum noch zurechtfanden.

len weit zu ziehen. »Schreckliche Plackerei den ganzen Tag, und zeitweise verfielen wir in trübe Gedanken«, hieß es am 21. Februar. »Noch auf keinem Marsch haben wir 8½ Meilen mit größerer Schwierigkeit zurückgelegt als heute. So darf es nicht weitergehen!« Doch die Klagen über den schlechten Untergrund rissen in den folgenden Wochen nicht ab, und die erschöpften Männer schafften manchmal nicht einmal zehn Kilometer am Tag – viel zu wenig, um darauf hoffen zu können, die nordwärts liegenden Depots in der kalkulierten Zeit erreichen zu können.

Scott hoffte auf Südwind, um erneut wie auf dem Hochplateau das Segel setzen zu können und mit dem Wind im Rücken den Schlitten leichter vorwärtszubekommen. Als der Wind dann kam, brachte er Schnee mit sich, und dieser verwehte die Spuren und Wegmarkierungen, denen sie folgen mussten. Sie kamen vom Kurs ab und stritten sich, ob sie zu weit östlich oder westlich geraten waren, und fanden nur mit viel Glück wieder auf ihren Weg zurück. Am 24. Februar erreichten sie das nächste Depot, was den vier Männern eine weitere Wochenration Lebensmittel si-

Scotts größtes Problem: Brennstoffmangel (im Vordergrund ein leerer Kanister).

cherte, die ursprünglich für fünf Personen hätte reichen sollen, da die letzte Rückkehrergruppe nur drei Viertel ihrer Rationen verbraucht hatte. Die Zeit des Hungers schien damit vorerst hinter ihnen zu liegen, doch die Bedrohung bekam jetzt einen neuen Namen: Brennstoffmangel. Mit Entsetzen stellte Scott fest, dass in dem eine Gallone (etwa 4,5 Liter) fassenden Kanister ein Gutteil des Öls für die Kocher verschwunden war.

Wie alle Depotvorräte war auch der benötigte Brennstoff genau berechnet und für die einzelnen Expeditionsteams eingelagert worden – jedoch ebenfalls ohne ausreichende Sicherheitsmarge. Schon auf dem Hinweg war das Öl ein knappes Gut, doch wenn jetzt nur noch die Hälfte der vorgesehenen Rationen zur Verfügung stünde, konnte das zu einem lebensbedrohlichen Problem werden. In diesem Fall hätten die Männer nicht allein auf ihre warmen Mahlzeiten verzichten müssen – der Kocher war auch die einzige Wärmequelle, die ihnen in der bitteren Kälte zur Verfügung stand, und sorgte abends im Zelt zumindest einige Minuten lang für einen Anflug von Behaglichkeit.

Wie konnte es zu diesem Mangel an Brennstoff kommen? Scott benutzte die damals üblichen Blechkanister mit Schraubverschlüssen und Lederdichtungen. Diese Dichtungen jedoch wurden in der extremen Kälte brüchig – und folglich die Verschlüsse undicht. Weil aber die Kanister der leichteren Zugänglichkeit wegen meist oben auf die Depothügel gestellt wurden, verflüchtigte sich ihr Inhalt im Lauf der Zeit in der Sonnenwärme. Dieses Problem war Polarforschern seit Längerem bekannt: Amundsen war ihm während seiner Reise durch die Nordwestpassage begegnet, Scott auf der Fahrt der *Discovery*. Doch wieder einmal hatte nur der Norweger die nötigen Schritte unternommen, um das Manko zu beheben. Er führte auf seiner Polreise zugelötete Kanister mit sich, die so dicht waren, dass noch bei 50 Jahre später zufällig entdeckten Behältern der Inhalt völlig unversehrt war. Scotts Kanister dagegen leckten schon nach drei Monaten.

Die Lage der vier Männer spitzte sich weiter zu, denn zu allem Unglück sanken die Temperaturen auf der Eisbarriere jetzt rapide. Hatten sie sich in den Tagen zuvor schon im Bereich von etwa minus 15 bis minus 25 Grad Celsius bewegt, so kletterte das Thermometer nun tagsüber nur noch auf minus 30 Grad und sank in der Nacht auf unter minus 40 Grad. »Das schnelle Ende dieses Sommers ist ein böses Omen«, klagte Scott am 24. Februar und erkannte: »Es ist jetzt ein Wettrennen zwischen der Jahreszeit und dem schlechten Wetter einerseits und unserer Leistungsfähigkeit und ausreichender Ernährung andererseits.« Handelte es sich bei diesen niedrigen Temperaturen wieder um extrem schlechte Bedingungen, die niemand hatte vorhersehen können? Wie amerikanische Wissenschaftler herausfanden, lagen sie in der Tat um durchschnittlich sechs bis zwölf Grad unter den Temperaturen, die im Zuge der routinemäßigen Wetterbeobachtungen von 1985 bis 1999 in derselben Jahreszeit auf der Eisbarriere gemessen wurden. In diesem 15-Jahre-Zeitraum gab es zudem nur ein Jahr mit einer ähnlich lang anhaltenden Kälteperiode wie 1912. Doch Scott sah sich in einem selbst verschuldeten Teufelskreis gefangen: Da er auf die Ponys als Haupttransportmittel gesetzt hatte, hatte er erst Wochen später aufbrechen können, als es mit Hunden möglich gewesen wäre. Damit aber verschob sich der komplette Zeitplan nach hinten, und die auf 144 Tage angesetzte Reise rückte gefährlich nahe an den Beginn des antarktischen Winters heran. Nach dem ursprünglichen Reiseplan lagen die Männer bis dahin nicht einmal schlecht in der Zeit, doch Scott hatte nicht damit gerechnet, wie geschwächt er und seine Gefährten jetzt sein würden.

Am Nachmittag des 1. März trafen sie am Mittleren Barrierendepot ein. »Seitdem haben uns drei furchtbare Schläge getroffen, die alle unsere Hoffnungen über den Haufen werfen«, notierte Scott am nächsten Tag vollkommen deprimiert. »Erstens fanden wir höchstens eine halbe statt einer ganzen Gallone Öl vor; selbst bei strengster Sparsamkeit reicht es kaum bis zum nächsten Depot. Dann zeigte uns Oates seine Füße. Seine

Zehen sind augenscheinlich erfroren. Der dritte Schlag kam in der Nacht, als der Wind, den wir freudig begrüßten, starke Bewölkung brachte. Es ging unter 40° hinunter, und heute Morgen brauchten wir zum Anlegen unserer Fußbekleidung 1½ Stunden! Trotzdem machten wir uns vor 8 Uhr auf den Weg, aber wir verloren Wegmale und Spuren aus den Augen. Und das Schlimmste von allem: die Oberfläche ist einfach grauenhaft. Trotz des starken Windes und des gefüllten Segels haben wir nur 5½ Meilen zurückgelegt. Wir sind in einer *äußerst* üblen Klemme, denn wir können die unbedingt nötigen Märsche nicht mehr ausführen, und leiden entsetzlich unter der Kälte!«

Spätestens jetzt überwältigten Verzweiflung und Hoffnungslosigkeit die Männer endgültig, auch wenn sie immer noch versuchten, ihre eigenen Gefühle vor den anderen zu verbergen. »Zueinander sind wir unendlich heiter, aber was jeder in seinem Herzen fühlt, kann ich nur ahnen«, notierte Scott, der jetzt als Einziger noch Tagebuch führte, am 3. März. Seine drei Gefährten hatten angesichts der aussichtslos erscheinenden Lage das Schreiben eingestellt, obwohl vor allem Wilson und Bowers ihrem Chef noch immer »unerschütterlich guten Mutes« zu sein schienen. Sie phantasierten von reich gedeckten Tischen und redeten darüber, was sie gemeinsam unternehmen würden, wenn sie erst wieder nach Hause kämen – und wussten doch, dass die Chancen darauf, die Heimat wiederzusehen, mit jeder Stunde sanken.

Dies alles geschah vor dem Hintergrund, dass Oates immer schwächer wurde. Seit dem Abstieg vom Plateau hatte sich der Zustand seiner erfrorenen Füße stetig verschlechtert; möglicherweise machte ihm auch seine Kriegsverletzung wieder zu schaffen, da bei anhaltendem Vitaminmangel und Skorbut zum Teil jahrealte Wunden wieder aufbrechen können. Es dürfte außer Frage stehen, dass die Männer, die jetzt bereits mehr als vier Monate unterwegs waren und außer den seltenen mit Ponyfleisch angereicherten Mahlzeiten keinerlei Vitamine zu sich genommen hatten, zumindest an einem Frühstadium von Skorbut litten. Am 6. März konnte Oates, den die Männer auch den »Soldier«, »Soldat«, nannten, nicht mehr beim Schlittenziehen helfen und schleppte sich nur noch neben den anderen her. Abends im Zelt schwieg er sich aus und beteiligte sich nicht mehr an den Gesprächen, die zumeist Luftschlösser einer glücklichen

Heimkehr malten. Er schnitt sich einen Schlitz in die Vorderseite seines Schlafsacks, um beim Schlafen seine erfrorenen Füße herausstrecken zu können und sich die Schmerzen zu ersparen, wenn die Füße langsam auftauten. Oates war zu einem Hemmschuh geworden, so hielt Scott es an diesem Abend fest und pries zugleich dessen Tapferkeit. Er wusste, dass in Kap Evans darüber diskutiert worden war, was ein Mann tun sollte, der auf der Polreise zusammenbrach und für die anderen zur Last wurde. Oates hatte damals die Meinung vertreten, dass es nur eine einzige mögliche Lösung gebe – Selbstaufopferung. War dieser Punkt jetzt erreicht?

Nur noch eine Hoffnung erhielt Oates und die anderen Männer vorerst am Leben – die Hoffnung auf Hilfe von außen, und diese konnte nach Lage der Dinge nur von den Hunden kommen. Schon seit Tagen hatten sie darüber diskutiert, wann und wo sie möglicherweise auf die Hundeteams treffen könnten. Ja näher sie nun dem Mount-Hooper-Depot kamen, desto mehr wurde die Rettung durch die Hunde zur fixen Idee. »Wir hoffen gegen alle Wahrscheinlichkeit, dass die Hunde bis Mount Hooper gekommen sind – dann könnten wir weiterziehen«, hieß es am 7. März, und einen Tag später: »Was werden wir am Depot vorfinden? Wenn die Hunde dorthin gekommen sind, können wir ein gutes Stück vorankommen, aber wenn es wieder einen Mangel an Brennstoff gibt, dann sei Gott uns gnädig!« Als Scott und seine Gefährten dann am 9. März endlich am Ende ihrer Kräfte beim Depot eintrafen, lösten sich alle Hoffnungen in Luft auf. Statt des erhofften Überflusses war der Mangel noch größer als in den vorherigen Depots: »Von allem ist zu wenig vorhanden«, notierte Scott niedergeschlagen – wofür er offenbar die vor ihm zurückkehrenden Männer verantwortlich machte. Die Hunde aber hätten versagt. »Es ist alles ein erbärmliches Durcheinander!«

Dieses »Durcheinander« hatte jedoch hauptsächlich einen Verursacher – Scott selbst. Der Entschluss, einen fünften Mann mit zum Pol zu nehmen, hatte das auf Vierereinheiten abgestellte System der Vorratslager vollständig vernichtet. Mehr als alles andere jedoch war seine Entscheidung, die Hundeteams viel weiter nach Süden vorstoßen zu lassen als ursprünglich vorgesehen, ein Hauptgrund für das Organisationschaos. Die Hunde hatten eigentlich schon Ende November 1911 umkehren und dann von Kap Evans aus zusätzliches Hundefutter sowie lebensnotwen-

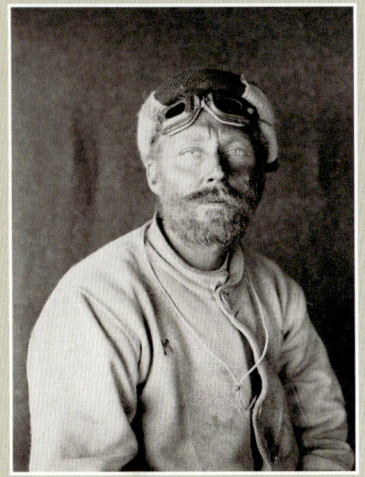

Gezeichnet von den Strapazen: Cecil Meares (links) und Dmitrij Girev in Kap Evans nach ihrer Rückkehr von der Eisbarriere.

dige Vorräte für die Rückkehrergruppen zum One Ton Depot und darüber hinaus bringen sollen. Doch statt der Hunde kamen kurz vor Weihnachten Day und Hooper von der ehemaligen Motorgruppe zum Basiscamp zurück und übergaben dem Meteorologen George Simpson, der während der Abwesenheit der Marineoffiziere das Kommando in Kap Evans führte, einen Brief Scotts. Darin hieß es, dass die Hunde aufgrund der geänderten Pläne möglicherweise geschwächt oder gar nicht mehr zurückkehren würden. Deshalb müsse der Nachschub irgendwie anders herausgebracht werden. Wie, das war Simpson überlassen. Der wusste sich nicht anders zu helfen, als dass er die zwei bedauernswerten Männer nach fünf Tagen wieder losschickte. Gemeinsam mit zwei weiteren Gefährten zogen Day und Hooper einen Schlitten mit einem Teil der Vorräte für die Rückkehrergruppen bis zum One Ton Depot – aber keinen Meter weiter. Das Hundefutter hatten die Männer nicht mehr mitnehmen können – zu diesem Zeitpunkt wusste ja ohnehin niemand, ob die Hunde jemals wiederkommen würden. Später geriet die Sache in Vergessenheit.

Erst am 4. Januar kehrten Meares und der Russe Dmitrij mit den äußerst geschwächten Hunden nach Kap Evans zurück. Meares hatte keine

Die Vierergruppe um Atkinson und Cherry-Garrard kehrt nach Kap Evans zurück, auf den letzten Metern unterstützt von weiteren Expeditionsmitgliedern.

neuen Anweisungen bekommen und fuhr mit der *Terra Nova*, die Anfang Februar erneut im McMurdo-Sund ankerte, wieder nach Neuseeland – wobei unklar ist, ob er sich zuvor mit Scott zerstritten hatte und die Arbeit aus Protest niederlegte. Drei Wochen nach den Hundeteams traf mit der Gruppe um Cherry-Garrard auch der Marinearzt Edward Atkinson wieder im Basislager ein und übernahm nun das Kommando in Kap Evans. Atkinson war von Scott als Ersatzmann für Meares bestimmt worden und hatte von diesem eine grobe Orientierung für den weiteren Einsatz der Hundeteams erhalten. Diese sollten Scott seinem Zeitplan entsprechend auf der Barriere entgegenkommen, um ihn gegebenenfalls rascher zum Schiff zu bringen, sodass er der Welt seinen Triumph am Pol ohne Verzögerung verkünden konnte. Dem entgegen stand die Anweisung, die Hunde dabei keinesfalls aufs Spiel zu setzen, weil sie für weitere Arbeiten noch gebraucht würden. Zu diesem Zeitpunkt hatte Scott noch geglaubt, dass er nicht von den Hunden abhängig sein würde.

Genauere Befehle gab es nicht – wobei sich Atkinson nicht sicher war, ob Ausführungen Scotts kurz vor seiner Abreise, mit den Hunden »so weit zu kommen wie möglich«, lediglich eine Überlegung des Expeditionsleiters zu diesem Thema waren oder eine faktische Anweisung an ihn darstellten. Atkinson saß in der Zwickmühle: Was sollte er tun? Nachdem er festgestellt hatte, dass ein Teil des geplanten Nachschubs für die Rückkehrer im One Ton Depot noch immer fehlte, brach er am 13. Februar gemeinsam mit Dmitrij von Kap Evans zunächst nach Hut Point auf. Von dort aus wollte er dann mit den fehlenden Vorräten zum Depot fahren. Doch am 19. Februar taumelte plötzlich der Matrose Tom Crean von der letzten Unterstützergruppe um Teddy Evans in die alte *Discovery*-Hütte und berichtete, dass Evans auf der Rückreise schwer erkrankt sei, mehr tot als lebendig in der Nähe von Corner Camp im Zelt liege und Lashly ihn pflege. Atkinson entschied sofort, dass die Rettung von Evans Vorrang habe, und holte den Schwerkranken persönlich mit dem Hundeschlitten nach Hut Point. Weil er es als einziger Arzt nicht verantworten wollte, Evans jetzt allein zu lassen, blieb er bei ihm – und musste nun notgedrungen einen anderen Mann auf die Depotfahrt schicken. Dmitrij eilte mit einem Hundeschlitten zurück nach Kap Evans und teilte dem Physiker Charles Wright sowie Cherry-Garrard mit, dass einer von beiden diese Aufgabe übernehmen sollte.

Die beiden machten sich sofort auf nach Hut Point, wo Atkinson entschied, Cherry-Garrard die Aufgabe zu übertragen, da Wright für die wissenschaftliche Arbeit benötigt wurde. Zwar wusste Atkinson, dass Cherry-Garrard alles andere als ein erfahrener Hundetreiber war und keine Ahnung von Navigation hatte. Doch seiner Meinung nach ging es ja nicht um eine Rettungsmission, sondern lediglich darum, auf einer relativ oft befahrenen und gut markierten Strecke einige Vorräte in ein Depot zu bringen.

Das ganze »erbärmliche Durcheinander« verkomplizierte sich nun jedoch noch einmal dadurch, dass Evans von Scott die definitive Anweisung erhalten hatte, dass die beiden Hundeteams die Polgruppe Mitte Februar zwischen dem 82. und 83. Breitengrad – also zwischen dem südlichen und dem mittleren Barrierendepot – treffen sollten. Es ist unklar, ob dieser Befehl von dem geschwächten Evans nicht oder falsch weitergegeben, ob er in der Hektik vergessen oder als nicht praktikabel erachtet wurde. Atkinson hielt jedenfalls weiter an der Depotfahrt fest, weil diese ihm am plausibelsten schien. Er kannte Scotts Zeitplan und berechnete aus dem Termin, an dem die letzte Unterstützergruppe Scott und seine

Auch die Hunde haben sich bei den langen Touren bis zur völligen Erschöpfung
verausgabt.

Obwohl er keine Erfahrung mit Hunden
und Navigation hatte, sollte Cherry-Garrard
Nachschub zum One Ton Depot bringen.

Männer verlassen hatte, sowie aus der Durchschnittsgeschwindigkeit der
Rückkehrer, die sogar noch mit dem kranken Teddy Evans um die 18 Kilometer am Tag betragen hatte, dass die Polgruppe schon viel weiter nördlich sein musste als 82 Grad. In dieser Situation schien es nun lediglich
darauf anzukommen, schnellstmöglich die noch fehlenden Vorräte zum
One Ton Depot auf 79°28' zu bringen, um die Versorgung der Polgruppe
sicherzustellen.

Mit diesem Hauptauftrag schickte Atkinson Cherry-Garrard und Dmitrij am frühen Morgen des 26. Februar auf die Reise. Gleichzeitig schärfte
er ihnen noch einmal ein, dass dies keine Rettungsmission sei und die
Hunde keinesfalls aufs Spiel gesetzt werden dürften. Inzwischen war
Atkinson auch aufgefallen, dass das eigentlich eingeplante Hundefutter
am One Ton Depot nicht vorhanden war, doch da die beiden Schlitten bereits schwer beladen waren und es seiner Meinung darauf ankam, rasch
vorzustoßen, konnte lediglich das nötige Futter für die prognostizierte
Reisedauer von etwa drei Wochen mitgenommen werden.

Cherry-Garrard und Dmitrij sollten auf ihrer Tour mit den gleichen
extremen Bedingungen konfrontiert werden, die Scott und seinen Män-

nern auf der Eisbarriere so arg zu schaffen machten: Das Thermometer fiel auf unter minus 40 Grad Celsius, und sie hatten wiederholt schwere Schneestürme zu überstehen. Dennoch kamen sie mit den Hunden bestens voran und schafften die 240 Kilometer bis zum Depot in sechs Tagen. Cherry-Garrard war erleichtert, dass Scott noch nicht eingetroffen war und er die Vorräte noch rechtzeitig herangeschafft hatte. Doch was war jetzt zu tun? Atkinson hatte ihm für den Fall, dass die Polgruppe wider Erwarten ausblieb, volle Handlungsfreiheit erteilt. Vier Tage lang nahm ein schwerer Schneesturm den Männern die Entscheidung ab, doch dann mussten sie sich festlegen: Sollten sie warten oder sich doch weiter nach Süden vorwagen? Cherry-Garrard fürchtete, die Polgruppe auf dem Weg zu verpassen; außerdem ging das Hundefutter für die arg erschöpften Tiere zur Neige. Weiter südwärts konnten sie nur gelangen, wenn sie einige Hunde töteten und an die übrigen verfütterten – dagegen sprachen jedoch die Befehle, dass die Tiere auf jeden Fall zu schonen seien. Cherry-Garrard entschied sich zu warten, denn er hatte, wie er später schrieb, keinen Grund anzunehmen, dass die Polgruppe in Nahrungsmittelnöten sein könnte.

Alles in allem harrten sie fast eine Woche aus, ehe sie beschlossen, sich auf den Rückweg zu machen. Am Morgen des 10. März packten sie nach einer bitterkalten Nacht ihre Sachen zusammen und schirrten die Hunde an. Mit ihrem sechsten Sinn schienen die Tiere zu spüren, dass ihnen das Schlimmste erspart bleiben würde. Mit aller Macht drängten sie nach Norden. »Die Hunde gebärdeten sich wie verrückt – wie die Irren«, notierte Cherry-Garrard in sein Tagebuch. »Alles, was wir tun konnten, war, uns an den Schlitten zu klammern und sie loszulassen. Es gab keine Möglichkeit mehr zurückzufahren, zu wenden oder zu steuern.« Am Abend dieses Tages schlugen sie ihr Lager schon fast 40 Kilometer nördlich des One Ton Depots auf.

Edward Atkinson, der als ranghöchster Offizier von Kap Evans aus die Rettung der verschollenen Polgruppe zu organisieren versuchte.

Atkinson konnte es als Arzt nicht verantworten, den schwerkranken Teddy Evans alleinzulassen, und blieb deshalb im Basislager.

Der kalte Tod

150 Kilometer weiter südlich kündigte sich eine endgültige Entscheidung an. Beim Frühstück fragte Oates Wilson, ob er noch eine Chance habe durchzukommen. Wilson drückte sich um eine ehrliche Antwort und sagte, er wisse es nicht. Doch alle fühlten, dass es nicht die Wahrheit war. Nachdem bereits seine Füße erfroren waren, konnte Oates jetzt auch seine Hände kaum mehr gebrauchen. Sein Ende schien nur noch eine Sache von Tagen. Doch mit den anderen Männern ging es ebenfalls stetig bergab. Alle waren bis auf die Knochen durchgefroren und schafften es kaum noch, mit ihren Ausrüstungsgegenständen zurechtzukommen. Weil sie zu wenig Brennstoff hatten, konnten sie das Zelt nicht mehr aufheizen, sodass ihre brettharten Kleidungsstücke nicht mehr auftauten. Es dauerte endlos, bis sie am Morgen ihre Stiefel an den schmerzenden Füßen hatten, und das bisschen Wärme der Schlafsäcke und das wohlige Gefühl des Frühstücks waren längst verflogen, bevor sie es endlich schafften aufzubrechen. Mit vereisten Fingern wurden auch das Ablegen der Skier und der Aufbau des Zelts am Abend zur Herkulesarbeit.

Die Temperaturen sanken weiter und erreichten jetzt tagsüber kaum mehr als minus 40 Grad Celsius, zudem tobten nun starke Schneestürme aus nördlicher Richtung – sie machten alle Hoffnungen zunichte, mit gesetztem Segel rasch voranzukommen. Scott musste erkennen, dass knapp elf Kilometer jetzt die oberste Grenze ihrer Leistungsfähigkeit waren, und stellte Berechnungen an, ob sie in dieser Geschwindigkeit mit ihren zur Neige gehenden Rationen One Ton Depot erreichen könnten. Die bittere Wahrheit: Es war – ob mit oder ohne Oates – nicht mehr zu schaffen, zumal sie nun auch noch der Sturm immer öfter im Zelt gefangen hielt. Scott zog jetzt die Konsequenz: »Ich befahl Wilson mehr oder weniger, uns die Mittel zur Beendigung unserer Qual auszuhändigen, damit jeder weiß, was im Notfall zu tun ist«, notierte er am 11. März. »Wilson hatte keine andere Wahl, wollte er nicht den Medizinkoffer geplündert sehen. Wir haben jeder 30 Opiumtabletten, Wilson selbst bleibt eine Tube Morphium.«

Am 15. oder 16. März – Scott hatte die Übersicht über die Tage verloren – bat Oates seine Gefährten, ihn im Schlafsack in der weißen Einöde

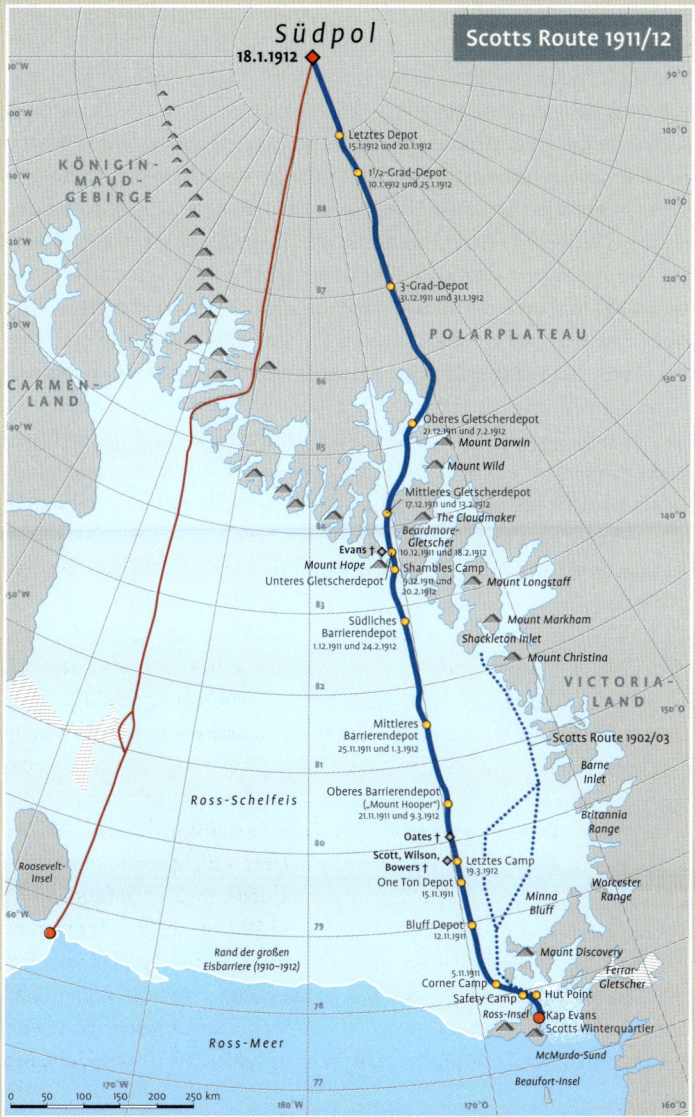

Südpol
18.1.1912

Letztes Depot
15.1.1912 und 20.1.1912

1½-Grad-Depot
10.1.1912 und 25.1.1912

KÖNIGIN-
MAUD-
GEBIRGE

3-Grad-Depot
31.12.1911 und 31.1.1912

88

POLARPLATEAU

87

CARMEN-
LAND

86

Oberes Gletscherdepot
21.12.1911 und 7.2.1912
▲ Mount Darwin

85

▲ Mount Wild

Mittleres Gletscherdepot
17.12.1911 und 13.2.1912
▲ The Cloudmaker

Beardmore-
Gletscher

Evans † 10.12.1911 und 18.2.1912

Mount Hope Shambles Camp
9.12.1911 und
20.2.1912

Unteres Gletscherdepot
▲ Mount Longstaff

83

Südliches
Barrierendepot
1.12.1911 und 24.2.1912

▲ Mount Markham
Shackleton Inlet
▲ Mount Christina

82

VICTORIA-
LAND

Mittleres
Barrierendepot
25.11.1911 und 1.3.1912

81

Scotts Route 1902/03

Barne
Inlet

Oberes Barrierendepot
("Mount Hooper")
21.11.1911 und 9.3.1912

Britannia
Range

80

Oates †

Scott, Wilson,
Bowers †

Letztes Camp
19.3.1912

One Ton Depot
15.11.1911

Worcester
Range

Minna
Bluff

Roosevelt-
Insel

60°W

79

Bluff Depot
12.11.1911

▲ Mount Discovery

Rand der großen
Eisbarriere (1910–1912)

5.11.1911

Corner Camp

Ferrar-
Gletscher

Safety Camp Hut Point

78

Ross-Insel Kap Evans
Scotts Winterquartier

Ross-Schelfeis

McMurdo-Sund

77

Beaufort-Insel

Ross-Meer

0 50 100 150 200 250 km

Scott folgte den Spuren seines britischen Rivalen Shackleton und wählte zum Pol den
Weg über den Beardmore-Gletscher.

zurückzulassen. Sie überredeten ihn noch einmal mitzukommen, doch in der Nacht ging es ihm immer schlechter. Nach Scotts Notizen hoffte Oates, am Morgen nicht mehr aufzuwachen – hatte er die Opiumtabletten genommen, und war die Dosis jedoch nicht tödlich? Er überlebte die Nacht und erwachte, als draußen wieder ein Schneesturm tobte. Er erhob sich mühsam und öffnete den Zeltverschlag. Scott schrieb: »Er sagte: ›I am just going outside and may be some time.‹ – ›Ich gehe einmal hinaus und bleibe vielleicht eine Weile draußen.‹ Dann ging er in den Orkan hinaus – und wir haben ihn nicht wiedergesehen. ... Wir wussten, dass der arme Oates in den Tod hinausging, aber obwohl wir versuchten, es ihm auszureden, wussten wir doch, dass es die Tat eines tapferen Mannes und eines englischen Gentlemans war.« Es war eine Szene wie aus einem klassischen Drama, und die letzten Worte von Captain Oates sollten mit ihrer schlichten Tragik in das kollektive Gedächtnis der britischen Nation eingehen.

Doch war es wirklich so, oder hat Scott das bittere Ende von Oates zu einer ruhmreichen Heldengeschichte verfälscht? Das behaupten Scott-Kritiker wie Roland Huntford. Scott habe bereits für eine spätere Ver-

»Dann ging er in den Orkan hinaus ...«: Phantasievolle Darstellung eines britischen Künstlers von Oates' melodramatischem Ende.

öffentlichung geschrieben und für sich selbst nach einem Alibi gesucht. »Ein Untergebener, der bis zum äußersten Leiden getrieben wurde, könnte ihm in hohem Maße schaden; deshalb *musste* Oates ein Ende wie in einem Roman nehmen«, so Huntford. In einem kurzen Brief an Oates' Mutter, den Wilson an diesem Tag verfasste, habe jedenfalls nichts von alledem gestanden. Oates sei als Mann und Soldat gestorben, berichtete Wilson, und er habe lediglich bedauert, dass er seiner Mutter keinen Abschiedsbrief mehr schreiben konnte.

Scott dagegen wandte sich an diesem Tag in seinen Aufzeichnungen zum ersten Mal direkt an ein imaginäres Publikum, weil er jetzt endgültig wusste, dass er sich nicht mehr selbst würde rechtfertigen können. »Sollten diese Zeilen gefunden werden, so möchte ich, dass folgende Tatsachen festgehalten werden: Oates' letzte Gedanken galten seiner Mutter, aber unmittelbar vorher sprach er mit Stolz davon, dass sein Regiment sich über den Mut freuen werde, mit dem er dem Tod entgegengehe. Wir können seine Tapferkeit bezeugen. Wochenlang hat er unaussprechliche Schmerzen klaglos ertragen und war tätig und hilfsbereit bis zum letzten Augenblick. Bis zum Schluss hat er die Hoffnung nicht aufgegeben – nicht aufgeben wollen. Er war eine tapfere Seele.« Am nächsten Tag wäre Oates 32 Jahre alt geworden.

Noch einmal zogen die drei Überlebenden weiter. Weiterhin machten sie sich gegenseitig Mut, doch ernsthaft glaubte keiner von ihnen an eine Heimkehr. Aber die Hoffnung starb ja zuletzt; und vielleicht würden sie ja doch noch wie vier Monate zuvor beim Corner Camp im tiefsten Schneesturm das Bellen der Hunde hören und so im allerletzten Moment wie durch ein Wunder gerettet werden. Alle litten jetzt an schweren Erfrierungen, auch Scott an seinen bis dahin gesunden Füßen; nun konnte er sich nur noch unter Schmerzen fortbewegen. Sie warfen den Theodoliten, eine Kamera und Oates' restliche Sachen weg, führten jedoch »auf ausdrücklichen Wunsch von Wilson«, wie Scott vermerkte, noch immer die Gesteinsproben vom Mount Buckley mit sich. Am 19. März hatten sie sich unter Aufbietung der letzten Kräfte bis auf elf Meilen – 20 Kilometer – an One Ton Depot herangekämpft, doch dann hielt sie wieder ein Schneesturm im Zelt gefangen. Das letzte Öl für den Kocher war aufgebraucht, und sie lebten nur noch von einem Rest Spiritus, den sie in einer

»Three Men with a Sledge in the Snow« – »Drei Männer mit einem Schlitten im Schnee« –
lautet der Titel dieses Bilds von Wilson, in dem er sein Ende vorauszuahnen schien.

Lampe erhitzten – möglicherweise in jener, die Wilson aus »Polheim«
mitgenommen hatte.

Nach zwei Tagen Warten beschlossen Wilson und Bowers, sich das
letzte Stück allein bis zum Depot durchzukämpfen und Brennstoff zu
holen. »Birdie [Bowers] und ich werden versuchen, das 11 Meilen nördlich
von uns liegende Depot zu erreichen und zu diesem Zelt zurückzukehren, wo Kapitän Scott mit einem erfrorenen Fuß liegt«, schrieb Wilson in
einem Brief an seine Frau Oriana, doch er konnte sich und ihr nur wenig
Hoffnung machen. »Ich werde einfach hinfallen und im Schnee einschla-
fen... Sei nicht unglücklich – es ist alles zum Besten.« Doch wieder und
wieder verschoben sie ihren Aufbruch, weil der Schneesturm ohne Un-
terlass wütete. Zuletzt planten sie, alle drei in den tobenden Orkan hi-
nauszugehen und sich zum Depot durchzukämpfen – oder gemeinsam
auf dem Weg zu sterben.

Keiner weiß, was in den darauf folgenden Tagen passierte. Waren ihre
Kräfte so aufgebraucht, dass sie es nicht mehr schafften, das Zelt zu ver-

lassen? Bat Scott, der jetzt zum »Hemmschuh« geworden war, Wilson und Bowers, denen es immer noch etwas besser ging, sich zu zweit durchzuschlagen und ihn zurückzulassen, was sie natürlich ablehnten? Oder überredete er sie vielmehr, in ihren Schlafsäcken geduldig auf das Ende zu warten, weil er wollte, dass ihre sterblichen Überreste und ihre Aufzeichnungen für die Nachwelt in jeden Fall gefunden würden, was bei einem Tod irgendwo auf freier Strecke womöglich nicht der Fall hätte sein können? Wir wissen nicht, worüber sie sprachen in diesen letzten Tagen. Vielleicht dachten sie daran, dass sie es bereits fast 40 Kilometer über den 80. Breitengrad nach Norden geschafft hatten – den Punkt, an dem das One Ton Depot eigentlich hatte errichtet werden sollen. Doch damals, mehr als ein Jahr zuvor, hatte Scott das Leiden der Ponys nicht mehr mit ansehen können und war vorher umgekehrt. »Ich fürchte, das werden Sie bereuen, Sir«, hatte Oates damals gesagt. »Bereuen oder nicht, mein lieber Oates, ich habe mich entschieden wie ein Christ«, hatte Scott geantwortet.

Als es jetzt zu Ende ging, fanden vor allem Wilson und Bowers Trost im Glauben. Wilson schrieb an seine Frau, er werde mit dem kleinen Gebetbuch in der Hand sterben, das sie ihm mitgegeben hatte. Als das Buch später gefunden wurde, war es voller Unterstreichungen und Randbemerkungen. »Es ist vollbracht«, hatte er an einer Stelle hineingekritzelt, »das lehrt uns, dass alles bereit ist… , dass wir uns nicht selbst retten und Sühne leisten müssen – das ist alles getan. Alles ist für uns bereit.« Bowers schrieb an seine Mutter: »Ich vertraue weiter auf Ihn und die überreichliche Gnade meines Herrn und Erlösers, so wie Du es mich im Glauben gelehrt hast. Unter Seinem Schutz verlasse ich Dich.«

Auch Scott verfasste jetzt Abschiedsbriefe, doch dem Agnostiker fehlte die tröstliche Glaubensgewissheit seiner Gefährten. Bis auf die warmherzigen Briefe an seine Frau, seine Mutter und die Angehörigen seiner letzten beiden Gefährten trugen sie deshalb den Charakter von Rechtfertigungsschriften. Er sei für diese Aufgabe nicht zu alt gewesen, die Jüngeren seien vor ihm untergegangen, so Scott. Die Reise sei die größte gewesen, die sich in der Geschichte finden ließe, und nichts als »außergewöhnliches Pech« habe die Heimkehr verhindert. Man wäre durchgekommen, hätte man die Kranken im Stich gelassen. Doch gebe man seinen Landsleuten ein gutes Beispiel, weil man allen Misslichkeiten wie echte Männer getrotzt habe. »Ich bedaure diese Reise nicht«, schrieb er in einer

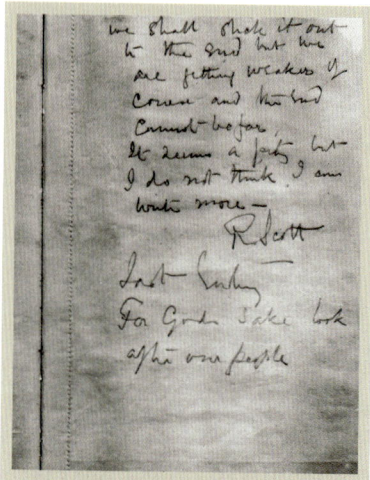

Scotts letzte Worte aus seinem Tagebuch, bevor er für immer einschlief.

»Botschaft für die Öffentlichkeit«. »Sie hat gezeigt, dass Engländer Nöte erdulden, einander helfen und dem Tod begegnen können, mit einer Stärke, die in der Geschichte ihresgleichen sucht. Wir gingen Risiken ein; wir wussten, dass wir sie eingingen. Die Dinge haben sich gegen uns verschworen, und wir haben deshalb keine Ursache, uns zu beschweren, sondern beugen uns dem Willen der Vorsehung, die noch immer alles zum Besten fügt. ... Hätten wir überlebt, so hätte ich eine Geschichte erzählen können von der Zähigkeit, der Ausdauer und dem Mut meiner Gefährten, die das Herz eines jeden Engländers gerührt hätte. Nun aber müssen diese unbearbeiteten Notizen und unsere toten Körper diese Geschichte erzählen.«

Am Donnerstag, dem 29. März, zehn Tage nach ihrer Ankunft an dieser Stelle, raffte sich Robert Falcon Scott noch einmal auf und schrieb die letzten Zeilen in sein Tagebuch: »Seit dem 21. hat es unaufhörlich aus Südwest gestürmt. Wir hatten am 20. noch genug Spiritus, um je zwei Tassen Tee zu machen und Nahrung für zwei Tage. Jeden Tag waren wir bereit, zu unserem nur noch elf Meilen entfernten Depot zu marschieren, aber draußen vor dem Zelt ist die ganze Landschaft ein wirbelndes Schneegestöber. Wir können jetzt nicht mehr auf Besserung hoffen. Aber wir werden bis zum Ende aushalten; aber wir werden natürlich schwächer, und der Tod kann nicht mehr fern sein. Es ist ein Jammer, aber ich glaube nicht, dass ich noch weiterschreiben kann. R. Scott.« Darunter kritzelte er mit letzter Kraft: »Um Gottes willen, sorgt für unsere Hinterbliebenen!« Auf der ersten Seite des Tagebuchhefts stand die Bitte: »Schickt dieses Tagebuch meiner Frau! R. Scott.« Das Wort »Frau« war durchgestrichen und »Witwe« darübergeschrieben.

Traurige Gewissheit

Noch wusste die Welt nichts von dem bitteren Tod der drei Männer auf der Eisbarriere. Die *Terra Nova* kehrte am 1. April 1912 nach Neuseeland zurück und brachte keine neuen Nachrichten von Scott. Noch rechnete niemand mit dem Schlimmsten, doch es war nun zumindest klar, dass die britische Expedition den Wettlauf zum Pol verloren hatte. Erneut schlugen in Großbritannien die Wellen hoch. Der norwegische Gesandte in London berichtete Nansen schriftlich von der großen Bitterkeit gegenüber Amundsen, trotz aller offiziellen Anerkennung. Selbst John Scott Keltie, Sekretär der Royal Geographical Society, habe von einem »schmutzigen Trick« Amundsens gesprochen und ausdrücklich bedauert, dass der Pol zuerst von einem »Profi« erobert worden sei.

Dieser Profi war inzwischen fleißig dabei, seinen frischen Ruhm als Bezwinger des Südpols zu vermehren. Während die *Fram* samt Besatzung Ende März Kurs nach Argentinien nahm, brach Amundsen zu einer Vortragsreise durch Australien und Neuseeland auf. Erst im April reiste er seinem Schiff inkognito hinterher und traf in Buenos Aires erstmals auf seinen Gönner Don Pedro Christophersen. Ein großes Fest in der norwegischen Kolonie bildete gewissermaßen den Abschluss des »Abstechers« der *Fram*-Expedition zum Südpol. Dann wurde die Mannschaft auf einem Passagierdampfer nach Hause geschickt und fuhr nach ihrer Ankunft in der Heimat im Juli in einem mehrwöchigen Triumphzug durch das ganze Land. Amundsen selbst zog sich derweil auf eine Estancia seines Wohltäters Don Pedro zurück und schrieb an seinem Reisebericht, der so schnell wie möglich erscheinen und Geld in die Kasse spülen sollte. Der Chef verspürte jedoch offenbar wenig Lust, sich ebenfalls von den Massen feiern zu lassen, und traf am letzten Julitag allein in Kristiania ein – unter falschem Namen, glatt rasiert und mit dicker Hornbrille. Unverzüglich eilte er ins Schloss und meldete seinem König endlich persönlich die Eroberung des Südpols.

Nun hätte nach dem Umweg nach Süden eigentlich die von Nansen weiterhin lautstark eingeforderte Hauptreise nach Norden folgen müssen. Doch mit der Begründung, dass die Finanzierung nicht gesichert sei –

Überall in Europa riss man sich um Amundsen als Redner, so auch in Berlin (links) und sogar im Vereinigten Königreich.

dabei waren zu diesem Zeitpunkt schon über 300 000 Kronen an öffentlichen und privaten Spenden zusammengekommen –, brach Amundsen als Nächstes zu einer großen Vortragsreise auf: Zuerst hielt er seine kinematografisch angereicherten Vorlesungen in Norwegen, dann im Rest von Skandinavien, schließlich in Deutschland, Frankreich, Belgien, Italien und der Schweiz. Was aber war mit Großbritannien? Erzürnt über die missgünstigen Äußerungen aus dem Umfeld der Royal Geographical Society, hatte Amundsen erwogen, die Einladung in die Höhle des Löwen ganz auszuschlagen. Nach Vermittlung König Haakons jedoch fand er sich schließlich bereit, auch auf der britischen Insel aufzutreten. »Ich bin entschlossen, in England mein Recht zu fordern. Ein Mann, der das verliert, verliert sich selbst und wird überall an Achtung und Sympathie einbüßen«, gab sich Amundsen kämpferisch.

Am 14. November betrat er in Dover britischen Boden und reiste weiter nach London, wo er am darauf folgenden Tag in der Queen's Hall eine Rede vor den Kapazitäten der RGS hielt. Der Vortrag wurde zwar kein glänzender Erfolg, doch immerhin schienen alle Differenzen endgültig ausgeräumt. Doch dann ergriff beim anschließenden Dinner Lord Curzon, einstmals mächtiger Vizekönig von Indien und nunmehr Präsident der RGS, das Wort. »Lord Curzon besprach eingehend den Anlass für meinen Vortrag und hob besonders den Wert hervor, den ich den Hunden als Mitarbeitern an unserem Erfolg beigemessen hatte«, schrieb Amundsen später in seiner Autobiografie. »Lord Curzon beendete seine Ansprache mit den Worten: ›Ich fordere Sie daher auf, in ein dreimaliges Hurra für die Hunde einzustimmen‹ – wobei er im nächsten Augenblick die spöttische und herabsetzende Absicht dieser Worte noch deutlich unterstrich, indem er sich mit überflüssig beruhigender Gebärde an mich wandte, um mich, obgleich ich auf diese allzu durchsichtig verschleierte Beleidigung in keiner Weise reagiert hatte, mit großem Ernst zu ersuchen, von einer Erwiderung abzusehen.« Amundsen machte gute Miene zum bösen Spiel, doch das Tischtuch zwischen dem Entdecker und den Briten, dieser »Plumpuddingnation«, war für ihn damit ein für alle Mal zerschnitten.

Drei Tage zuvor hatten die 15 000 Kilometer weiter südlich ausharrenden Männer der britischen Antarktisexpedition endlich Gewissheit über das Schicksal von Kapitän Scott und seinen Gefährten erlangt. Seit Cherry-Garrard und Dmitrij am 16. März mit den Hunden wieder am Hut Point eingetroffen waren, hatte die Vorahnung des Unheils über ihnen geschwebt, doch noch hatten sie die Hoffnung nicht aufgeben wollen. Scotts Plan hatte schließlich die Rückkehr der Polgruppe für Ende März vorgesehen, manchmal war sogar von Anfang April als letztmöglichem Termin die Rede gewesen. Die bittere Kälte und die Stürme, die über Hut Point hinwegfegten, sprachen zwar eine andere Sprache, doch noch einmal machte sich Atkinson mit einem Begleiter am 27. März auf den Weg, um die Polfahrer zu suchen. Sie kamen nur bis Corner Camp, dann mussten sie vor den eisigen Temperaturen und dem tobenden Orkan kapitulieren und umkehren. Atkinson war jetzt davon überzeugt, dass die Polgruppe verloren war. Dann und wann heulten zwar noch die Hunde, was sie immer getan hatten, wenn eine Rückkehrergruppe sich der Hütte näherte, doch niemand kam. Anfang April schrieb Cherry-Garrard in sein Tagebuch: »Wir müssen dem nun ins Auge sehen: Die Polgruppe wird höchstwahrscheinlich nicht mehr zurückkommen. Und wir können nichts mehr tun.«

Für die verbliebenen Männer begann nun der zweite Winter in der Antarktis. Obwohl am Kap Evans die Alltagsroutine unerschütterlich auf-

Die Mulis, die neben den Hunden vor die Schlitten des Suchtrupps gespannt waren, waren ebenso ineffizient wie zuvor die Ponys.

rechterhalten wurde, war der Anblick der fünf leeren Kojen von Scott, Wilson, Bowers, Oates und Edgar Evans doch für alle bedrückend. Es stand für die Männer außer Frage, dass sie im kommenden Frühjahr versuchen mussten, Aufklärung über das Schicksal der Polfahrer zu erlangen, auch wenn sie die Chancen, deren sterbliche Überreste zu finden, als äußerst gering einschätzten. Scott und seine Begleiter seien am Beardmore in eine Gletscherspalte gefallen, so die fast einhellige Überzeugung. Nur Lashly, der auf der Rückreise den sterbenskranken Teddy Evans gepflegt hatte, vertrat die Meinung, dass sie an Skorbut gelitten haben mussten. Niemand konnte sich vorstellen, was in Wahrheit ihr Scheitern verursacht hatte.

Am 30. Oktober brach die Suchgruppe am Hut Point auf. Sie bestand aus zwölf Mann, zwei Hundeteams und sieben indischen Himalaja-Maultieren, die auf Vorschlag von Oates von der *Terra Nova* für die zweite Saison in die Antarktis gebracht worden waren. Sie erwiesen sich allerdings als noch ineffizienter als die Ponys, da sie auf der Barriere komplett die Nahrungsaufnahme verweigerten. Weil die Männer glaubten, dass ihnen eine lange Reise möglicherweise bis zum Gipfel des Beardmore-Gletschers bevorstand, baute die gesamte Logistik mit mehreren Gruppen, die an verschiedenen Punkten umkehren sollten, auf den Prinzipien der Poltour vom vorangegangenen Jahr auf.

Doch schon kurz hinter dem One Ton Depot fanden sie am 12. November schließlich, was sie suchten. Wright hatte anderthalb Meilen abseits des Kurses etwas gesehen, das zunächst wie eine Schneewarte aussah. Aber irgendetwas schien es damit auf sich zu haben, und als sie näher kamen, sahen sie einen dunklen Fleck im Schnee. Wright winkte die anderen heran. »Es ist das Zelt«, sagte er leise. Minutenlang waren die Männer wie gelähmt. Dann ging einer hin, bürstete den Schnee weg, und das Lüftungsfenster kam zum Vorschein. »Wir haben sie gefunden«, trug Cherry-Garrard in sein Tagebuch ein, »und nur zu sagen, dass es ein grauenvoller Tag ist, reicht nicht. Es fehlen einem die Worte dafür.« Atkinson als Kommandant und Lashly als ältestes Mitglied der Gruppe öffneten den Eingang und gingen hinein. Als Lashly wieder herauskam, hatte er Tränen in den Augen.

Nacheinander blickten nun auch die übrigen Männer in das Zelt. Cherry-Garrard beschrieb, welches Bild sich ihnen bot: »Bowers und Wilson schliefen in ihren Schlafsäcken. Scott hatte die Klappen seines Sacks am Ende zurückgeworfen. Seine linke Hand war zu Wilson, seinem Freund bis in den Tod hinein, hinübergestreckt. Unter dem Kopfteil seines Schlafsacks lag, zwischen dem Sack und dem Bodentuch, die grüne Brieftasche, in der er sein Tagebuch aufbewahrte.« Wilson und Bowers waren offenbar ruhig eingeschlafen, Wilson hatte sich halb aufgesetzt und die Hände wie zum Gebet gefaltet, ein feines Lächeln umspielte seine Lippen. Scott dagegen schien im Augenblick des Todes schwer gekämpft zu haben. Offenbar war er als Letzter gestorben. Neben Scott lag die Spirituslampe, die ihm zuletzt als Wärme- und Lichtquelle gedient haben musste. Das Zelt selbst wirkte aufgeräumt und sauber, kein Schnee war ins Innere gedrungen. Auf dem Bodentuch verstreut lagen einige Briefe.

Atkinson nahm das Tagebuch an sich und befolgte die auf den Einband gekritzelte Anweisung Scotts, der Finder möge die Notizen lesen. Währenddessen gruben die übrigen Männer den Schlitten aus dem Schnee, auf dem noch immer die geologischen Fundstücke vom Beardmore-Glet-

Ihre ernsten Mienen verraten es: Die Aufgabe, die den Männern des Suchtrupps bevorstand, war nicht leicht.

»Wir haben sie gefunden«: Das Todeszelt der Polargruppe. Das abgenommene äußere Zelttuch diente den drei Leichen als Sarg.

Eisiges Mausoleum: Die Schneepyramide über der Zeltplane, mit der die sterblichen Überreste Scotts und seiner Gefährten bedeckt wurde.

»Streben, suchen finden – und nicht aufgeben«: Zum Gedenken an die Verstorbenen wurde auf einem Hügel in der Nähe von Hut Point ein schlichtes Holzkreuz errichtet.

Das Fazit der Reise

Zu welchen Erkenntnissen sind die Teilnehmer des deutsch-österreichischen Wettlaufs zum Südpol nach Beendigung ihrer Reise gelangt? »Das war das Härteste, was ich je in meinem Leben gemacht habe«, meint Markus Lanz, »eine echte Quälerei.« Teamkollegin Claudia Beitsch sieht es ähnlich: »Ich hätte nie gedacht, dass es so hart wird.« Joey Kelly, der schon einige Extremsportwettbewerbe mitgemacht hat, ist voller Respekt: »Diese Herausforderung – 400 Kilometer bei minus 30 Grad und starkem Wind auf 3000 Meter Höhe –, das war schon ein Wahnsinn.« Auch Dennis Lehnert freut sich über die vollbrachte Leistung: »Eine tolle Erfahrung, die nur wenige Menschen machen dürfen.«

Und Ö3-Mikromann Tom Walek sagt: »Es war die größte Herausforderung meines Lebens, sowohl körperlich als auch mental.« Alle hätten acht bis zehn Kilogramm abgenommen und seien zuletzt wirklich »am Zahnfleisch« gegangen.

»Natürlich war es hart«, stapelt Hermann Maier dagegen tief. »Ich habe enorm profitiert von meiner aktiven Zeit im Weltcup. Du verbringst beim Training und bei den Rennen eben über Monate viel Zeit draußen, und da hat es auch oft Minusgrade. Von daher war es kein allzu großes Problem. Wir haben

»Das Härteste, was ich jemals gemacht habe«: Markus Lanz am Südpol.

Erschöpft und stolz: Das österreichische und das deutsche Team am Südpol.

einen fixen Tagesablauf gehabt und den haben wir versucht, diszipliniert einzuhalten. Und die Motivation war einfach dadurch gegeben, dass es ein Rennen war.«

Seine Teamkameradin Sabrina Grillitsch ist vor allem froh, dass alles ein gutes Ende genommen hat: »Gott sei Dank ist nichts Ernsthaftes passiert, aber das war einfach auch unser Glück. Es hätte auch ganz anders kommen können.«

Die lange Zeit der Einsamkeit hat die Teilnehmer jedoch auch zum Nachdenken angeregt. »Menschen brauchen eigentlich gar nicht so viel, wie man häufig denkt. Das ist eine der interessanten Erfahrungen, die man in einer solchen extremen Umgebung macht: Dass man ganz viel von dem Schrott, mit dem wir uns täglich umgeben, in Wahrheit gar nicht braucht. Die Hälfte dessen, was man im Supermarkt findet, könnte direkt weggeräumt werden, das braucht kein Mensch«, meint Markus Lanz.

Auch der »Herminator« zieht nach seiner Rückkehr in die Heimat und den ersten Kontakten mit der »Zivilisation« ein fast philosophisches Resümee: »Da ist man so lange weg, und dann kommt man zurück und es hat sich nix geändert. Leider. Die Leut' sind alle so gescheit, wissen so viel, aber man wundert sich, was alles für ein Blödsinn g'redt wird.«

scher lagerten. Sie fanden auch die Geschirre, die Skier und Skistöcke der drei Männer. Dann versammelte Atkinson die Gruppe um sich und las ihnen den Bericht über Oates' Tod und Scotts »Botschaft an die Öffentlichkeit« vor. So erfuhren sie auch, dass Amundsen der Erste am Pol gewesen war. Irgendjemand drückte Tryggve Gran danach die Hand und beglückwünschte ihn, doch der junge Norweger wäre in dem Moment am liebsten im Schnee versunken.

Die Leichen fortzutragen erschien den Männern wie ein Sakrileg. Sie entfernten die Bambusstangen des Zelts, ließen das Tuch über ihnen zusammenfallen und errichteten darauf eine Schneepyramide. So waren Scott und seine drei Gefährten endgültig eins geworden mit der kalten und feindseligen Welt, in die sie eingedrungen waren und die sie das Leben gekostet hatte. Dann sprach Atkinson ein Gebet und las die Verse über die Auferstehung der Toten aus dem ersten Korintherbrief – »denn wie in Adam alle sterben, so werden in Christus alle lebendig gemacht werden«. Auf der Spitze der Pyramide errichteten sie ein Kreuz, zusammengefügt ausgerechnet aus Grans Skiern. Dieser nahm Scotts Ski an sich und fuhr mit ihnen zurück – so sollten wenigstens sie die Reise zu Ende bringen. Als sie mit allem fertig waren, war es bereits Mitternacht. Cherry-Garrard schilderte die unwirkliche Szenerie: »Die Sonne senkte sich tief über den Pol, die Barriere lag fast im Schatten. Der Himmel flammte auf in schillernden, übereinandergetürmten Wolken. Die Pyramide und das Kreuz hoben sich düster von einer Pracht aus poliertem Gold ab.«

Nach einer fürchterlichen Nacht drangen sie weiter nach Süden vor in der Hoffnung, auch die Leiche von Oates zu finden. Doch sie stießen nur auf seinen leeren Schlafsack und den Theodoliten, den seine Gefährten irgendwann weggeworfen hatten. Wieder wurde eine Schneepyramide errichtet und ein Kreuz darauf angebracht. Drei Tage später kehrte die Suchgruppe um, alle weiteren geplanten Forschungsreisen auf die Barriere oder ins Gebirge wurden abgeblasen – die Männer waren ausgebrannt, ihr Forscherehrgeiz war endgültig erlahmt.

Ihnen blieb nun nichts mehr zu tun, als auf das Schiff zu warten, das sie wieder in die Heimat bringen würde. Erst am 18. Januar 1913 traf die festlich geschmückte *Terra Nova* wieder am McMurdo-Sund ein. »Geht es euch allen gut?«, rief der wiedergenesene Kommandant Teddy Evans mit einem Megafon gut gelaunt von der Brücke. Es folgte eine unheilschwangere Stille, ehe es Campbell übers Herz brachte zu antworten und vom Tod der Polfahrer zu berichten. Kaum 48 Stunden später war die *Terra Nova* beladen und abfahrtsbereit. Zuvor jedoch errichteten die Männer noch ein hölzernes Gedenkkreuz auf dem Observation Hill oberhalb von Hut Point. Es gab Diskussionen über die Inschrift; einige wollten ein Bibelzitat, »weil es den Frauen gefallen könnte«. Doch letztlich setzte sich Cherry-Garrard mit seinem Vorschlag durch, dem Schlussvers von Alfred Lord Tennysons *Ulysses*: »To strive, to seek, to find, and not to yield« – »Streben, suchen, finden – und nicht aufgeben.«

Zum Abschied schrieb Cherry-Garrard in sein Tagebuch: »Ich verlasse Kap Evans ohne Bedauern. Ich will diesen Ort nie wieder sehen. Die angenehmen Erinnerungen sind von den üblen aufgesaugt worden.« Zeit seines Lebens sollte er sich damit quälen, warum er ein Dreivierteljahr zuvor am One Ton Depot mit den Hunden nicht weiter nach Süden gefahren war. Es wäre gegen die Anweisungen gewesen, doch es hätte den ein paar Dutzend Kilometer weiter verzweifelt kämpfenden Scott, Wilson und Bowers das Leben retten können.

Eine Heldengeschichte

Am 10. Februar traf die *Terra Nova* vor der neuseeländischen Küste ein, und zwei Männer ruderten in einem Beiboot an Land, um Telegramme aufzugeben und die Heimat schonend auf die Katastrophe vorzubereiten. Zwei Tage lang kreuzte das Forschungsschiff noch auf dem Meer, dann fuhr es in den Hafen von Lyttelton ein, wo alle Fahnen auf halbmast gesetzt waren. Die Nachricht von Scotts Tod traf Großbritannien und die ganze zivilisierte Welt wie ein Schock. Die Zeitungen überboten sich mit Schlagzeilen, Gedenkgottesdienste wurden abgehalten, Lehrer lasen ihren Schülern die Geschichte von Scotts tragischem Tod vor. König George V. sprach in einem Kondolenzschreiben von einer »schockierenden Katastrophe, die das englische Volk und die ganze Welt der Wissenschaft beklagen«. Von überall her trafen Beileidsbekundungen ein, selbst Kaiser Wilhelm II. verlieh seiner aufrichtigen Bewunderung für die Helden von Kapitän Scotts Expedition Ausdruck.

Ein tragischer Held ... Der *Daily Mirror* widmete ihm noch ein Jahr später eine Titelseite (links), und seine Witwe Kathleen schuf ihm eine Bronzestatue.

... und seine Glorifizierung: Dieses Porträt eines unbekannten Malers verleiht Scott den Nimbus der Unsterblichkeit.

Kathleen Scott, hier im November 1913 mit ihrem Sohn Peter, nahm die Nachricht vom Tod ihres Mannes mit der Gefasstheit einer britischen Offiziersgattin auf.

Seine Begeisterung für die Fliegerei als Mittel der Polarforschung wurde Roald Amundsen, hier mit einem Dornier-Flugboot, schließlich zum Verhängnis.

Während die Nachricht in Großbritannien bekannt wurde, befand sich Kathleen Scott auf hoher See – sie hoffte, ihren Mann nach dessen Rückkehr aus der Antarktis in Neuseeland zu treffen. Die Nachricht von seinem Tod trug sie in der Öffentlichkeit mit jener vollkommenen Selbstbeherrschung, die Scott sie gelehrt hatte. Tief in ihrem Inneren sah es freilich anders aus: Sie hätte sich, so schrieb sie, wenn sie an ein Leben nach dem Tod geglaubt hätte, am liebsten sofort über Bord geworfen. In Neuseeland übergab ihr Atkinson die Briefe und Tagebücher ihres Mannes. Kathleen erkannte sofort den literarischen Wert dieses Materials. Kaum bearbeitet, wurden die Dokumente umgehend veröffentlicht und gerieten zu einem Riesenerfolg. Scott war ein besserer Schriftsteller als Amundsen, und von jeher fesselte die Menschen eine Tragödie mehr als ein nüchterner Bericht über ein erfolgreich zu Ende gebrachtes Unternehmen, das keine größeren Opfer gefordert hatte als einige Hundeleben. Scotts Texte befriedigten zudem das Bedürfnis nach einem Heroismus um seiner selbst willen in einer Zeit, in der die Menschen anderthalb Jahre später den Ersten Weltkrieg begeistert als Ausbruch aus den Zwängen einer Epoche begrüßten, die als langweilig empfunden wurde.

»Schrecklich, schrecklich!«, soll Amundsen ausgerufen haben, als ihn die Nachricht von Scotts Tod erreichte, während er mit seinem Polarvortrag gerade durch die Vereinigten Staaten tourte. Noch konnte er nicht wissen, dass ihn der so tragisch Gescheiterte in Sachen weltweiter Popularität bald weit hinter sich lassen sollte. Zwar wäre es übertrieben zu behaupten, dass Amundsen nach seinem Triumph am Pol kein Bein mehr auf den Boden bekommen habe, doch das Glück, dass ihm bis dahin stets freundlich zugelächelt hatte, entzog sich jetzt immer häufiger. Noch im Frühjahr 1913 sagte er die Nordreise der *Fram* endgültig ab, was das Verhältnis zu Nansen bis an die Grenze der Belastbarkeit verschlechterte. Er machte ein Vermögen mit Schiffsaktien und investierte das Geld in ein eigenes Forschungsschiff, doch die Fahrt der *Maud* durch das Nordpolarmeer wurde zu einer unglaublichen Reihung von Pleiten, Pech und Pannen. Er häufte bald wieder riesige Schuldenberge an und zerstritt sich sogar mit seinem Bruder Leon. In den Zwanzigerjahren fesselten ihn die Möglichkeiten der Fliegerei als Vehikel für die Polarforschung. Mit einem Flugboot versuchte er, zum Nordpol zu gelangen; später überflog er ihn mit einem Luftschiff. Am Nachmittag des 18. Juni 1928 startete er im nordnorwegischen Tromsø mit einem Latham-Doppeldecker, um den mit seinem Luftschiff in der Arktis verschollenen Italiener Umberto Nobile zu suchen. Wenig später brach die Funkverbindung ab – es war das letzte Lebenszeichen von Roald Amundsen. Von seinem Flugzeug wurden nur ein Schwimmer und ein abgerissener Benzintank gefunden, der Rest blieb verschollen – genau wie der Polarforscher selbst, der wohl im kalten Nordpolarmeer umgekommen war.

Auf den toten Helden Scott hingegen regnete im Übermaß herab, was ihm zu Lebzeiten versagt geblieben war. Seine Witwe erhielt den Titel und die Ansprüche einer Lady Scott. Es wurde ein Hilfsfonds eingerichtet, der in kurzer Zeit so viele Spendengelder zusammenbrachte, dass er den Hinterbliebenen der Polreisenden ein auskömmliches Leben sicherte und obendrein noch ein nach Scott benanntes Polarforschungsinstitut an der Universität Cambridge ins Leben gerufen werden konnte. Bücher, Filme und Theaterstücke feierten den Mythos des unerschrockenen Polarhelden, des Kämpfers für die Wissenschaft und des Gentlemans, der die typisch britischen Tugenden wie Fairness und Edelmut verkörpert habe. Jahrzehntelang bekam dieses Glorienbild kaum einen Kratzer, ehe Ende der 1970er-Jahre Roland Huntford Scotts Leben komplett umdeutete und ihn zu einem »heroischen Stümper« degradierte.

Beide Zueignungen – Held wie Versager – werden Scott nicht gerecht. Ebenso wie die Entscheidung Amundsens für Skitouren, Hunde und Pelzkleidung in der norwegischen Geschichte der Polarexpeditionen wurzelte, stand Scott in der Tradition der britischen Polarforschung und gab darum Fußmärschen, Ponys oder Segeltuchkleidung den Vorzug. Amundsen war vor allem deshalb erfolgreich, weil er seine Kräfte ganz klar auf das Ziel Südpol konzentrierte, während Scott und seine Leute nebenbei auch noch wissenschaftliche Ergebnisse mit nach Hause bringen mussten und sich deshalb oftmals im Klein-Klein verzettelten. Außerdem hatte Amundsen tatsächlich an vielen Stellen einfach Glück, wo Scott nur sein Pech beklagen konnte. Doch schon Scotts eigene Rechtfertigungsbotschaft an die Öffentlichkeit strotzte vor so vielen »Wenn« und »Aber« (der Verlust der Ponys im März 1911, das Wetter auf der Hinreise, der weiche Schnee, das »Versagen«

von Evans, die Temperaturen auf der Rückreise, die Erkrankung von Oates, der Brennstoffmangel), dass sich allein angesichts dieser ganzen Punkte die Frage stellt, ob nicht grundsätzlich etwas schiefgelaufen war.

Scotts Hauptfehler war es sicherlich, Shackleton zu imitieren und auf Ponys als Haupttransportmittel zu setzen. Alle weiteren Probleme resultierten aus dieser grundsätzlichen Entscheidung. Allerdings ließ sie sich, einmal in der Antarktis angekommen, nicht mehr rückgängig machen. Mit seinen gut 30 mitgebrachten Hunden hätte Scott selbst beim besten Willen nicht zum Pol gelangen können. Also musste er – vielleicht wider besseres Wissen – auf die Ponys setzen.

Darüber hinaus verhinderte die Geheimhaltungstaktik Amundsens, dass sich Scott von Anfang an auf die Herausforderung einstellen konnte. Eine solche Vorgehensweise war damals auf dem Feld der geografischen Entdeckungen selbst zwischen erbitterten Konkurrenten wie Scott und Shackleton oder mehr oder weniger verfeindeten Nationen wie Großbritannien und Deutschland absolut unüblich und wirft bis heute einen dunklen Schatten auf Amundsens Leistung. Auch sein berühmtes Telegramm, das Scott in Melbourne erreichte, trug eher zur Vernebelung denn zur Erhellung seiner Absichten bei. Auf diese Weise verschaffte er sich einen Wettbewerbsvorteil, auf den Scott nicht adäquat reagieren konnte. Den Wettlauf zum Pol hatte Scott dennoch nicht von vornherein verloren – er verlor ihn freilich in dem Moment, in dem er das Duell nicht annahm und so tat, als existierte Amundsen nicht. Scott hätte sich darauf konzentrieren müssen, das ihm zur Verfügung stehende Material bestmöglich an die vor ihm liegende Aufgabe anzupassen. Doch während die Norweger in Framheim an jedem noch so kleinen Detail ihrer Ausrüstung feilten, schlichen sich bei den Briten unverzeihliche Nachlässigkeiten ein, etwa im Fall der Pony-Schneeschuhe oder in der Frage der leckenden Ölkanister. »Tapferkeit, Entschlossenheit, Stärke fehlten ihnen nicht«, hatte Amundsen einmal über Shackleton und seine Gefährten gesagt, die 97 Meilen vor dem Pol umgekehrt waren. »Ein wenig mehr Sachverstand … würde ihr Werk von Erfolg gekrönt haben.« Dies galt auch für Scott und seine Männer.

Literatur

Amundsen, Roald: Die Eroberung des Südpols: Die norwegische Südpol-fahrt mit dem Fram 1910–1912. München 1912 (seitdem mehrfach als zum Teil gekürzter Nachdruck erschienen).

Amundsen, Roald: Mein Leben als Entdecker. Leipzig, Wien 1929.

Bomann-Larsen, Tor: Amundsen: Bezwinger beider Pole. Die Biographie. Hamburg 2010.

Brennecke, Detlef: Roald Amundsen. Reinbek 1995.

Cherry-Garrard, Apsley: Die schlimmste Reise der Welt: Die Antarktis-Expedition 1910–1913. Berlin 2006.

Crane, David: Scott of the Antarctic. London u. a. 2005.

Evans Edward R.G.R.: South with Scott. London 1921.

Fiennes, Ranulph: Captain Scott. London 2004.

Fiennes, Ranulph: Race to the Pole: Tragedy, Heroism, and Scott's Antarctic Quest. New York 2004.

Gran, Tryggve: Wo das Südlicht flammt: Scotts letzte Südpol-Expedition und was ich dabei erlebte. Berlin 1928.

Huntford: Roland: Scott & Amundsen: Dramatischer Kampf um den Süd-pol. München 2000.

Huntford: Roland: The Race for the South Pole: The Expedition Diaries of Scott and Amundsen. London 2010.

Jones, Max: The Last Great Quest: Captain Scott's Antarctic Sacrifice. Oxford u. a. 2003.

Langner, Rainer-K.: Duell im ewigen Eis. Scott und Amundsen oder: Die Eroberung des Südpols. Frankfurt/M. 2007.

Letzte Fahrt: Kapitän Scotts Tagebuch. Tragödie am Südpol 1910–1912. Darmstadt 1997 (gekürzte Ausgabe des englischen Originals).

Limb, Sue/Cordingley, Patrick: Captain Oates, Soldier and Explorer. London 1995.

Preston, Diana: In den eisigen Tod: Robert F. Scotts letzte Fahrt zum Südpol. München 2002.

Sannes, Tor Borch: Die Fram: Abenteuer Polarexpedition. Hamburg 1986.

Scott's Last Expedition: The Journals of Captain R. F. Scott. London 1913 (seitdem mehrfach nachgedruckt).

Solomon, Susan: The Coldest March: Scott's Fatal Antarctic Expedition. New Haven u. a. 2001.

(Sofern von englischsprachigen Büchern deutsche Übersetzungen vorliegen, werden diese angegeben)

Personen-, Orts- und Sachregister

Kursive Seitenangaben verweisen auf Abbildungen.

Personenregister

Orts- und Sachregister

Abbildungsnachweis

Kapitel 1: Der weiße Kontinent

Bridgeman Berlin: 14 (Private Collection/Robin Brooks), 15 (Henry William
Pickersgill), 16 (John Arrowsmith)
Corbis Images: 12 (N. N.)
Nasjonalbiblioteket Oslo: 20 (J. Galtung), 21 (Roald Amundsen), 28 u. (F. A. Cook),
54 (Harry Randall), 60, 61 (Fridtjof Nansen)
24, 28 o., 29 o., 29 u., 52, 53 o., 53 u. (N. N.),
Norsk Folke Museum, Oslo: 67, 68 li., 68 r. (Anders Beer Wilse)
Norsk Polar Institut, Tromsø: 18, 31, 34 (Carsten Borchgrevink)
Royal Geographical Society, London: 32 (George Henry), 41 (John Thomson), 43 li.
(Ernest Shackleton), 43 r. (C. R. Ford), 44 (R. Skelton), 46 (L. C. Bernacchi), 49
(R. Skelton), 58 (Eric Marshall), 37 r. , 47, 50 (N. N.),
Scott Polar Research Institut, Cambridge/Freeze Frame: 56 (Herbert George
Ponting), 37 li.
Süddeutsche Zeitung Photo, München: 65 (Scherl)
Tewes Annette: 26, 27, 70, 71
Ullstein Bild, Berlin: 13 (Granger Collection), 63 (N. N.)

Kapitel 2: Aufbruch ans Ende der Welt

Alexander Turnbull Library, Wellington, New Zealand: 79 o. (David Alexander de
Maus)
Fram Museum, Oslo: 76, 126 (N. N.), 142 (Polar Gallery)
Halmburger, Oliver: 82, 83 o., 84, 85, 93, 94, 111, 112, 114, 138 li., 138 r., 139
Interspot/Heinz Leger: 113
Nasjonalbiblioteket Oslo: 74 (Anders Beer Wilse), 96 o., 98, 99, 100, 101, 102, 117,
119, 123 u., 124, 136, 137, 141, 143 o., 143 u. li., 143 u.r. (N. N.)
Norsk Folke Museum, Oslo: 96 u. (Anders Beer Wilse)

Reynisson, Aron: 83 u.

Royal Geographical Society, London: 132 (Herbert Ponting)

Scott Polar Research Institut, Cambridge/Freeze Frame: 81, 88, 91, 92, 104, 108, 131 o., 131 u., 134, 137 (Ponting Collection), 87, 89 r., 89 li., 90, 128, 129, 135 (Herbert George Ponting), 109, 120, 123 o. (Frank Debenham)

The University of Melbourne, Parkville, Australia: 79 u. (N. N.)

Kapitel 3: Der Wettlauf beginnt

Alexander Turnbull Library, Wellington, New Zealand: 167, 173 o. (R. F. Scott)

Fram Museum, Oslo: 193 o., 198, 201 (N. N.)

Getty Images, München: 173 u., 193 u., 196. 198 (Popperfoto/Ponting Collection)

Halmburger, Oliver: 159, 160, 169, 179, 180, 185, 186, 202

Hinterbrandner, Franz: 171, 187

Nasjonalbiblioteket Oslo: 146 o. , 146 u., 147 o., 147 u., 150, 156 o., 156 u., 158, 177 o., 177 u., 181, 182, 188, 206, 208 (N. N.)

Reynisson, Aron: 204

Royal Geographical Society, London: 154 (Ernest Shackleton)

Scott Polar Research Institute, Cambridge/Freeze Frame: 152 o., 152 u., 166 (Ponting Collection), 153 (Frank Debenham), 163 o., 163 u., 164, 168, 199 (Herbert George Ponting)

Kapitel 4: Triumph und Tragödie

Alexander Turnbull Library, Wellington, New Zealand: 211 o., 220 (R. F. Scott), Corbis Images: 218 (Galen Rowell)

Getty Images, München: 211 u., 229 o., 229 u., 238, 251, 254 (Popperfoto)

Halmburger, Oliver: 213, 214, 230, 231, 236

Hinterbrandner, Franz: 216, 235

Interspot/Heinz Leger: 215, 234

Nasjonalbiblioteket Oslo: 223, 224 r., 244, 246, 259 (N. N.), 224 li. (H. Hansen), 226 (Bjaaland),

Scott Polar Research Institute, Cambridge/Freeze Frame: 219, 232, 240, 257 u. (Herbert George Ponting), 241 li., 241 r. (Frank Debenham), 257 o. (N. N.), Ullstein Bild, Berlin: 253

Kapitel 5: Der eisige Tod

Aftenposten: 281

Bridgeman, Berlin: 302 (Abbot Hall Art Gallery, Kendal, Cumbria UK)

Corbis Images: 316 o. r. (Paul Seheult)

Fram Museum, Oslo: 262, 306 r. (N. N.)

Halmburger, Oliver: 271, 285, 312, 313

Interspot/Heinz Leger: 270, 283

Nasjonalbiblioteket Oslo: 279 o., 279 u. (Beattie), 317 u. (Paul Berge)

National Library of Australia, Canberra: 274 o.li., 278 (N. N.)

Natural History Museum, London: 274 o.r., 274 u.

Scott Polar Research Institute, Cambridge/Freeze Frame: 267, 268, 287, 292 li., 292 r., 293, 297 u. , 300, 311 o., 311 u. (Herbert George Ponting), 288, 295 li., 295 r., 297 o., 308, 310 o. (Frank Debenham)

Süddeutsche Zeitung Photo, München: 264 (Scherl)

Top Foto Co. UK: 316 o. li., 317 o.

Ullstein Bild, Berlin: 304 (Granger Collection), 306 li. (SZ-Photo), 316 u. (Heritage)

310 u.: aus: Gran, Trygge: Wo das Südlicht flammt, Berlin 1912

Scott und Amundsen
- Amundsen 1910–1912
- Scott 1910–1913

Atlantischer Ozean

SÜDAMERIKA

Feuerland

Weddellmeer

Ellsworth-Hochland

Marie-Byrd-Land

Pazifischer Ozean

0 200 400 600 km